Astrologia sem Segredos

Sue Merlyn Farebrother

Astrologia sem Segredos

Tradução
DANIEL EITI MISSATO CIPOLLA

Editora
Pensamento
SÃO PAULO

Título original: *Astrology Decoded – A Step-by-Step Guide to Learning Astrology*.

Copyright © 2013 Sue Merlyn Farebrother.

Publicado pela primeira vez por Rider Books, um selo da Ebury Publishing, uma divisão da Random House Group.

Copyright da edição brasileira © 2015 Editora Pensamento-Cultrix Ltda.

1ª edição 2015.

6ª reimpressão 2022.

Todos os direitos reservados. Nenhuma parte desta obra pode ser reproduzida ou usada de qualquer forma ou por qualquer meio, eletrônico ou mecânico, inclusive fotocópias, gravações ou sistema de armazenamento em banco de dados, sem permissão por escrito, exceto nos casos de trechos curtos citados em resenhas críticas ou artigos de revistas.

A Editora Pensamento não se responsabiliza por eventuais mudanças ocorridas nos endereços convencionais ou eletrônicos citados neste livro.

Editor: Adilson Silva Ramachandra
Editora de texto: Denise de C. Rocha
Coordenação editorial: Roseli de S. Ferraz
Preparação de originais: Rita Luppi
Produção editorial: Indiara Faria Kayo
Assistente de produção editorial: Brenda Narciso
Editoração eletrônica: Join Bureau
Revisão: Nilza Agua e Vivian Miwa Matsushita

Dados Internacionais de Catalogação na Publicação (CIP)
(Câmara Brasileira do Livro, SP, Brasil)

Farebrother, Sue Merlyn
  Astrologia sem segredos / Sue Merlyn Farebrother ; tradução Daniel Eiti Missato Cipolla. – São Paulo : Pensamento, 2015.

  Título original: Astrology decoded : a step by step guide to learning astrology.
  ISBN 978-85-315-1906-2

  1. Astrologia I. Título.

15-01735   CDD-133.5

Índices para catálogo sistemático:
  1. Astrologia   133.5

Direitos de tradução para o Brasil adquiridos com exclusividade pela
EDITORA PENSAMENTO-CULTRIX LTDA., que se reserva a
propriedade literária desta tradução.
Rua Dr. Mário Vicente, 368 – 04270-000 – São Paulo, SP
Fone: (11) 2066-9000
http://www.editorapensamento.com.br
E-mail: atendimento@editorapensamento.com.br
Foi feito o depósito legal.

Para Andrew Wille,
com amor e gratidão.
Sem você, este livro poderia
não ter sido escrito.

Sumário

Prefácio 13
Introdução 15

Parte I: CONTEXTOS

1   Da Babilônia à Modernidade 23
2   Os Pilares e os Círculos Rotativos 39

PARTE II: OS FUNDAMENTOS DA INTERPRETAÇÃO

3   Os Planetas do Sistema Solar 67
4   Os Signos do Zodíaco 97
5   As Casas e os Ângulos 127
6   Os Aspectos 157
7   Olhando para Trás e Seguindo em Frente 177

PARTE III: CONSTRUINDO SOBRE OS FUNDAMENTOS

8   Os Planetas nos Signos e nas Casas 187
9   Combinações 201

10	Desequilíbrios...	217
11	A Importância das Regências.....................................	239
12	Outros Elementos Significativos................................	255
13	As Anotações e os Temas dos Mapas	277
14	Sintetizando	305
15	Continuando a Jornada..	315

Apêndice I: Guias de Referência Rápida	319
Apêndice II: Recursos	329
Apêndice III: Anotações sobre o Mapa	333
Glossário	337
Referências e Agradecimentos	341

Se a astrologia é novidade para você, não se espante com a aparente complexidade dos dois mapas natais das páginas 10 e 11. Cada parte deles será explicada em detalhes nos capítulos a seguir, e assim que terminar de ler este livro você saberá interpretá-los por si mesmo.

Celeste
Mapa Natal
10 de julho de 1988, domingo
6h00 Horário de Verão da Europa Central – 2h00
Roma, Itália
41°N54' 012°L29'
Geocêntrico
Tropical
Casas iguais
Nodo médio

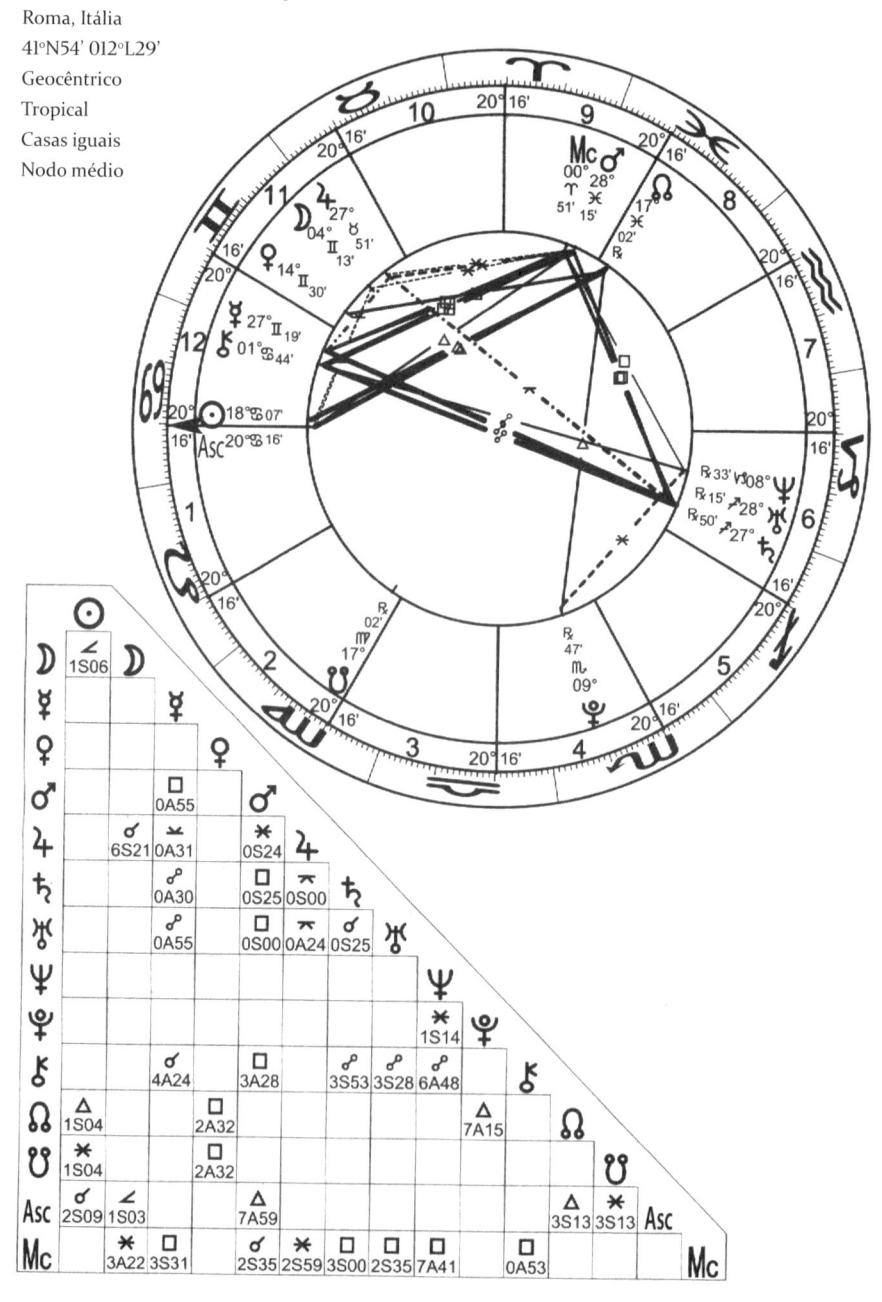

Robin
Mapa Natal
27 de setembro de 1983, terça-feira
2h05 Horário de Verão da Inglaterra – 1h00
Londres, Inglaterra
51°N30' 000°O10'
Geocêntrico
Tropical
Casas iguais
Nodo médio

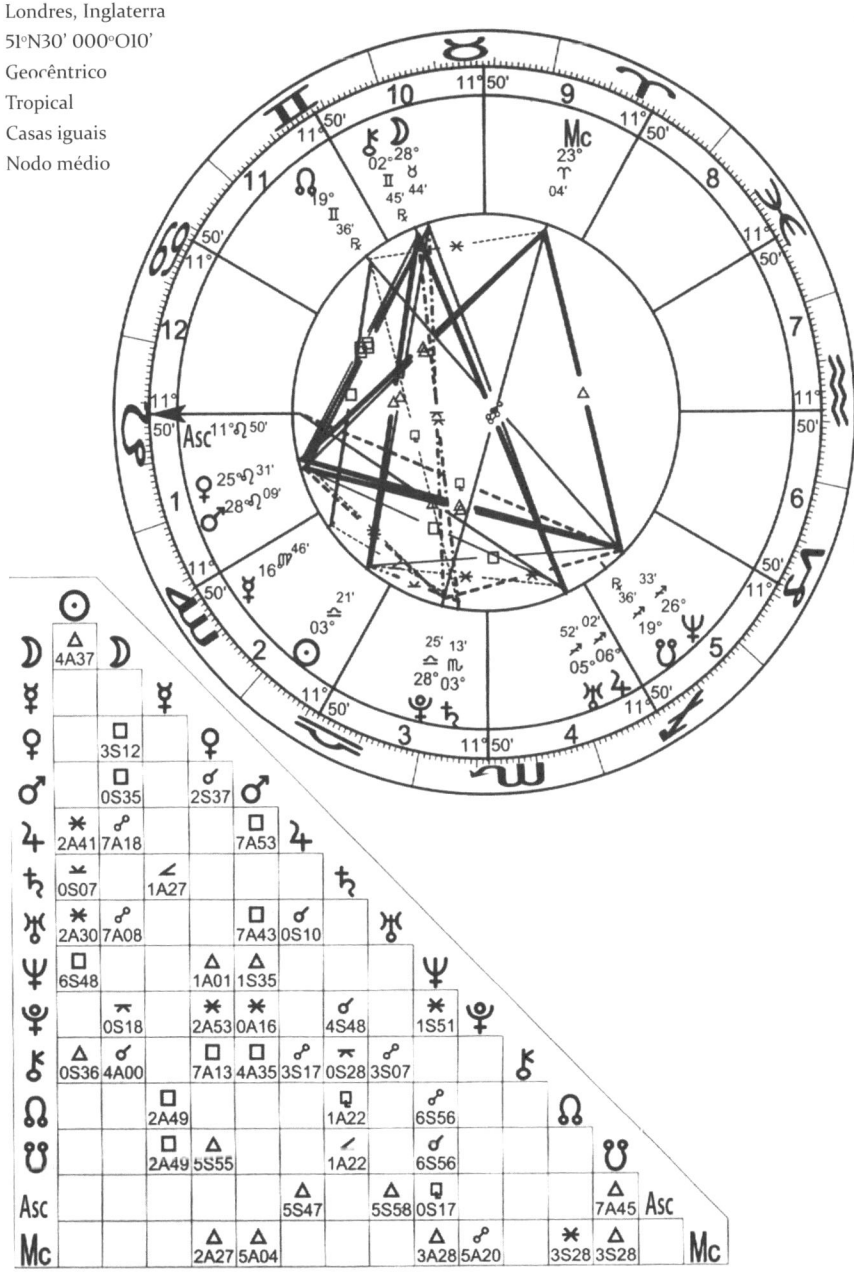

Prefácio

Embora não soubesse nada de astrologia durante a minha adolescência, gosto de observar o céu noturno desde que me entendo por gente. Ainda me animo quando a minha constelação favorita retorna aos céus do Hemisfério Norte no começo de cada ano, depois da sua migração de verão. Essa constelação é fácil de identificar por causa do seu característico "cinturão" de três estrelas alinhadas: Órion. Há uma ironia aqui – Órion não é uma constelação astrológica! (Explico isso na página 47.)

Eu era meio filósofa e psicóloga amadora durante a juventude e rejeitei a religião formal aos 14 anos. Lembro-me de voltar da escola secundária para casa, todo dia, subindo uma ladeira íngreme por 20 minutos. Normalmente dedicava aquele tempo a pensamentos pretensiosos de adolescente, refletindo sobre o sentido da vida. (No mínimo tirava a minha atenção daquela escalada...) Sempre me perguntei por que as pessoas que eu conhecia agiam da forma como agiam. Ainda me pergunto a mesma coisa. A astrologia, a partir do momento em que me dei conta da sua existência, alguns anos depois, me pareceu uma maneira brilhante de ampliar a minha compreensão.

Antes de descobrir a astrologia, já estava aprendendo o tarô havia alguns meses. Então fiquei sabendo que poderia estudar astrologia formalmente, numa escola especializada. Havia encontrado algo que me ocuparia pelos próximos 30 anos – junto com o tarô – e, espero, continuará me ocupando até a velhice. A existência dos cursos de astrologia passava muito mais despercebida naquele tempo. Isso – Deus nos livre! – foi antes de praticamente todos os lares terem computadores e acesso à internet. Comecei meus estudos de astrologia numa época (não tão distante) em que era necessário calcular os mapas à mão, já que os *softwares* que temos hoje em dia não eram facilmente acessíveis.

Comecei estudando à distância, recebendo os exercícios e o material de aprendizagem e enviando os exercícios para serem corrigidos pelo tutor, tudo pelo correio. Na verdade, calcular e desenhar mapas natais à mão é bastante gratificante – mas não se preocupe se essa ideia não lhe agrada, pois essa técnica de cálculo não faz parte deste livro.

Uma das coisas que acho extraordinárias na astrologia é que, quando a conhecemos, entendemos como as pessoas são com muito mais profundidade e em muito menos tempo do que, por exemplo, um psicólogo. Entretanto, enquanto fazia os cursos fundamentais e avançados na Faculdade de Estudos Astrológicos, estudei Psicossíntese, uma espécie de psicologia "espiritual". Uso tanto a Psicologia quanto a astrologia quando trabalho como consultora. A astrologia é um poderoso sistema simbólico para o entendimento de nós mesmos e dos outros, e tem uma base matemática e astronômica estabelecida. Sinto muito por aqueles que a rejeitam logo de cara. Ela sempre me inspirou respeito e deve ser vista com o respeito que merece, como espero deixar claro nas páginas que você está prestes a ler.

Às vezes penso que, se os pais tivessem acesso aos mapas natais dos filhos e algum conhecimento astrológico, ou consultassem um astrólogo durante a infância das crianças, estariam muito mais preparados para entender melhor o crescimento deles.

Decidi resumir meu entendimento de astrologia neste texto depois de ensinar a centenas de alunos, pois creio que cada um deve ter a oportunidade de aprender astrologia por si mesmo. Foi com essa mentalidade que escrevi este livro.

Sue Merlyn Farebrother
Londres

Introdução

Você é a pessoa mais fascinante que você conhece!
O que seu mapa natal diz sobre você

Você já se perguntou o que é a astrologia ou se existe algo além dos horóscopos que você vê *on-line* ou no jornal? Você se fascina com a ideia de ser capaz de entender o seu horóscopo pessoal, ou o das outras pessoas? Talvez tenha se interessado o suficiente para solicitar uma interpretação feita por computador, ou quem sabe tenha uma tia astróloga amadora que desenha mapas astrológicos à mão. Pode ser que você esteja passando por um período de mudanças pessoais e espera que a astrologia lhe dê algumas respostas. Qualquer que seja o motivo que o fez começar a ler *Astrologia sem Segredos*, com certeza este livro é para você.

A astrologia tem muito mais a oferecer do que afirmações simples como "Capricórnio mudará de emprego e receberá um aumento este mês" ou "Libra conhecerá uma pessoa especial na semana que vem". Quase sempre, afirmações como essas são verdadeiras para algumas pessoas. Mas na imensa maioria das vezes elas erram o alvo, mais por muito do que por pouco. Provavelmente você já sabe disso. Além do mais, mesmo que todo mundo saiba seu próprio signo, para aqueles que nasceram entre os dias 19 e 23 de qualquer mês os horóscopos da mídia não têm utilidade. Isso porque a data em que o Sol muda de signo todo mês varia um pouco de ano para ano. Você verá mais tarde como esse problema pode ser resolvido com facilidade.

Há, de fato, muito mais na personalidade de cada indivíduo do que ser de Leão, Peixes ou qualquer outro signo. Você é único e, mesmo que compartilhe algumas características superficiais com outras pessoas do mesmo signo ou de signos compatíveis, você tem sua própria personalidade complexa. O seu signo solar é uma parte importante do seu caráter e das suas capacidades, mas não é tudo. Existem muitos outros fatores astrológicos no seu mapa natal.

O estudo da astrologia pode vir a ser uma experiência bastante recompensadora se você busca ter uma visão mais profunda de si mesmo, dos outros ou da própria vida. Você encontrará nestas páginas um curso lógico que abrange desde os estágios iniciais até a capacidade de interpretar um mapa natal – o que você poderá fazer para si mesmo, para os seus amigos, seus familiares ou quem quer que seja. As informações apresentadas em cada capítulo ensinarão o que você quer saber, no seu próprio ritmo. Não há prazo nem testes!

Para começar, interesse em aprender astrologia é tudo o que você precisa. Este é o caso se você é principiante, e até se já tem algum conhecimento sobre o assunto, mas gostaria de conhecer melhor e expandir o que sabe. Não suponho que tenha nenhum conhecimento prévio, só a paixão por aprender. Por isso, *Astrologia sem Segredos* é ideal para iniciantes. Por outro lado, se você já possui algum conhecimento astrológico, há bastante material neste livro que você poderá aproveitar. Dependendo do que você já sabe, pode ser que existam lacunas no seu conhecimento que serão discutidas neste livro.

Nas primeiras duas partes de *Astrologia sem Segredos*, cada capítulo é completo por si mesmo – de modo que, se você sabe bastante sobre os 12 signos do zodíaco, pode pular a parte que trata deles (porém, pode ser que haja ali algum tesouro que você desconheça!). Nos capítulos posteriores, você vai gostar de ler sobre como combinar os diferentes componentes do mapa. Na verdade, você pode começar por qualquer capítulo para aumentar a sua compreensão ou pode ler o livro como leria uma apostila – você é que sabe. Este livro foi escrito para pessoas como você, que têm interesse no assunto e buscam explicações claras sobre astrologia que não sejam nem muito complexas nem cheias de detalhes desnecessários.

O QUE É A ASTROLOGIA E O QUE VOCÊ PODE FAZER COM ELA?

Esta pergunta tem uma resposta bem direta: a astrologia é o estudo dos planetas e das suas órbitas que, vistos da Terra, percorrem os signos do zodíaco; e é o estudo das correlações desses movimentos com os acontecimentos terrenos. Como o nascimento é um acontecimento terreno, a astrologia descreve as correspondências entre as posições planetárias em qualquer data e o caráter da pessoa. Mesmo assim, definir a astrologia é difícil, já que ninguém sabe como ela funciona (algumas hipóteses já foram levantadas, entretanto).

A astrologia hoje, ao contrário do que se fala na mídia, não é muito usada para prever acontecimentos futuros, mas para interpretar o caráter dos indivíduos. Existem técnicas de previsão na astrologia também, é claro, mas sem o entendimento do significado dos símbolos astrológicos e dos ciclos planetários as previsões não teriam fundamento. O potencial para o mais elevado conhecimento de si mesmo está escrito no simbolismo poderoso do horóscopo.*

Para conseguir praticar a astrologia, você precisa saber principalmente como reconhecer e ler os símbolos astrológicos e como interpretar os seus significados, um passo de cada vez. Para trabalhar produtivamente com a astrologia, é útil abrir a sua mente para as profundezas do simbolismo astrológico e adquirir uma forma de pensar que reconheça os elos entre assuntos aparentemente não relacionados. Chamo isso de "pensamento mágico" e o explicarei com mais detalhes no Capítulo 2.

A melhor maneira de aprender astrologia é usando-a primeiro para entender a si mesmo e aos outros. A forma mais disseminada do uso da astrologia hoje em dia é para o estudo do horóscopo de nascimento – também conhecido como mapa natal – de um indivíduo. Essa forma é conhecida como astrologia natal. Existem outras vertentes da astrologia,

---

* Na linguagem astrológica, o termo "horóscopo" designa o mapa astrológico. (N.T.)

como o estudo dos países (astrologia mundana) e o estudo dos relacionamentos (sinastria), entre outras, da mesma forma que existem diferentes vertentes em outras profissões. Porém, todo estudo astrológico começa com o básico descrito nestas páginas.

O mapa natal individual é o único assunto tratado neste livro.

As etapas que você será convidado a percorrer o familiarizarão com todos os elementos essenciais da astrologia. Os princípios de como converter tudo isso num todo coerente para alcançar a sua primeira interpretação serão explicados. Isso pode ser o suficiente para que, a partir daí, armado com esse conhecimento, você caminhe rumo a novas experiências.

Se você quiser continuar a aprender astrologia, descobrirá que este assunto pode ser constantemente expandido, aprofundado e enriquecido. O astrólogo mais experiente continua sendo um estudante, e muitos astrólogos diriam que, apesar de todos os anos que se passaram desde que começaram a estudar, ainda não sabem tudo sobre essa ciência extraordinária e profunda. Pois a astrologia é uma das nossas maneiras de visualizar a mente do universo.

Se você estudar astrologia por um tempo, verá que ela funciona mesmo. A verdade é que a astrologia é um dos mistérios profundos da vida.

A ESTRUTURA DO LIVRO

O propósito deste livro é dar uma explicação simples, porém profunda, de como entender e usar a astrologia. A explicação se desenvolve numa sequência lógica, passo a passo. Você verá que o livro tem três seções principais: (I) Contextos, (II) Os Fundamentos da Interpretação e (III) Construindo Sobre os Fundamentos.

Na Parte I abordo – brevemente – a fascinante história do passado controverso da astrologia e dou uma explicação básica sobre a astronomia que está por trás dos mapas natais. Pode ser que você prefira pular direto para as seções que tratam sobre a interpretação, nas Partes II e III. A Parte I, no entanto, também traz uma introdução à interpretação, que define a base dos capítulos seguintes.

Interpretando o mapa natal

Uma das melhores formas de aprender astrologia é conhecer o seu próprio mapa natal. Afinal, você é a pessoa que melhor se conhece – mesmo assim, à medida que progredir, encontrará dentro de si talentos e desafios escondidos e inesperados. Um mapa de referência para estudos – de uma pessoa real – será usado como ilustração ao lado de outros exemplos, mas seu próprio mapa será seu melhor professor.

A Parte II contém todos os fatores básicos que você precisa conhecer para começar a desenvolver o seu entendimento do mapa natal. Cada capítulo é dedicado a um tema: os planetas, os signos, as casas, o signo ascendente e outros elementos importantes. A Parte III desenvolve o que foi apresentado anteriormente, adicionando detalhes e refinamentos que vão aperfeiçoar a sua compreensão. Ela termina com uma explicação de como interpretar o mapa natal de referência.

Há tarefas curtas sugeridas ao longo das seções de interpretação, que são úteis para você pôr em prática o que está estudando. Embora sejam totalmente opcionais, você descobrirá que elas vão ajudá-lo a consolidar a sua aprendizagem.

Encontre o seu mapa natal *on-line*

Se você quiser fazer o seu mapa natal por meio da internet, encontrará muitos *sites* diferentes. Alguns vão até oferecer uma interpretação, de graça ou paga. Você pode aceitar essa oferta e comparar as descobertas deles com o que você aprender seguindo os passos de interpretação astrológica explicados neste livro. No entanto, isto não é necessário; a escolha é sua. Minha sugestão é que você adquira somente o seu mapa natal – e, de preferência, o imprima. Isso porque você poderá acompanhar todos os estágios aqui expostos observando não só o mapa de referência, mas também o seu próprio. A maneira mais fácil de fazer isso é visitando o meu website,* em inglês: www.suemerlyn.com e seguir os *links*. Lá você

---
* Ou qualquer site de astrologia gratuito. (N.T.)

poderá colocar os seus dados de nascimento e o mapa aparecerá na tela. Depois você poderá imprimi-lo, de preferência em cores.

Não importa se você está apenas começando ou se já deu alguns passos no seu estudo astrológico – estudar o seu próprio mapa é um processo interessante, já que sempre há mais para aprender.

Aproveite a jornada

O aprendizado da astrologia é fascinante, e pode se tornar uma jornada para a vida toda se você se contagiar. Haverá momentos nos quais você se sentirá inspirado e alegre, pois a astrologia descortina *insights* empolgantes à medida que a sua compreensão cresce. Pode ser também que em alguns momentos você encontre desafios e precise tirar umas férias dos estudos. Entre as recompensas de completar este curso está a possibilidade de que a sua compreensão da vida passe por uma transformação, projetando luz no seu comportamento e personalidade bem como no comportamento e personalidade de outras pessoas.

Seja paciente com a astrologia e consigo mesmo. As descobertas importantes levam tempo e não podem ser absorvidas num só dia.

Parte I

CONTEXTOS

Capítulo **1**

Da Babilônia à Modernidade

uma visão geral do desenvolvimento da astrologia,
dos seus primórdios à prática moderna*

A astrologia existe de uma forma ou de outra há milhares de anos, e a sua popularidade variou muito no decorrer da história. Ela aparentemente desapareceu por completo várias vezes, apenas para surgir novamente. Muitos pensadores, tanto no passado quanto nos dias atuais (alguns serão mencionados no devido contexto), a reconhecerem como ciência, e por muito tempo ela foi disciplina obrigatória nos estudos de nível universitário.

Durante seu longo período de existência, a astrologia foi valorizada, debatida, atacada, ridicularizada e causou violentas reações de rejeição. Mesmo assim, ela ainda existe, como prova o fato de você estar lendo este livro. É um dos mais antigos sistemas de pensamento conhecidos pela humanidade. E, por causa disso, ler um resumo da história da astrologia lhe dará um contexto para ver como e por que ela ainda existe e por que sua popularidade está crescendo novamente.

---

* Usei o sistema moderno de datação: A.E.C. (Antes da Era Comum) em vez de a.C. (antes de Cristo) e E.C. (Era Comum) em vez de d.C. (depois de Cristo). Esse sistema foi introduzido nas escolas do Reino Unido em 2002. Embora seu uso venha se disseminando, muitos países não o adotaram.

DA PRÉ-HISTÓRIA À IDADE MÉDIA (c. 1100 e.c.)

Origens

Se você conseguir, imagine o começo da existência humana, quando a vida era dura, perigosa e incerta e, mesmo assim, cheia de maravilhas a serem descobertas. O ciclo da noite e do dia, a constante mudança da Lua e do Sol, a passagem das estações – e como sobreviver às mesmas – ditavam o ritmo da vida ao longo dos dias, meses e anos.

Há indícios de que os povos pré-históricos observavam os céus em busca de conhecimento e para marcar a passagem do tempo. Existem pinturas rupestres e entalhes em ossos de animais que se correlacionam com as fases da Lua; além disso, figuras da fertilidade feminina foram descobertas. As fases da Lua eram relacionadas tanto com os ciclos de fertilidade femininos quanto com os ciclos de plantio e colheita. Estruturas megalíticas antigas, como Stonehenge, na Inglaterra, ou Newgrange, na Irlanda, são alinhadas com os movimentos do céu em certos períodos do ano, como os solstícios.*

A astrologia primitiva nasceu da simples observação da mudança do céu combinada com o registro dos eventos terrenos. À medida que os povos começaram a se estabelecer e construir comunidades, os meios de observação do céu também começaram a se desenvolver, dando grande precisão tanto às observações quanto às interpretações. Essa fascinação natural pelo céu evoluiu ao longo dos milênios e constituiu a base da astrologia que ainda praticamos hoje em dia.

A Babilônia

Entre o quinto e o primeiro séculos A.E.C., uma astrologia familiar aos astrólogos modernos veio à existência através dos caldeus, os sacerdotes astrólogos da lendária Babilônia, na Mesopotâmia. A vida deles era cheia de previsões celestiais: posições planetárias, variações do clima, a forma-

---

* Os dois solstícios anuais de verão e inverno ocorrem aproximadamente em 21 de junho e 21 de dezembro, respectivamente. (No Hemisfério Sul, os solstícios ocorrem nas mesmas datas, porém invertidas: o de inverno em 21 de junho e o de verão em 21 de dezembro. [N.T.])

ção das nuvens e os relativamente raros cometas e eclipses. De acordo com os babilônios, o mundo todo era uma entidade viva, e todas as coisas existentes possuíam vida. Essa crença é conhecida como animismo. Tal forma de compreensão da vida era típica de muitos povos tribais desde antes da civilização babilônica, e ainda o é em alguns lugares isolados no mundo de hoje, por exemplo, entre os clãs zanadroandrenos de Madagascar, que praticam uma espécie de astrologia animista.*

Os antigos egípcios nos deram a base do nosso calendário solar de doze meses; e, baseada em muitos anos de observação paciente do céu, a astrologia babilônica se tornou um sistema interpretativo. Os planetas ganharam nomes de deuses e as suas características se definiram. Registros das observações celestes e dos eventos a elas associados eram mantidos em placas de argila, que poderiam ser consultadas no futuro. Os fragmentos destas, conhecidos como placas de augúrio, ainda existem e foram exibidos ao redor do mundo, em lugares como os Estados Unidos, a China, países do Oriente Médio e da Europa continental e também no Museu Britânico, em Londres.

No universo dos antigos babilônios, os seres humanos podiam negociar e entrar em acordo com os deuses. Os deuses imprevisíveis mandavam mensagens pelo céu para serem lidas através da divinação astrológica, a fim de que os momentos mais propícios pudessem ser escolhidos quando era necessário que as pessoas tomassem alguma decisão. A astrologia oferecia maneiras de dar sentido à existência; era a ciência do seu tempo, e foi o desenvolvimento babilônico da matemática astronômica que criou os alicerces técnicos da astrologia que usamos hoje. A religião, a ciência, a magia e a divinação astrológica não eram separadas, mas apenas aspectos diferentes da compreensão de como o mundo funcionava.

Antes de surgir o conceito do mapa natal individual, o propósito da astrologia era interpretar os sinais celestiais e dar conselhos ou avisos, principalmente ao monarca da época, que agia – quase sempre – para o bem do seu país. A imagem atual dos 12 signos do zodíaco também tem origem na Babilônia antiga.

---

* Referência citada na p. 341.

Os gregos e os romanos

Dos filósofos gregos que viveram por volta de 500 a.e.c., os mais conhecidos são Platão e Aristóteles. Surpreendentemente, algumas de suas ideias ainda influenciam o nosso pensamento hoje, no século XXI.

Platão e seu discípulo Aristóteles tiveram um impacto fenomenal no desenvolvimento da religião ocidental, principalmente no cristianismo; na filosofia medieval e renascentista; e na astrologia psicológica moderna. Platão acreditava na reencarnação e postulava que os números tinham um fundamento filosófico e esotérico. Os números são elementos importantes da astrologia moderna.

Para Platão, cada pessoa tinha uma alma imortal feita de matéria estelar, que voltava às estrelas após a morte. O modelo platônico do cosmos dizia que esta era uma única entidade viva e inteligente, dotada de alma – modelo que se tornou conhecido nas gerações posteriores como *Anima Mundi,* a alma do mundo. De acordo com a filosofia platônica, os planetas eram naturalmente belos no seu movimento regular, movendo-se em círculos matemáticos perfeitos em volta da Terra imóvel e central.

Alguns anos depois da morte de Platão, o filósofo Aristarco propôs que o astro central era o Sol, não a Terra. Nessa época, porém, as convicções de Platão e Aristóteles estavam estabelecidas e Aristarco foi esquecido. Levou mais de 1.800 anos para se provar que Aristarco estava certo.

Os gregos antigos desenvolveram o conceito de que os quatro elementos (Fogo, Terra, Ar e Água) eram os fundamentos de toda a matéria física existente. Esse sistema foi adotado pela maior parte dos médicos como método principal para diagnosticar desequilíbrios nos pacientes e durou até o século XVII. Os quatro elementos passaram a fazer parte da avaliação do horóscopo pelos astrólogos por volta do primeiro e segundo séculos e.c., e são importantes na verificação do equilíbrio no mapa natal até hoje. Você encontrará a descrição do uso moderno dessa ideia antiga nos próximos capítulos.

A astrologia se tornou mais técnica nesse período, com os gregos refinando a matemática babilônica. A essência da astrologia praticada hoje foi estabelecida principalmente na era grega.

Em 331 A.E.C., Alexandre, conhecido como "O Grande", conquistou a Babilônia. Há uma lenda sobre o seu nascimento que sem dúvida cresceu à medida que foi sendo contada. Dizem que a mãe de Alexandre, Olímpia, foi encorajada pelo seu astrólogo a adiar o parto até que as estrelas estivessem nas posições corretas para que a criança tivesse o máximo possível de oportunidades de grandeza. Podemos apenas especular como ela conseguiu esse feito! É uma história interessante de qualquer modo, e a fama de Alexandre dura há séculos pela sua maestria na guerra e pelas suas conquistas; porém, sua data de nascimento é desconhecida. O filósofo Aristóteles foi seu tutor durante a infância e sem dúvida influenciou seu modo de pensar. Alexandre respeitava as crenças dos povos que conquistava, e a mistura subsequente de religiões, culturas e filosofias (incluindo a astrologia) resultou numa troca extraordinária de conhecimento e ideias que durou até além do fim de sua vida.

Entre o segundo e o primeiro séculos A.E.C., foi compilada uma seleção de textos influentes que continham os conhecimentos de antigos grupos religiosos, as crenças astronômicas egípcias e elementos das filosofias grega e babilônica. Essa coleção veio a ser conhecida pelo nome *Corpus Hermeticum* (normalmente chamada de Textos Herméticos). Esses textos, em razão de sua sabedoria, eram consultados pelos sacerdotes astrólogos daquele tempo e, mais de 1.400 anos depois, o conhecimento do *Corpus Hermeticum* ressurgiu no Ocidente com grande vigor. Nessa série de trabalhos está a frase "assim em cima como embaixo", fazendo referência ao fato de que o estado dos céus se reflete nos acontecimentos terrenos. Essa frase ainda é usada para justificar a astrologia, já que faz parte de um texto antigo muito bem-conceituado.

Na época do nascimento de Cristo, o Império Romano era muito amplo. Seu nascimento foi acompanhado pelos magos, os sábios da época: tradicionalmente, três proeminentes astrólogos orientais. Pessoas de todas as classes da sociedade visitavam videntes ou astrólogos regularmente. Os romanos deram aos deuses gregos novos nomes em latim: Zeus se tornou Júpiter, Hermes virou Mercúrio e assim por diante. Os nomes romanos dos planetas – e dos dias da semana – prevalecem ao menos parcialmente em muitas línguas europeias, como o francês, o italiano e o inglês. O dia de Saturno (sábado) é *Saturday* em inglês, o dia de

Mercúrio (quarta-feira) se tornou *mercredi* em francês, o dia de Marte (terça-feira) se tornou *martedi* em italiano etc.

Grande parte dos críticos, gregos e romanos, da astrologia eram ateus que não acreditavam em "seus próprios" deuses, e ataques verbais foram desferidos contra os astrólogos. Uma crítica comum daqueles que condenavam a astrologia era dizer que ela era uma prática fraudulenta que tirava proveito dos fracos e vulneráveis. Considerava-se que os clientes dos astrólogos, em sua maioria mulheres, depositavam demasiada confiança nos videntes e eram incapazes de tomar suas próprias decisões sem a astrologia. A mesma agressividade se repete ao longo dos séculos, e esse tipo de crítica ainda é direcionada aos astrólogos de hoje. Certas coisas jamais mudam!

No segundo século e.c., um astrólogo grego chamado Cláudio Ptolomeu publicou um livro, o *Tetrabiblos*, que resumia em detalhes grande parte do conhecimento astrológico daquela época. Esse livro foi uma grande influência nos séculos que se seguiram.

O CRISTIANISMO, O ISLÃ E A REJEIÇÃO OCIDENTAL DA ASTROLOGIA

Os cristãos resistiram às tentativas dos romanos de acabar com o cristianismo nos primeiros séculos do novo milênio. O imperador Constantino legalizou o cristianismo no início do quarto século e.c. Mesmo assim, paradoxalmente, escolheu a data da fundação da sua cidade, Constantinopla (Istambul hoje em dia), pelo uso da astrologia. Além disso, foi Constantino que fixou a data de nascimento de Jesus em 25 de dezembro.

Muitos cristãos convertidos rejeitavam a astrologia, entre eles santo Agostinho, bispo de Hipona (354-430 e.c.). Os ataques virulentos desse clérigo à astrologia em seus textos influenciaram os líderes da Igreja por muitos e muitos séculos. Agostinho disse que qualquer previsão astrológica que se tornasse realidade ou era sorte ou intervenção de demônios, e não resultado da aplicação da astrologia. Alguns astrólogos tentaram cristianizar a astrologia em vez de descartá-la. Porém, a atitude geral estava mudando pelo Ocidente afora, e o dobre fúnebre já soara para todas as religiões não cristãs e para a astrologia também. A nova religião cristã não tolerava rivais.

No começo, um dos motivos da rejeição cristã à astrologia foi que ela era usada por muitos astrólogos para predizer o futuro, ato que era visto como afronta à imprevisível vontade divina. A barganha com Deus, à moda babilônica, não existia. Algumas vozes se elevaram em defesa da astrologia, com pouco efeito. Com a derrocada do Império Romano durante o quinto século, a astrologia caiu em desuso na Europa ocidental. O mesmo aconteceu com a capacidade de entender o grego clássico, quase completamente reservado às classes privilegiadas e ao clero (e a pouquíssimas mulheres); mas o latim sobreviveu.

A astrologia, entretanto, provou-se muito tenaz para morrer. Boa parte do conhecimento astrológico foi preservada no Oriente Médio, na Índia e na China. Sem a preservação desse material pelos acadêmicos muçulmanos e judeus, que não estavam sob a tutela do cristianismo, esse conhecimento teria sido quase completamente esquecido no Ocidente. No Oriente, a astrologia era alimentada em silêncio e cresceu ao longo dos 600 anos seguintes, até por volta de 1.100 E.C.

Durante esse longo período, antes chamado de Idade das Trevas – mas conhecido agora como Idade Média –, poucos sabiam ler e escrever no Ocidente, e a sociedade, sem o forte controle da civilização romana, se fragmentou.

O RESSURGIMENTO DA ASTROLOGIA (c. 1100-1650 E.C.)

A mentalidade de abertura ao aprendizado só retornou ao Ocidente nos séculos XI e XII. Esse período, mais tarde, passou a ser conhecido como o auge da Idade Média. Durante esse tempo, acadêmicos itinerantes traduziram os trabalhos perdidos de Aristóteles do grego clássico para o latim, que era falado por todos os eruditos europeus. O interesse pela astrologia e pela astronomia despertou mais uma vez.

Aristóteles, em comparação com Platão, tinha uma visão mais naturalista da filosofia. Mesmo assim, a voz original de Platão – dizendo que a verdadeira realidade e o Criador Único estavam além das estrelas –

ainda ecoava pelos séculos. A visão abstrata que Platão tinha dos céus havia sido convenientemente cristianizada nas regiões em que o cristianismo esteve ativo durante o desaparecimento da astrologia no Ocidente. A religião era parte natural da vida das pessoas da Idade Média. O ressurgimento das ideias aristotélicas – como o conceito de que os planetas, por serem "naturais", deviam ter influência sobre os seres humanos – foi como um sopro de ar fresco para muitos, acrescentando uma nova dimensão à fé pura.

Junto com as traduções de Aristóteles, um influxo de material islâmico veio beneficiar os astrólogos: tabelas astronômicas, o astrolábio (um instrumento matemático para a medição da posição solar) e mais traduções dos livros astrológicos dos antigos gregos, como o *Tetrabiblos* de Ptolomeu. Esses textos reavivaram o respeito pelo aprendizado intelectual. Assim que as portas dos centros de aprendizagem foram reabertas, o entusiasmo pelo conhecimento acadêmico cresceu rapidamente. A astrologia se tornou aceitável mais uma vez e passou a integrar o currículo de artes liberais das universidades recém-formadas, vindo a ser considerada essencial para uma educação completa.

No século XIV, na Inglaterra, Geoffrey Chaucer escreveu vários contos nada acadêmicos em inglês, numa época em que boa parte da literatura ainda era escrita em latim. Seu famoso *Os Contos de Canterbury* era cheio de referências astrológicas obscenas, deixando claro que essas referências haviam voltado a ser facilmente compreendidas.

Na Igreja travavam-se discussões teológicas tanto contra quanto a favor da astrologia. Como era de esperar, o reaparecimento da astrologia – já vista como superstição ou coisa do demônio – alarmou o clero. A principal acusação, como 600 anos atrás, era a de que o significado das estrelas e dos planetas só podia ser falso, já que ninguém pode saber o que Deus reserva para a humanidade. No século XIII, novas vozes se elevaram para defender a astrologia contra as críticas, só que dessa vez a defesa foi eficaz. Um dos mais notáveis defensores cristãos da astrologia nessa época foi Tomás de Aquino.

Aquino propôs um argumento que, na época, proporcionou uma solução do dilema. Ele disse que o corpo humano era afetado pelas estrelas e pelos planetas, mas a alma era sujeita à vontade de Deus. Afirmou que era responsabilidade de cada um escolher o bem e resistir aos efeitos negativos das estrelas. Isso era aceitável o suficiente para se tornar a posição oficial da Igreja, mas teve o efeito não intencional de aumentar a popularidade da astrologia nos séculos seguintes. Existiam, contudo, como ainda existem, cristãos conservadores que não admitiam a astrologia. A astrologia sempre atraiu a censura de certas partes da comunidade religiosa.

A Renascença

O advento da imprensa tornou disponível uma grande quantidade de obras clássicas. O astrólogo italiano Marsílio Ficino, do século XV, traduziu toda a obra de Platão e os textos herméticos do primeiro século A.E.C., feito esse que teve grande impacto, principalmente porque se pensava naquela época que esses textos tinham se originado muito antes do primeiro século A.E.C. no antigo Egito, que, por sua vez, era uma cultura particularmente respeitada naquela época. Dessa forma, os textos eram vistos como se estivessem impregnados de significados ocultos.

O público alfabetizado tinha fácil acesso a almanaques astrológicos impressos, que sempre continham informações astronômicas e previsões climáticas, além de algumas previsões dramáticas de epidemias e desastres. Os astutos escritores, contudo, verbalizavam cuidadosamente suas previsões, apostando nos dois lados para escapar da censura caso uma previsão estivesse incorreta. Mesmo assim, havia vários outros astrólogos que levavam o ofício mais a sério e que tinham uma clientela regular.

O século XV foi marcado pelo início do Renascimento europeu, que durou até meados do século XVII e trouxe consigo uma nova mentalidade de abertura e experimentação. A astrologia era praticada em conjunto com as doutrinas da Cabala (judaísmo místico) e da alquimia e até com os conceitos babilônicos de correspondências mágicas e conexões entrelaçadas. As culturas pré-cristãs eram reverenciadas como se tivessem uma sabedoria perdida que poderia ser vislumbrada através das traduções. A percepção e o uso da astrologia estavam no auge na sociedade europeia.

Elizabeth I (1533-1603), filha do rei Henrique VIII da Inglaterra, usava os serviços do mago e astrólogo John Dee. Foi ele quem determinou a data (15 de janeiro de 1559) da coroação da rainha, que reinou por um longo período. Nas peças de William Shakespeare, há muitas referências a fenômenos celestiais e crenças astrológicas. Por exemplo: "É certo que nasceste sob Marte", de *Tudo Está Bem Quando Termina Bem*, ou "Todos os planetas da boa sorte se opõem ao meu proceder", de *Ricardo III*. Existem diversas outras, fato que sugere que o conhecimento de astrologia era comum – mesmo que a opinião do próprio Shakespeare sobre a astrologia seja desconhecida. O imaginário astrológico domina boa parte da arte e da literatura produzidas na Renascença, e muitos governantes europeus empregavam um astrólogo em suas cortes.

Dentro da classe governante, estava na moda ter o mapa natal analisado por astrólogos importantes, e os mais pobres consultavam videntes. Havia uma mentalidade de pensamento independente no ar, porém isso não significa que a astrologia fosse aceita por todos. Na verdade, a Inquisição do século XVI ainda condenava alguns astrólogos. Havia também alguns tratados em circulação que eram contra a astrologia de "baixo nível" praticada por muitos, afirmando ser ela de natureza fatalista.

Enquanto a Renascença revolucionava a Europa ocidental, um evento grandioso corria em silêncio um pouco mais a Oriente. O matemático e astrônomo polonês Nicolau Copérnico estava trabalhando na sua teoria matemática que dizia que o Sol, e não a Terra, era o centro do Sistema Solar. O sistema que tem o Sol no centro é chamado *heliocêntrico*, e o que tem a Terra no centro, *geocêntrico* – sendo este o que era aceito popularmente desde a época de Platão. O livro de Copérnico foi publicado apenas dois meses antes da sua morte, em 1543. Essa descoberta controversa levou mais de um século para ser completamente assimilada.

O astrólogo-astrônomo Galileu, famoso por usar o telescópio – objeto que ele aperfeiçoara, mas não inventara – levou o trabalho de Copérnico um passo adiante com suas observações, mas suas obras atraíram a atenção negativa de algumas autoridades da Igreja. O golpe final no sistema geocêntrico "perfeito", com órbitas planetárias circulares ao redor da Terra, foi dado no início do século XVII, quando Johannes Kepler provou matematicamente que os planetas não orbitam o Sol em círculos perfeitos, mas em órbitas elípticas.

Os trabalhos de Galileu e Kepler ajudaram a formar a base da física moderna. Suas descobertas foram de crucial importância e, aos poucos, a opinião geral mudou do "pensamento mágico" (ver Capítulo 2, página 58) para a abordagem científica, preparando as circunstâncias para a queda da astrologia no decorrer das décadas seguintes.

Contudo, um dos astrólogos mais bem-sucedidos do século XVII foi William Lilly (1602-1681), que era chamado de o "Merlin inglês". Seu livro *Christian Astrology* [Astrologia Cristã], de 1647, ainda é usado hoje em dia por muitos astrólogos e contém inúmeros "estudos de caso". Em 1652, diz-se que Lilly previu corretamente o grande incêndio de Londres, que ocorreu em 1666; naturalmente, sua reputação se elevou – e, por consequência, seu lucro.

A SEGUNDA QUEDA E ASCENSÃO DA ASTROLOGIA (1650 ao fim do século XIX)

A nova luz da razão e da lógica que surgiu no fim do século XVII trouxe consigo uma nova mentalidade. Foi uma forte reação contra a religião institucionalizada dos séculos anteriores. Um dos principais teóricos desse período de inovação científica e cultural foi o físico e matemático Isaac Newton (1643-1727). Ele viveu nos séculos XVII e XVIII, durante a grande fase de mudança na forma de pensar do Ocidente. Newton demonstrou que é a força da gravidade que mantém os planetas em suas órbitas. O impacto de Newton e de seus avanços na teoria científica foram tão grandes que ele já foi chamado de pai da ciência moderna. Além de cientista, Newton era um homem religioso que rejeitava a astrologia como se fosse uma superstição pífia, e não uma fonte grandiosa de conhecimento cosmológico. À medida que a Idade da Razão – conhecida posteriormente como Iluminismo – progredia, as pessoas passaram a buscar respostas na ciência, e não mais em Deus ou na astrologia.

Perto do fim do século XVII, a astrologia estava em declínio e mais uma vez era alvo de ridículo e desdém. Os motivos dessa segunda decadência são complexos, mas pode-se dizer resumidamente que a astrologia, em sua maior parte, havia perdido o contato com suas raízes clássicas e a sua verdadeira visão profunda. Fora misturada com práticas ocultas e com certas superstições antigas; alguns astrólogos – como John Dee e um de seus companheiros, no século XVI – tentavam se comunicar com os anjos ou aplicavam os princípios astrológicos em experimentos alquímicos. Muitos astrólogos dessa época trabalhavam como simples videntes, vendendo predições sensacionalistas a preço de banana.

O materialismo e a rejeição da astrologia surgiram principalmente dentro das classes letradas da sociedade. Mas a astrologia recusou-se a desaparecer, mesmo que muitos dos novos cientistas e filósofos a descartassem prontamente. Na prática, ela simplesmente voltou à clandestinidade. Almanaques astrológicos, entretanto, continuaram a circular publicamente durante a maior parte dos séculos XVIII e XIX, e as classes menos favorecidas os liam com regularidade. A astrologia séria foi absorvida por sociedades secretas como a Rosa-Cruz ou a Maçonaria, que proporcionaram asilo aos rebeldes astrológicos. Mas, alvoroçando-se debaixo da superfície racional do século XVIII, uma contrarreação daqueles que não aceitavam somente a ciência como visão dominante da vida começava desde então a se formar.

Invenções e descobertas científicas continuaram surgindo durante os séculos XVIII e XIX. A astronomia era vista como uma ciência independente, já desligada da astrologia. A descoberta de dois planetas além de Saturno interessou particularmente aos astrônomos. Saturno é o último planeta do Sistema Solar que foi descoberto sem a invenção do telescópio. Em 1781, Urano, o primeiro planeta depois de Saturno, foi descoberto, seguido pela descoberta de Netuno em 1846. O último corpo celeste importante a ser descoberto – tão longe que sua órbita leva 250 anos terrestres para se completar – foi Plutão, em 1930. Mesmo que muitos outros corpos celestes tenham sido descobertos desde então, o distante planeta Plutão ainda é muito significativo para vários astrólogos modernos.

O século XIX assistiu a um ressurgimento do ocultismo, contrapondo-se à rejeição da magia, da astrologia e da espiritualidade. Vários novos movimentos apareceram, com destaque para a Sociedade Teosófica, fundada nos Estados Unidos da América pela mística russa Madame Helena P. Blavatsky em 1875. Tratava-se de uma organização dedicada a propagar o crescimento espiritual pessoal por meio da meditação e do estudo, misturados com ideias orientais como a reencarnação e o *karma*. Mesmo não sendo especificamente voltado à astrologia, esse grupo formou a base para o ressurgimento da astrologia por meio de um de seus membros.

A ASTROLOGIA DO SÉCULO XX

Inspirado pela astrologia desde jovem, Alan Leo (1860-1917) ingressou na Sociedade Teosófica em 1890. Leo foi entusiasta da astrologia no fim do século XIX e no início do século XX, sendo o principal responsável pela ascensão dessa arte na era moderna. Com uma paixão sem fim pelo seu trabalho, ele criou centenas de interpretações de mapas natais escritas à mão para o público e foi autor de vários livros que explicam a astrologia para a pessoa comum. Leo não tinha dúvida de que a reencarnação e o *karma* eram reais e de que o propósito dessas coisas era que a alma individual aprendesse lições de vida. Essas ideias estão presentes em todos os seus livros sobre astrologia. Um novo conceito na astrologia – a ideia de que o Sol é o planeta mais importante no mapa, como o verdadeiro Sol o é no Sistema Solar – foi adaptado por Leo no seu método de explicação de mapas. Desse modo, Leo se tornou o precursor involuntário das colunas astrológicas dos jornais do século XX, que existem até hoje. Em 1915, Leo fundou o ramo astrológico da Sociedade Teosófica, a Loja Astrológica, em Londres, Inglaterra.

Assim que surgiu novamente, a astrologia cresceu devagar, mas com constância, na consciência popular do século XX. Nos Estados Unidos, o teósofo e astrólogo Dane Rudhyar escreveu vários livros esotéricos abordando a astrologia do ponto de vista da reencarnação. Carl G. Jung, psicanalista suíço, explorou a astrologia e aprendeu a calcular mapas natais. Isso incomodou seus colegas mais cientificistas, como Sigmund Freud, que acreditava que a astrologia não era apenas errada, mas sobretudo perigosa. Jung foi um dos primeiros psicólogos que tentaram investigar a astrologia cientificamente. Para Jung, a astrologia merecia respeito por causa da sua longa história de elucidação da condição humana, e ele usou-a continuamente no trabalho com seus pacientes durante toda a sua vida. Jung foi quem mais inspirou a inauguração de escolas de psicologia astrológica em toda a Inglaterra e os Estados Unidos.

Escolas e organizações astrológicas foram fundadas nos dois lados do Atlântico e pelo mundo afora, sendo a Faculdade de Estudos Astrológicos uma das primeiras, estabelecida em 1948 em Londres. No começo, todas essas escolas eram pequenas e não tinham impacto social, mas o simples fato de elas existirem era suficiente para atrair críticas ferozes de vários setores da sociedade. Acadêmicos, cientistas e cristãos evangélicos, todos atacavam a astrologia no início do século XX, cada qual a partir do seu ponto de vista.

Na década de 1960, o foco astrológico se ampliou e a astrologia foi adotada pelo movimento *hippie*. Entre os *hippies* era moda ler livros astrológicos ou pedir que um astrólogo profissional ou um amigo entusiasta "fizesse o seu mapa". Essa tendência continuou pelas décadas seguintes. Esse desenvolvimento foi tão preocupante para alguns membros da comunidade científica que, em 1975, um grupo de 186 cientistas assinou uma declaração pública detalhando os problemas da astrologia. Tal declaração incluía a convicção deles de que a astrologia não é somente uma baboseira inofensiva, mas uma prática perigosa para os fracos e vulneráveis, os quais, segundo eles, são vítimas dos astrólogos. Por acaso isso soa familiar? É quase o mesmo argumento usado contra a astrologia na época dos romanos. A declaração também reiterava a crença científica de que a astrologia só pode ser uma fraude, já que não tem uma base científica verificável.

Como observou Max Weber, sociólogo do início do século XX: "O destino da nossa era é caracterizado pela racionalização e pela intelectualização e, acima de tudo, pelo desencantamento do mundo".*

O que Weber quis dizer por "desencantamento" é que não há lugar para nada de mágico ou de não racional na mentalidade ocidental atual. Tudo deve produzir resultados visíveis ou provas tangíveis. No geral, esse aspecto não mudou no pensamento intelectual desde a época de Weber, mais de cem anos atrás.

---

* H. H. Gerth e C. Wright Mills, *From Max Weber: Essays in Sociology* (Londres, edição de 1970), p. 155.

A ASTROLOGIA NO SÉCULO XXI

Perto do fim do século XX, a astrologia foi adotada pela "Nova Era", a sucessora do movimento *hippie*. Longe de desaparecer novamente na clandestinidade, como talvez quisessem aqueles 186 cientistas, a astrologia cresceu em popularidade e é apreciada por quem a estuda a sério como fonte de sabedoria profunda. Integrando a psicologia contemporânea com os vários sistemas de pensamento que existem desde os tempos dos videntes-astrólogos babilônios, a astrologia moderna avançou muito. Astrólogos qualificados, com anos e anos de experiência, estão estudando, escrevendo e ensinando hoje em dia em muitos países.

Este é um período empolgante para a astrologia, cuja popularidade continua aumentando, e é um momento excelente para cada qual aprender as manhas por si mesmo. O propósito principal da astrologia individual é ter uma compreensão mais profunda de si mesmo e dos outros através do estudo do mapa natal. A interpretação astrológica moderna é muito diferente da abordagem fatalista dos séculos passados, no sentido de que os astrólogos profissionais raramente fazem afirmações definitivas sobre eventos específicos – ou seja, deixam espaço para o livre-arbítrio. O astrólogo contemporâneo treinado sabe, por outro lado, quais ciclos planetários afetam as pessoas em determinados períodos – inclusive no futuro – e é capaz de explicar a relação que eles têm com o desenvolvimento da vida.

Mesmo sendo atacada incessantemente pelos preconceitos e mal-entendidos ao longo de séculos e séculos, a astrologia provou através de sua longevidade e tenacidade que "nesse mato tem coelho!". A astrologia é uma ciência que merece respeito e que recompensa aqueles que reservam o tempo necessário para estudar devidamente seus pontos de vista.

Capítulo **2**

Os Pilares e os Círculos Rotativos

uma introdução aos quatro fundamentos do mapa
e uma dose básica de astronomia

Depois de recapitular brevemente milhares de anos de história, da era dos astrólogos e videntes babilônios aos consultores de astrologia do século XXI, começaremos agora a estudar a astrologia. Ao iniciar esta jornada astrológica, poderíamos decidir evitar a parte "técnica" e simplesmente nos concentrar no significado dos mapas. Entretanto, creio que é importante explicar, tanto por meio de diagramas quanto de palavras, um pouco da astronomia fundamental que está por trás dos vários componentes do mapa. Esse conhecimento ajudará na sua compreensão e suas interpretações serão melhores.

A maioria dos astrólogos modernos não são astrônomos, mas mesmo assim têm um entendimento básico do que está por trás da arte que praticam. A parte mais importante da astronomia do mapa natal é explicada neste capítulo. Como a astronomia do Sistema Solar é complexa, simplifiquei-a para facilitar seu entendimento.

Ao longo das eras, sempre foi necessário para os astrólogos estudar astronomia e matemática para calcular os mapas. O cálculo do mapa natal ainda era feito à mão no fim do século XX, e alguns conservadores hoje em dia ainda preferem fazer cálculos à mão ou usá-los por segurança. Agora, é claro, temos a sorte de possuir programas de computador que fazem os cálculos astrológicos; por isso, como já disse, não abordarei aqui os cálculos matemáticos.

A astrologia tem quatro "pilares" (ver texto a seguir) cujo conhecimento pode ser aplicado a quase todas as áreas do pensamento astrológico, inclusive às previsões, assim que você se familiarizar com eles. Para ver como eles se inter-relacionam na interpretação de um mapa natal, você precisa conhecer cada um deles separadamente. A introdução de cada pilar listado abaixo será expandida em seu próprio capítulo, posteriormente.

Os quatro pilares são:

1. Os planetas
2. Os signos do zodíaco
3. As casas e os ângulos
4. Os aspectos

O MAPA NATAL

O mapa natal é a imagem de um instante inicial, um momento fixo no tempo e no espaço. Cada recém-nascido tem um mapa natal que será dele para o resto da vida, mas, à medida que o indivíduo muda ao longo da vida, o significado do seu mapa também muda e se desenvolve. Na astrologia, a primeira respiração do bebê é considerada como o momento do nascimento, e o mapa é calculado com base neste momento. Um mapa pode ser calculado não somente para o nascimento de uma pessoa, mas também para a inauguração de uma empresa, a independência de um país e até o momento em que se faz uma pergunta. Mas é claro que o que mais nos interessa aqui são os mapas natais. O mapa inteiro tem significado na astrologia, mas algumas partes são mais importantes que outras.

O que realmente vemos quando olhamos um mapa natal? O mapa é um diagrama circular da posição *aparente* de todos os planetas, tal como os vemos da Terra. O mapa é desenhado de um ponto de vista geocêntrico, com a Terra no centro do Sistema Solar em vez do Sol. Somos, afinal de contas, habitantes deste planeta e vemos o universo desse ponto de vista. A astrologia é um sistema muito mais simbólico do que científico.

O mapa natal é desenhado de um ponto de vista central, olhando para fora. Metaforicamente, ficamos de costas para o centro do mapa (a Terra), olhando para o universo. O Ascendente é o signo que surge no horizonte leste, mas esse horizonte é desenhado no lado esquerdo do mapa (ao contrário dos mapas geográficos, onde o leste fica à direita).

Apresentando os mapas de estudo: Celeste e Robin

Ocasionalmente neste livro, falarei do mapa natal de uma jovem que chamarei de Celeste. Seu mapa natal completo está desenhado no início deste livro para facilitar a referência (página 10). Esse mapa será usado, com a permissão dela, como referência de estudo para ilustrar vários aspectos enquanto progredimos pelos fatores usados na astrologia natal. Ele será utilizado principalmente para elucidar as diferentes partes do mapa natal em si, não para oferecer interpretações. Contudo, mais para o fim do livro, será descrito um método de preparação para a interpretação do mapa de Celeste, seguido de um exemplo dessa interpretação na prática. O mapa dela será explicado como uma síntese dos vários fatores, para servir como um guia para as interpretações futuras que você mesmo fará.

Usar seu próprio mapa natal no decorrer do livro será também de grande utilidade. O endereço eletrônico para obter seu mapa, em inglês, foi dado na Introdução (www.suemerlyn.com). É empolgante descobrir as maneiras pelas quais a astrologia ilustra os diferentes aspectos da sua personalidade. Os significados, tanto do seu mapa quanto do de Celeste, surgirão aos poucos, à medida que novas camadas de compreensão forem sendo apresentadas.

Contemple um pouco o mapa de estudo da página 10, mesmo que ele não faça muito sentido por enquanto. "Só olhando" é o método pelo qual muitos astrólogos começam a ter ideias sobre mapas natais desconhecidos.

Pode ser que algumas partes do mapa chamem mais a sua atenção; então, vale a pena anotar essas primeiras impressões para que você possa revê-las depois. Você talvez perceba, por exemplo, os lugares no círculo onde estão os símbolos – tanto em cima quanto embaixo, tanto à direita quanto à esquerda: na hora certa, você verá que até mesmo essas posições são importantes. Pode ser também que você só veja um monte de símbolos e linhas amontoados! Quaisquer que sejam suas primeiras impressões, o passo inicial para o entendimento do mapa foi dado.

Os detalhes do nascimento de Celeste são: 10 de julho de 1988, 6h00, Roma, Itália.

Os astrólogos experientes não precisam de nada além disso, mas conhecer a posição da pessoa em sua família de origem é útil. Celeste tem uma irmã mais velha. Só esses detalhes já são suficientes para a interpretação do caráter e dos potenciais de uma pessoa no mapa natal. Decidi usar a forma de 24 horas para especificar o horário do nascimento a fim de deixar bem claro se o horário em questão é de manhã ou à tarde.

É importante lembrar que nem todos os exemplos de partes do mapa são tirados do mapa de Celeste. De tempos em tempos, usei vários outros exemplos para ilustrar os significados astrológicos no texto. Há outro mapa em particular que também usei para ilustrar as seções posteriores, mas não fiz a interpretação desse mapa em seu todo. É o mapa de um homem que chamei de "Robin". Seu mapa também está no início do livro, na página 11.

Estes são os detalhes do nascimento de Robin: 27 de setembro de 1983, 2h05, Londres, Inglaterra.

Além disso, introduzi nos capítulos um grande número de exemplos de interpretação para ilustrar as diferentes combinações astrológicas.

1. OS PLANETAS

É claro que os astrólogos sabem que os planetas do Sistema Solar orbitam o Sol e que a Lua orbita a Terra (junto à Terra, a Lua também orbita o Sol). Eles sabem também que o próprio Sol e a Lua não são planetas: claramente o Sol é uma estrela e a Lua, um satélite da Terra. Contudo, para facilitar a expressão, o Sol e a Lua são chamados de planetas pelos astrólogos. No fim do capítulo há um diagrama que demonstra as visões geocêntrica e heliocêntrica (ver página 64).

Na astrologia, os planetas do Sistema Solar representam energias ou forças universais básicas, chamadas às vezes de arquétipos. Para que você possa começar a se familiarizar com os diferentes símbolos astrológicos, cada pilar será demonstrado passo a passo nos mapas parciais ilustrados abaixo, os quais construirão gradativamente o cenário geral. Sugiro que você complemente essas ilustrações parciais com o mapa de estudo de Celeste e que tente identificar suas partes enquanto progredimos. Os símbolos dos planetas, ilustrados a seguir, estão desenhados nos lugares corretos do mesmo jeito que no mapa completo de estudo, junto às posições dos signos em graus e minutos (discutiremos os graus no capítulo a seguir). Você verá que as posições dos símbolos isolados dos planetas se correlacionam com os mesmos símbolos no mapa completo.

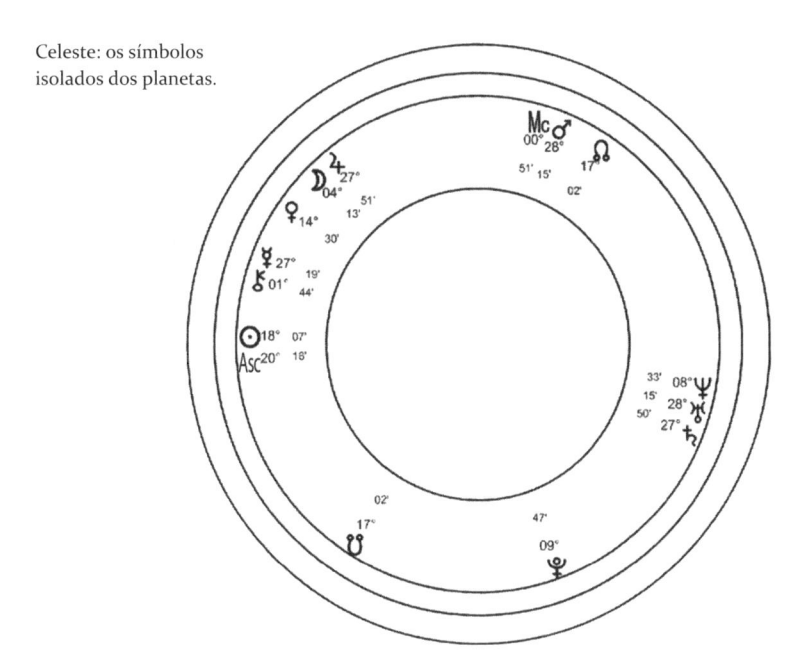

Celeste: os símbolos isolados dos planetas.

A astrologia moderna normalmente usa dez planetas. O Sol e a Lua e – na ordem das órbitas a partir do Sol – Mercúrio, Vênus, Marte, Júpiter, Saturno, Urano, Netuno e Plutão.* Cada planeta tem um significado essencial, comum em todas as pessoas. Muitos astrólogos levam em conta outro corpo celeste que não é exatamente um planeta, mas algo entre um planeta e um asteroide: Quíron. As características-chave

---

* O longínquo Plutão foi rebaixado de "planeta" para "planeta anão" pelos astrônomos em 2006, mas nem todos os cientistas concordam com isso. A maior parte dos astrólogos modernos continua usando Plutão como um poderoso símbolo astrológico em seus mapas. Qualquer que seja o status astronômico oficial de Plutão, os astrólogos sabem por experiência que a sua influência astrológica é muito importante.

mostradas abaixo serão explicadas com mais profundidade no Capítulo 3: Os planetas.

Planeta	Símbolo	Característica-chave
Sol	☉	Noção de identidade
Lua	☽	Noção de participação num grupo
Mercúrio	☿	Processos de pensamento
Vênus	♀	Modo de amar
Marte	♂	Instinto de sobrevivência
Júpiter	♃	Anseio de progresso e aprendizado
Saturno	♄	Consciência das limitações
Urano	♅	Busca de independência
Netuno	♆	Anseio pela unidade
Plutão	♇	Capacidade de transformação
Quíron	⚷	Capacidade de cura

Essas características foram estabelecidas há muito tempo no Ocidente através de observações da aparência ou do movimento do corpo físico do planeta em si. Urano, Netuno e Plutão foram descobertos há relativamente pouco tempo e não podem ser vistos a olho nu; então, como era de esperar, não estavam inclusos na lista de planetas conhecidos antes do telescópio. Os planetas do Sol a Saturno – os sete visíveis – agora são conhecidos como os *planetas tradicionais*, enquanto Urano, Netuno e Plutão são ainda chamados às vezes de *planetas modernos*, ou simplesmente de planetas exteriores, para facilitar a distinção.

Enquanto se observavam os planetas, quaisquer eventos terrenos correspondentes eram anotados. Por exemplo, Marte, o planeta de brilho vermelho fraco, era associado à guerra na Antiguidade, e a sua posição no céu era importante para se tomar a decisão de quando atacar o inimigo. Vênus foi correlacionado com a beleza e o romance, já que era visto durante a alvorada ou no começo da noite. (Vênus nasce em momentos diferentes dependendo de onde está em seu ciclo, e é popularmente conhecido como "estrela da manhã" ou "estrela da tarde" dependendo do momento do dia em que aparece no céu.) Através de histórias, mitos, lendas e associações com os múltiplos deuses e deusas que evoluíram em diversas civilizações, essas características foram sendo desenvolvidas e expandidas no decorrer dos séculos. E, mesmo assim, a característica principal de cada planeta continua a mesma.

A aparência e os padrões orbitais dos planetas, combinados com o conhecimento astronômico moderno do Sistema Solar, são pontos de partida válidos para o entendimento de seu significado astrológico. No nosso tempo, esses significados foram expandidos com o uso da psicologia e de filosofias e crenças do mundo todo. No caso dos planetas exteriores, seus significados evoluíram primeiramente com anotações de eventos que ocorreram perto da data em que foram descobertos, e foram expandidos gradativamente com observações astrológicas em períodos posteriores. Mesmo que nem todos os astrólogos atuais pensem da mesma forma – existem muitos métodos de abordagem, como nas outras profissões –, há um acordo sobre o significado-chave de cada planeta.

Entender o significado básico de cada planeta é crucial para o entendimento do resto do mapa, e existem diversas formas pelas quais as características dos planetas podem ser descritas. Podemos considerar como o planeta Vênus se manifesta num mapa: no mapa de determinada pessoa, por exemplo, Vênus pode representar uma forma de amar física e superprotetora; no mapa de outra pessoa, pode indicar um amor que se manifesta em fazer coisas pelos outros ou pôr a mão na massa. Ambos são manifestações de Vênus, mas expressadas de forma diferente, dependendo de sua posição no mapa.

2. OS SIGNOS DO ZODÍACO

Os planetas do Sistema Solar estão muito mais próximos da Terra do que as estrelas, obviamente. As estrelas formam um pano de fundo para a posição de cada planeta enquanto ele orbita o Sol. Em inglês, o termo "*star sign*" (signo estelar) é de uso popular porque o Sol, da nossa perspectiva terrestre, parece, a cada momento, estar na mesma parte do espaço que um determinado signo do zodíaco. Vale lembrar que os astrólogos normalmente usam a expressão mais correta "signo solar". Todos os outros planetas orbitam igualmente por todos os signos do zodíaco, cada qual com a sua própria velocidade. As órbitas dos planetas são todas elipses em distâncias diferentes do Sol.

Há 12 signos do zodíaco usados em quase todos os tipos de astrologia. (Os outros "tipos de astrologia" serão explicados brevemente no Capítulo 15, já que não fazem parte do foco deste livro.) Os signos não são exatamente as constelações estelares, que variam bastante de tamanho. O zodíaco foi identificado e dividido pelos astrólogos da Antiguidade em 12 partes iguais chamadas *signos* zodiacais (do grego antigo, *zodiakos kuklos*, que significa "círculo dos animais"). Pode-se dizer que essa divisão marcou o início da separação entre o simples observar das constelações – a realidade física – e uma maneira mais simbólica de interpretar o céu, dividido em 12 partes iguais. A astrologia é uma mistura sutil de simbolismo e realidade.

Os signos do zodíaco sobre a eclíptica. (Este é um diagrama simplificado: o eixo da Terra não está exatamente na vertical, mas inclinado a 23,5°.)

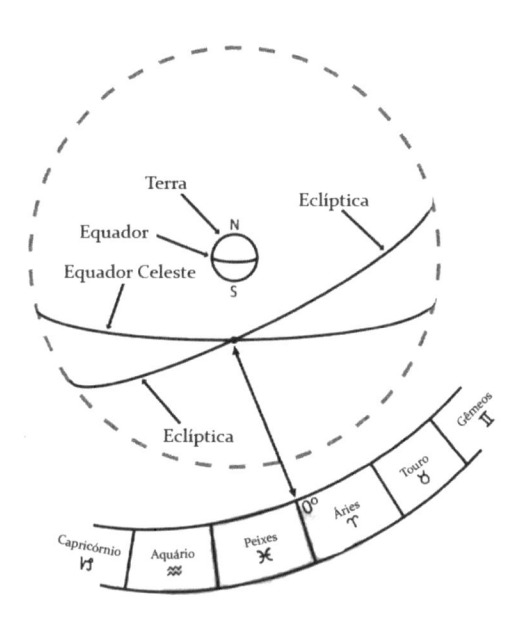

Já que todo círculo tem 360 graus, é claro que cada um dos 12 signos ocupa 30 graus de espaço. O motivo pelo qual usamos apenas 12 signos na astrologia é que esses signos se baseiam nas distantes constelações estelares que se situam sobre o grande círculo celeste chamado *eclíptica*. A eclíptica é o caminho aparente que o Sol, visto da Terra, percorre durante um ano, passando por todos os signos. Na realidade, ela é a faixa que a

Terra percorre em sua órbita anual em volta do Sol; essa faixa é então imaginada como um plano bidimensional, chamado de plano da eclíptica. Todos os outros planetas do Sistema Solar também estão sobre a eclíptica ou muito próximos dela.

Com exceção dessas 12, nenhuma das outras constelações do céu noturno é um signo do zodíaco, pois nenhuma delas está na mesma parte do espaço que as órbitas dos planetas do Sistema Solar. Em outras palavras, as outras constelações não estão na eclíptica. Por exemplo, pode ser que você reconheça Órion ou a Ursa Maior no céu noturno – mas ninguém é "de Órion" ou "da Ursa Maior", já que essas constelações não fazem parte do zodíaco. Num mapa astrológico, todos os planetas caem num dos 12 signos do zodíaco. O signo em que cada planeta está num determinado nascimento modifica a maneira pela qual aquele planeta se expressa no mapa.

A ordem natural do zodíaco

Todos os signos são desenhados no círculo exterior do mapa natal.

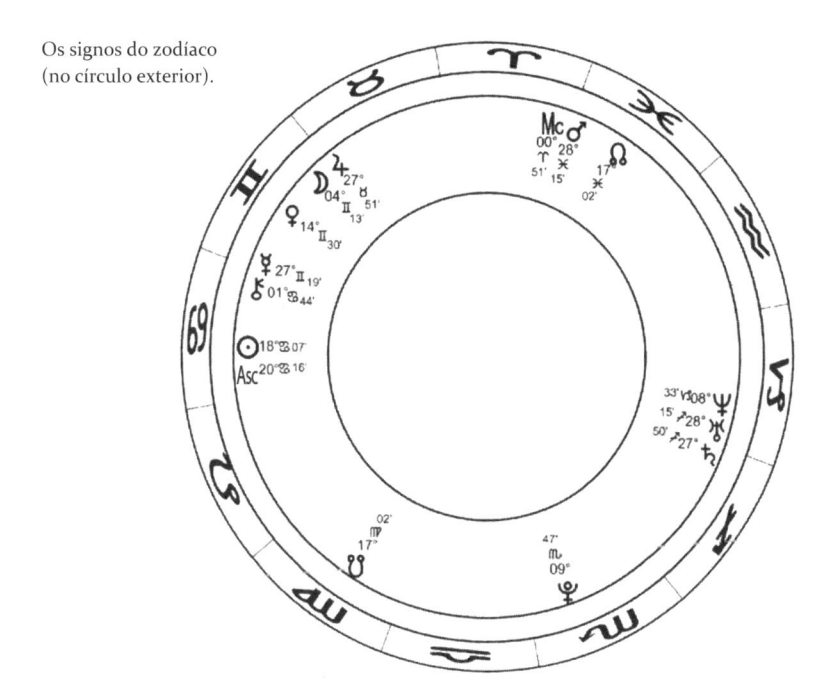

Os signos do zodíaco (no círculo exterior).

Eles sempre seguem sua ordem natural, começando com Áries e terminando em Peixes, o décimo segundo signo. Esse ciclo, obviamente, se repete regularmente, e o movimento do Sol ao longo dos signos, visto da Terra, define o nosso ano de 12 meses.

Número	Signo	Símbolo	Data aproximada das posições do Sol	Significados-chave
1	Áries	♈	21 de março – 19 de abril	Início, ação, impetuosidade
2	Touro	♉	20 de abril – 19 de maio	Praticidade, estabilidade
3	Gêmeos	♊	20 de maio – 20 de junho	Comunicação, flexibilidade, curiosidade
4	Câncer	♋	21 de junho – 22 de julho	Sensibilidade, proteção
5	Leão	♌	23 de julho – 22 de agosto	Criatividade, orgulho, confiança
6	Virgem	♍	23 de agosto – 20 de setembro	Discernimento, perfeccionismo
7	Libra	♎	21 de setembro – 20 de outubro	Equidade, empatia
8	Escorpião	♏	21 de outubro – 20 de novembro	Intensidade, paixão
9	Sagitário	♐	21 de novembro – 20 de dezembro	Exploração, crenças
10	Capricórnio	♑	21 de dezembro – 19 de janeiro	Ambição, responsabilidades
11	Aquário	♒	20 de janeiro – 19 de fevereiro	Independência, consciência social
12	Peixes	♓	20 de fevereiro – 20 de março	Compaixão, idealismo

A tabela acima mostra as datas aproximadas da posição do Sol nos signos em cada ano. Os significados-chave descrevem os signos resumidamente. Ao considerarmos o signo em que cada planeta cai, começamos a formar uma impressão inicial do significado de cada mapa natal.

As datas nas quais o Sol muda de signo em cada mês podem variar em três ou até quatro dias, dependendo do ano de nascimento. O limite entre os signos é chamado de *cúspide* na astrologia. O termo "cúspide" é simplesmente o nome da linha divisória, e também é usado em outras áreas da astrologia. Se você nasceu entre os dias 19 e 23 de qualquer mês, diz-se que você "está na cúspide" – então pode ser que você não saiba exatamente qual é o seu signo. Para solucionar esse problema, basta olhar o seu próprio mapa natal, supondo-se que você o tenha adquirido e seja capaz de identificar o signo onde seu Sol está, usando os símbolos das duas tabelas acima. Você também pode procurar a sua data de nascimento nas *efemérides*, um livro de fácil aquisição que contém as posições planetárias em qualquer data dos séculos XX ou XXI. Ou o Sol está num signo ou está no signo seguinte, mesmo que seja por pouco; é impossível que ele esteja "no meio", ou seja, em nenhum dos dois! Embora o signo solar seja normalmente o mais forte, as características do signo adjacente provavelmente influenciarão em parte a interpretação se o Sol estiver bem na cúspide.

Comparemos exemplos de planetas nos signos: uma pessoa com a Lua em Áries é propensa a se sentir à vontade quando a vida está corrida, com uma série de coisas para fazer, enquanto alguém com a Lua em Câncer sente satisfação ao cuidar dos outros.

3. AS CASAS E OS ÂNGULOS

As casas do mapa natal mostram as áreas da vida onde a energia de um determinado planeta se manifestará. As casas são o terceiro pilar da interpretação.

- Os planetas mostram as características básicas.
- Os signos do zodíaco mostram *como essas* características são expressadas.
- As casas mostram em *qual aspecto* da sua vida as características se manifestam.

As casas

Cada planeta cai numa das 12 casas e num dos 12 signos. As 12 casas estão presentes em todos os mapas. Cada casa representa uma área diferente da vida, como, por exemplo, o seu modo pessoal de ver o mundo, seus valores, as parcerias em potencial e assim por diante.

As casas que contêm planetas no mapa natal são enfatizadas na experiência do indivíduo, e essas áreas da vida são partes importantes do mapa. As casas que não têm nenhum planeta são menos significativas, mas, por fazerem parte do mapa, também são usadas na interpretação. Uma vez que existem 10 planetas e 12 casas, algumas casas não são ocupadas. Ou seja, ter casas vazias é não somente "normal", como necessário.

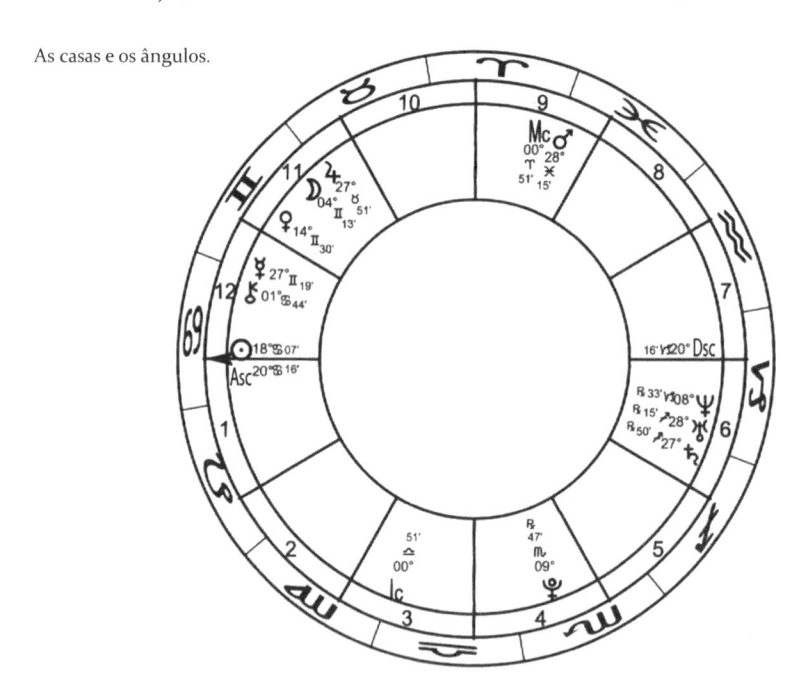

As casas e os ângulos.

Os ângulos

A cúspide da primeira casa do lado esquerdo do mapa é chamada de "Ascendente" (marcado com "Asc" no mapa acima), e as casas são numeradas de 1 a 12 no sentido anti-horário a partir deste ponto. As linhas divisórias entre as casas também estão representadas nesse desenho.

O Ascendente é um dos quatro *ângulos* do mapa, os quais são quatro pontos no espaço determinados pela rotação da Terra na data, hora e lugar de nascimento. Os quatro ângulos são: o *Ascendente* e seu oposto, o *Descendente* (marcado com "Dsc"); o *Meio do Céu* na parte de cima do mapa (marcado com "MC", abreviação de *medium coeli*); e o seu oposto, o *Fundo do Céu* (marcado com "IC", abreviação para *imum coeli*). Na astrologia, também chamamos o Ascendente de *signo ascendente*, mas ambos os termos designam exatamente o mesmo ponto no mapa.

O Ascendente é o grau do signo zodiacal que está surgindo no horizonte leste do local do nascimento – o ponto onde a projeção desse horizonte no espaço sideral (o chamado Horizonte Celestial) cruza a eclíptica na hora do nascimento. O Meio do Céu é o ponto de intersecção entre o ponto mais alto da eclíptica e a longitude do local de nascimento.

Em breves palavras, o Ascendente mostra as diferentes maneiras pelas quais enfrentamos as novas circunstâncias na vida, começando pelo nascimento; o Descendente mostra os tipos de pessoa pelas quais temos mais propensão a nos afeiçoar, e o modo como interagimos com os outros; o Meio do Céu mostra a nossa direção na vida; e o Fundo do Céu mostra a experiência que adquirimos com nossa vivência familiar. Como você pode ver, os ângulos são pontos muito sensíveis do mapa.

Há alguns detalhes que é bom ter em mente: o mapa na página 50 contém os quatro ângulos a fim de evidenciar as posições deles no mapa de estudo. Embora o eixo Ascendente-Descendente esteja sempre no mesmo lugar, nas cúspides da primeira e da sétima casas, respectivamente, a posição do eixo MC-IC pode variar de mapa para mapa. Pode ser que no seu mapa eles não caiam nas mesmas duas casas que no mapa de estudo. Isso é normal, e tem a ver com a hora e o local do nascimento. Além disso, é comum que os desenhos dos mapas mostrem apenas uma ponta de cada eixo, pressupondo que você sabe que a outra ponta também está presente. Então, quando mostro o mapa de Celeste em sua totalidade, mostro apenas o Ascendente e o Meio do Céu. Exceto no mapa que ilustra os eixos, na página 50, segui essa convenção.

A propósito, embora se trate apenas de indicações, o Ascendente dá ainda mais pistas sobre a aparência física da pessoa do que o próprio signo solar. Isso pode tornar difícil adivinhar o signo de outra pessoa –

como os que estudam astrologia sempre são desafiados a fazer! Muitas pessoas não sabem qual é o seu signo ascendente, já que é necessário um cálculo para isso.

Um exemplo da influência das casas: é muito possível que uma pessoa com Mercúrio na casa 3 goste de aprender coisas novas desde a infância, enquanto alguém com Mercúrio na casa 10 pode acabar numa carreira em que a comunicação é importante, como o comércio.

Número da casa	Significados-chave
1	Novos começos; abordagem pessoal da vida
2	Recursos – bens, dinheiro, seus valores
3	Mente, fala, educação infantil, ambiente imediato, viagens curtas
4	Panorama familiar, lar, experiência do pai
5	Prazeres, expressão, filhos
6	Rotina, deveres, serviço, modo de encarar o trabalho, colegas
7	Parcerias, relacionamentos
8	Sexualidade, morte, heranças, finanças em conjunto
9	Filosofia, religião, viagens longas, educação superior
10	Carreira, rumo de vida, conquistas, experiência da mãe
11	Grupos, amigos, objetivos, objetivos de longo prazo
12	Instituições, crenças, abrigo, serviço, imaginação

4. OS ASPECTOS

Este é o último – depois dos planetas, dos signos e das casas – dos quatro pilares da astrologia interpretativa. *Aspecto* é o nome dado à relação angular entre os planetas ou, em outras palavras, às conexões e distâncias entre eles. Os aspectos são também as distâncias angulares entre os planetas e os ângulos do mapa. Mesmo que tecnicamente qualquer planeta possa estar em aspecto com qualquer outro, apenas algumas distâncias foram definidas como possíveis aspectos. Elas são fáceis de identificar, com alguma prática: as distâncias são medidas precisamente em graus, conceito que será explicado no Capítulo 6: Os Aspectos.

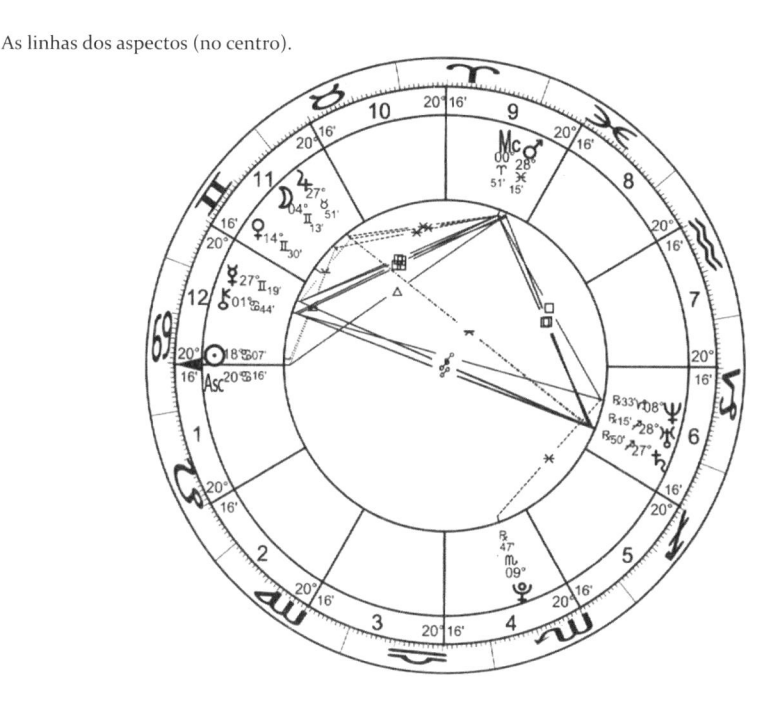

As linhas dos aspectos (no centro).

Os aspectos aprofundam a interpretação, enriquecendo e expandindo os significados dos planetas nos signos e nas casas. As características dos vários aspectos foram colocadas à prova no decorrer dos séculos. Os aspectos são representados nos mapas em dois lugares diferentes. São as linhas que cruzam o centro do mapa, unindo planetas e/ou ângulos uns aos outros, como na ilustração acima; e também são representados na *tabela de aspectos* através de símbolos, como na ilustração da página seguinte. Em ambos os casos, os aspectos mostrados são os mesmos.

A forma de ler a tabela é análoga à que você usaria para ler uma tabela de distâncias num mapa rodoviário, buscando a resposta na caixinha que fica na junção das linhas referentes a duas cidades – ou, neste caso, a junção das linhas referentes a dois planetas. Os números que acompanham os símbolos em cada caixinha mostram o grau de exatidão do aspecto, que também será explicado no Capítulo 6.

A tabela dos aspectos.

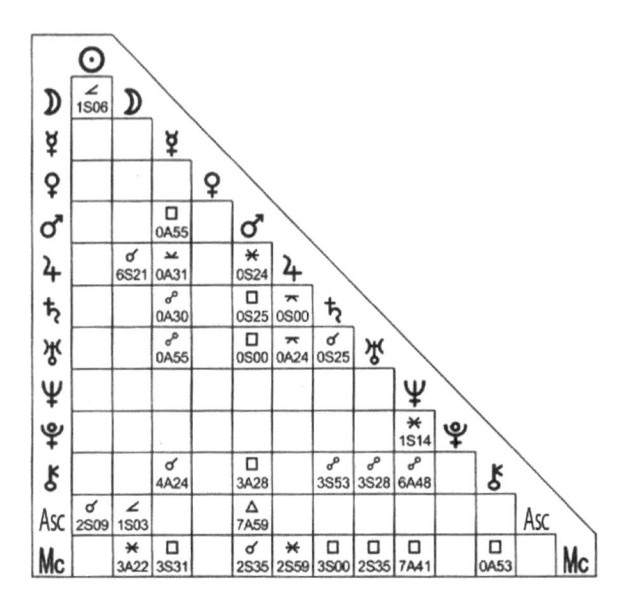

	☉	☽	☿	♀	♂	♃	♄	♅	♆	♇	☊	
☽	∠ 1S06	☽										
☿			☿									
♀				♀								
♂			□ 0A55		♂							
♃		♂ 6S21	⊼ 0A31		⚹ 0S24	♃						
♄			☍ 0A30		□ 0S25	⊼ 0S00	♄					
♅			☍ 0A55		□ 0S00	⊼ 0A24	☌ 0S25	♅				
♆									♆			
♇										⚹ 1S14	♇	
☊			☌ 4A24		□ 3A28		☍ 3S53	☍ 3S28	☍ 6A48		☊	
Asc	☌ 2S09	∠ 1S03		△ 7A59								Asc
Mc		⚹ 3A22	□ 3S31		☌ 2S35	⚹ 2S59	□ 3S00	□ 2S35	□ 7A41		□ 0A53	Mc

Os astrólogos usam cinco *aspectos maiores* [ver abaixo]. São eles: *conjunção, oposição, trígono, quadratura* e *sextil*. Existem outros aspectos, os *aspectos menores*, mas começaremos com os mais importantes. Os aspectos maiores são formados pela divisão do círculo do mapa por números inteiros, da seguinte forma:

Conjunção: divisão do círculo por um (planetas muito próximos).
Oposição: divisão do círculo por dois (planetas em pontos opostos, a seis signos um do outro).
Trígono: divisão do círculo por três (planetas a quatro signos um do outro).
Quadratura: divisão do círculo por quatro (planetas a três signos um do outro).
Sextil: divisão do círculo por seis (planetas a dois signos um do outro).

Os aspectos formados pela divisão do círculo por dois (oposição) ou por quatro (quadratura) são conhecidos como "aspectos negativos", com as linhas no mapa normalmente desenhadas em vermelho. São aspectos dinâmicos, que nos trazem desafios na vida e nos forçam a lidar com eles. Os formados pela divisão do círculo por três (trígono) ou seis (sextil) são os "aspectos positivos", e normalmente são desenhados em azul. Eles indicam as áreas da nossa vida onde não encontramos dificuldades ou onde possuímos dons inatos. A divisão do círculo por um é a conjunção, que tem um efeito neutro, nem negativo nem positivo. A tabela abaixo mostra o significado básico de cada aspecto.

Aspecto	Símbolo	Significado-chave	Nº de graus de separação
Conjunção	☌	Junção de energias	0°
Oposição	☍	Separação, oposição, projeções	180°
Trígono	△	Capacidades naturais, talentos inerentes	120°
Quadratura	□	Ansiedade, tensão, incerteza	90°
Sextil	✶	Oportunidades dinâmicas	60°

A seguir, um exemplo de como funcionam os aspectos: se o Sol está em conjunção com Marte (☉ ☌ ♂ no mapa), a forma pela qual você se expressa (Sol) será calorosa e forte (Marte), mesmo que o seu Sol esteja em Virgem, um signo discreto. As pessoas talvez não o reconheçam como um virginiano típico. Isso é apenas um exemplo para mostrar como os aspectos podem mudar as impressões iniciais de um astrólogo que interpreta mapas natais. Combinando-se, os planetas nos signos, nas casas e em aspecto criam a imagem geral da pessoa.

Há mais uma coisa a se mencionar nesta introdução aos aspectos, que será explicada mais detalhadamente no Capítulo 6. Às vezes, alguns aspectos, quando vistos juntos no mapa, formam certas formas conhecidas como *padrões de aspectos*. Se o mapa tem algum padrão de aspectos, ele mostra uma parte importante do caráter da pessoa, já que envolve no mínimo três planetas, às vezes mais.

Os nodos lunares ☊ [Nodo Norte] ☋ [Nodo Sul]

O mapa completo e a tabela.

Nesta versão do mapa completo, os símbolos dos nodos lunares reaparecem, acompanhados pela tabela de aspectos, completando os fatores usados nesse mapa natal. Esses dois pontos opostos que formam um eixo estão em todos os mapas. Você os verá no mapa de estudo nas casas 8 (☊ Nodo Norte) e 2 (☋ Nodo Sul), e, no seu mapa, muito provavelmente em posições diferentes, já que eles podem cair em qualquer par de casas opostas. O motivo pelo qual os deixei fora dos mapas parciais até agora é que eles não são planetas, mas dois pontos no espaço que estão sempre diretamente opostos um ao outro. Eles marcam os dois pontos de intersecção da órbita aparente do Sol com o caminho da Lua em volta da Terra – um é no norte e o outro, no sul. Formam um eixo e não podem deixar de formá-lo, como os eixos Ascendente/Descendente e MC/IC. Os nodos lunares estão envolvidos tanto nos eclipses lunares quanto nos solares, quando estes acontecem.

O significado dos nodos será discutido no Capítulo 12. Eles são pontos especiais do mapa.

A COMBINAÇÃO DE TUDO

Depois de ler essa introdução aos pilares do mapa, você pode estar se sentindo um pouco saturado de informações. Se for esse o caso, você não é o único – trata-se de uma reação comum quando se começa a aprender a astrologia a sério. É fato que a astrologia é um assunto complexo, mas também é fato que, se você pegar leve no estudo, caminhando passo a passo, acabará descortinando a profundidade extraordinária de percepção do caráter das pessoas que o conhecimento da astrologia pode proporcionar. Talvez nenhum assunto que valha a pena estudar possa ser aprendido sem esforço e tempo. A satisfação das novas ideias e descobertas é por si mesma uma recompensa.

O cenário se tornará cada vez mais claro com a leitura – e você não precisa memorizar tudo de uma vez. Logo, com o crescimento da sua compreensão, você se lembrará do que significa a casa 3, ou a Lua em quadratura com Marte, ou qualquer outro termo. Se você perseverar, isto pode vir a ser uma habilidade que durará pelo resto da vida. Para realmente dominar a astrologia, com o tempo você desenvolverá suas próprias ideias e afiará a sua intuição com o conhecimento. Nenhuma parte isolada do mapa pode lhe dar uma impressão geral do mapa todo – cada parte é influenciada por todas as outras. Os planetas são influenciados pelos signos, casas, aspectos e por outros fatores, e este é o motivo pelo qual uma grande parte da segunda metade deste livro foi reservada para lhe mostrar como juntar tudo. Não admira que o signo solar sozinho não possa revelar a pessoa por trás dele – embora seja um bom ponto de partida.

O seu mapa é realmente seu para o resto da vida. Isso, entretanto, não entra em conflito com o seu livre-arbítrio e capacidade de tomar decisões.

A maneira como você se desenvolve como indivíduo reflete partes diferentes do seu mapa natal, mas ainda assim há uma variedade infinita de maneiras pelas quais isso pode ocorrer. O significado do mapa natal cresce e amadurece à medida que você o faz. Ninguém pode prever seu crescimento precisamente, já que no fim é você quem manda em sua vida.

Gostaria de pontuar mais uma coisa sobre a importância de estudar seu próprio mapa além dos mapas de demonstração: existem muitas superstições em torno da astrologia – pode ser que você tenha ouvido dizer que não se deve estudar o próprio mapa. Isso não é verdade, e conhecer o próprio mapa é fascinante. Porém, é necessário manter em mente que, independentemente de qualquer combinação de fatores que você tenha no mapa, você deve, na medida do possível, analisá-los objetivamente. Tente ver o ato de descobrir o significado do seu próprio mapa como uma maneira de ver a si mesmo com mais profundidade e, acima de tudo, *não julgue o que encontrar!* É importante lembrar que o seu mapa, como todos os outros, terá tanto áreas fáceis quanto áreas desafiadoras. Todos nós temos altos e baixos. A astrologia é um dos sistemas mais poderosos para entender melhor a si mesmo e aos outros. Nesse processo, você pode se tornar mais tolerante e misericordioso e menos crítico ou julgador.

PENSAMENTO MÁGICO

Para progredir mais profundamente enquanto estuda este livro, talvez seja útil experimentar entender os conceitos astrológicos da maneira mágica com que muitos astrólogos babilônios, gregos, medievais e renascentistas os entendiam. A melhor forma de começar a absorver a profundidade da astrologia é adotando um "pensamento lateral", aceitando que os arquétipos podem assumir muitas formas. A astrologia não é sujeita ao raciocínio de causa e efeito da mesma forma que os pensamentos humanitário e científico são. Por exemplo, o pensamento mágico reconhece que as estrelas e planetas não causam um efeito literal na Terra com raios magnéticos, força gravitacional ou qualquer outra teoria que tenha sido sugerida – exceto no caso do satélite terrestre, a Lua.

É bem documentado que a Lua, estando relativamente próxima de nós, tem um efeito perceptível nas marés e em certos animais e vegetais aquáticos. Isso não significa, no modo de pensar da maioria dos cientistas, do clero e dos racionalistas, que a Lua também afete os seres humanos de alguma maneira. Os astrólogos modernos, é claro, têm uma perspectiva diferente, que não é baseada no pensamento literal de causa e efeito. Os astrólogos costumam pensar por meio de correspondências, em vez de forças físicas analisáveis. É uma forma de "pensamento mágico". A Lua astrológica, por exemplo, representa as emoções, a mente subconsciente, a memória, mariscos, flores que florescem à noite, mulheres, seu lar, a cor prata [...] tudo isso e muito mais está associado ao simbolismo intrínseco da Lua astrológica.

A astrologia não é uma ciência pura, e muito menos uma religião ou um sistema de crenças. A astrologia é única: elementos da ciência, da filosofia, das artes criativas e da magia estão unidos dentro da sua larga competência. Normalmente, são as tentativas desavisadas de submeter a astrologia a testes científicos que acabam produzindo mal-entendidos e, subsequentemente, a rejeição da astrologia. Testes como esses vêm sendo concebidos e levados adiante por diversos pesquisadores, sem resultados conclusivos, já que a astrologia não se abre facilmente a esse tipo de teste ou abordagem. Nem todas as disciplinas podem ser cientificamente provadas; isso não quer dizer que elas sejam insignificantes. A astrologia funciona em muitos níveis diferentes: a consciência, por exemplo, de que o Sol astrológico está associado com o eu criativo, girassóis e palácios, ou que Júpiter corresponde ao crescimento e expansão, aos cavalos e ao estudo superior, são ilustrações do pensamento mágico em ação.

Há uma última coisa que eu gostaria de acrescentar: afirmar que a astrologia não é passível de verificação científica não é o mesmo que afirmar que para usá-la não é necessário exercer o pensamento crítico. Dentro de suas esferas, a interpretação exata e a precisão astronômica e matemática são altamente importantes. Para continuar crescendo como um sistema vivo de pensamento e manter a expressão clara, é importante que os astrólogos evitem afirmações vagas ou demasiado abrangentes.

DUAS ROTAÇÕES DIFERENTES

Existem apenas três informações necessárias para se calcular um mapa:

a data, a hora e o lugar de nascimento

Tanto o local e a hora quanto a data (incluindo o ano) de nascimento são importantes na astrologia. Também é útil saber se quem está perguntando é homem ou mulher. Em todo mapa natal:

1. **A data de nascimento** nos dá a posição diária de cada planeta num dos 12 signos (exceto a posição exata da Lua), e os aspectos entre eles;
2. **A hora e o local de nascimento** nos dão todas as casas e ângulos, incluindo o Ascendente, a posição exata da Lua num dos signos e os aspectos da Lua.

Como isso funciona na prática? Essas informações são baseadas na compreensão de dois movimentos principais do espaço. Dou uma breve explicação a seguir para que você entenda quais "rotações" criam as diversas partes do mapa natal.

A data de nascimento: encontrando o signo no qual cada planeta está

O movimento dos planetas em suas órbitas anti-horárias ao longo da eclíptica (em volta do Sol) e do plano de fundo das estrelas do zodíaco nos mostra em qual signo um determinado planeta está, visto da Terra. Todas as órbitas, é claro, são elípticas – um tipo de círculo, mas um pouco oval.

Se você consultar a efeméride para qualquer data e ano, encontrará uma lista de todos os planetas, com os signos nos quais se encontram naquela data. O mapa natal é desenhado – ou feito por um programa de computador – com base na data.

Por exemplo: no dia 3 de janeiro de 1980, o Sol estava em Capricórnio, como sempre em todo ano nessa data. Entretanto, todos os outros planetas mudam de signos de ano em ano. Apenas o Sol volta quase exatamente à mesma posição a cada ano, em cima ou muito próximo do aniversário de cada pessoa. Na data exemplificada acima, Vênus estava em Aquário, Marte em Virgem e assim por diante. As posições dos planetas nos signos, exceto a da Lua, são determinadas somente pela data de nascimento. Já em 3 de janeiro de 1981, quando o bebê completava um ano de idade, Vênus tinha cruzado quase todo o zodíaco e já havia avançado até Sagitário, ao passo que Marte estava em Aquário e o Sol retornava para Capricórnio.

A hora e o local de nascimento: encontrando o Ascendente, os outros ângulos, as casas e a posição da Lua

A rotação terrestre em volta do seu próprio eixo durante 24 horas (tecnicamente chamado de *ciclo diurno*) nos dá o Ascendente do mapa, os outros ângulos e as casas. Qualquer que seja o signo zodiacal que esteja ascendendo sobre o horizonte leste no local e na hora do nascimento, este se torna o Ascendente do mapa e a cúspide da casa 1, de onde todas as outras casas numeradas partem.

O Descendente sempre é o exato oposto do Ascendente, o signo do zodíaco que está se pondo no horizonte oeste do local de nascimento. O signo do MC é o signo *culminante* (aquele que está no ponto mais alto) da eclíptica. O IC é o exato oposto. No mapa de estudo, você verá que o Ascendente é Câncer; o Descendente, o oposto, está em Capricórnio; o MC está em Áries e o IC, no signo oposto, ou seja, Libra. Veja a explicação das casas e dos ângulos na página 50.

A posição da Lua também é determinada pelo local e pela hora de nascimento, já que ela se move muito rapidamente. É impossível calcular sua posição sem o conhecimento da hora.

A rotação anti-horária da Terra, como vimos anteriormente, faz com que os 12 signos, bem como todas as demais estrelas do universo, pareçam estar girando ao seu redor. O signo zodiacal que está ascendendo no horizonte leste de qualquer lugar na Terra muda, em média, a cada duas horas, e todos os 12 signos nascerão (nem todos na mesma velocidade) sobre o horizonte de todos os lugares na Terra num período de 24 horas.

Para observar a rotação da Terra, saia de casa e, de preferência, relaxe deitado no chão, ao ar livre, numa noite fresca e clara por mais ou menos uma hora e observe o céu. Você verá que as estrelas mudam de posição gradualmente; e é claro que elas continuam a mudar durante o dia, quando não conseguimos vê-las por causa da luz extremamente forte do Sol. É isto o que as pessoas pensaram durante muitos milênios – que nós somos o centro do Universo, com o céu, as estrelas e planetas orbitando em volta da Terra. Na verdade, ao contrário dos planetas, as estrelas são normalmente chamadas de estrelas fixas,* pois não são elas, mas sim a Terra que se move.

A maioria das pessoas sabe onde nasceu. Já a hora exata (a mais exata possível) não é tão fácil de obter. Se o bebê nasce num país que marca a hora de nascimento na certidão, não há problema – desde que a hora tenha sido anotada com cuidado. A França, a Escócia e o Brasil são exemplos de países que fazem isso de praxe, e existem outros. Contudo, infelizmente nem todos os países obrigam que a hora seja registrada na certidão de nascimento, de modo que certas pessoas não sabem a hora em que nasceram.

É evidente que sem a hora de nascimento, ou com uma hora imprecisa, é impossível calcular o Ascendente ou as casas. Existem algumas maneiras para se determinar a hora de nascimento de alguém. A mais óbvia é perguntar para a sua mãe ou para outros familiares. Muitos hospitais mantêm arquivos de horas de nascimento e, então, pode ser que você a descubra nos arquivos. Os astrólogos experientes normalmente

---

* Como todos os outros corpos celestes no universo, as estrelas se movem vistas da Terra, mas muito devagar – tão devagar que levaríamos muito mais do que uma vida para perceber esse movimento. É por causa dessa lentidão que, em relação ao nosso Sistema Solar, as estrelas aparentemente não se movem.

reconhecem o Ascendente através das características físicas da pessoa, mas isso nem sempre acontece. Há uma técnica astrológica que alguns astrólogos usam, chamada *retificação*, pela qual o astrólogo tenta descobrir a hora de nascimento considerando o ritmo dos acontecimentos significativos na vida da pessoa.

Mas mesmo num mapa que não tem a hora do nascimento há uma boa quantidade de informações a ser descoberta. A posição dos planetas não muda muito em 24 horas. A Lua, entretanto, desloca-se pouco menos que a metade de um signo nesse mesmo período, levando mais ou menos dois dias e meio para mudar de signo. Esse é o motivo pelo qual a hora do nascimento é necessária para descobrir a posição exata da Lua. Na data dada acima como exemplo, 3 de janeiro de 1980, a Lua muda de signo nesse dia de Câncer para Leão; ou seja, sem a hora de nascimento o astrólogo não poderia saber se a Lua estava em Câncer ou em Leão. Contudo, as posições dos outros planetas e os seus aspectos podem ser interpretados com precisão.

Há mais uma figura para analisar: usando o mapa de estudo de Celeste na página 64, o diagrama mostra as posições reais dos planetas em volta do Sol, a visão heliocêntrica, e os mesmos planetas vistos da Terra – o mapa natal ou a visão geocêntrica. É importante lembrar que esse é um diagrama muito simplificado, e não mostra as órbitas com precisão – afinal, sabemos que as órbitas dos planetas são elípticas e não circulares! As órbitas reais dos planetas do Sistema Solar tampouco são igualmente espaçadas umas em relação às outras, tal como se apresentam na ilustração. Esse diagrama é apresentado para demonstrar duas visões diferentes do Sistema Solar: a do mapa, centrada na Terra (geocêntrica), e da realidade, centrada no Sol (heliocêntrica).* Os planetas estão nas mesmas posições nos dois diagramas; são apenas vistos de maneira diferente.

---

* Este diagrama é inspirado numa imagem semelhante do livro *The Principles of Astrology* [*Os Princípios da Astrologia*], dos astrólogos Charles e Suzi Harvey, publicado pela Thorsons, em Londres, 1999. Foi usado com permissão como base para o diagrama apresentado aqui.

Visão heliocêntrica

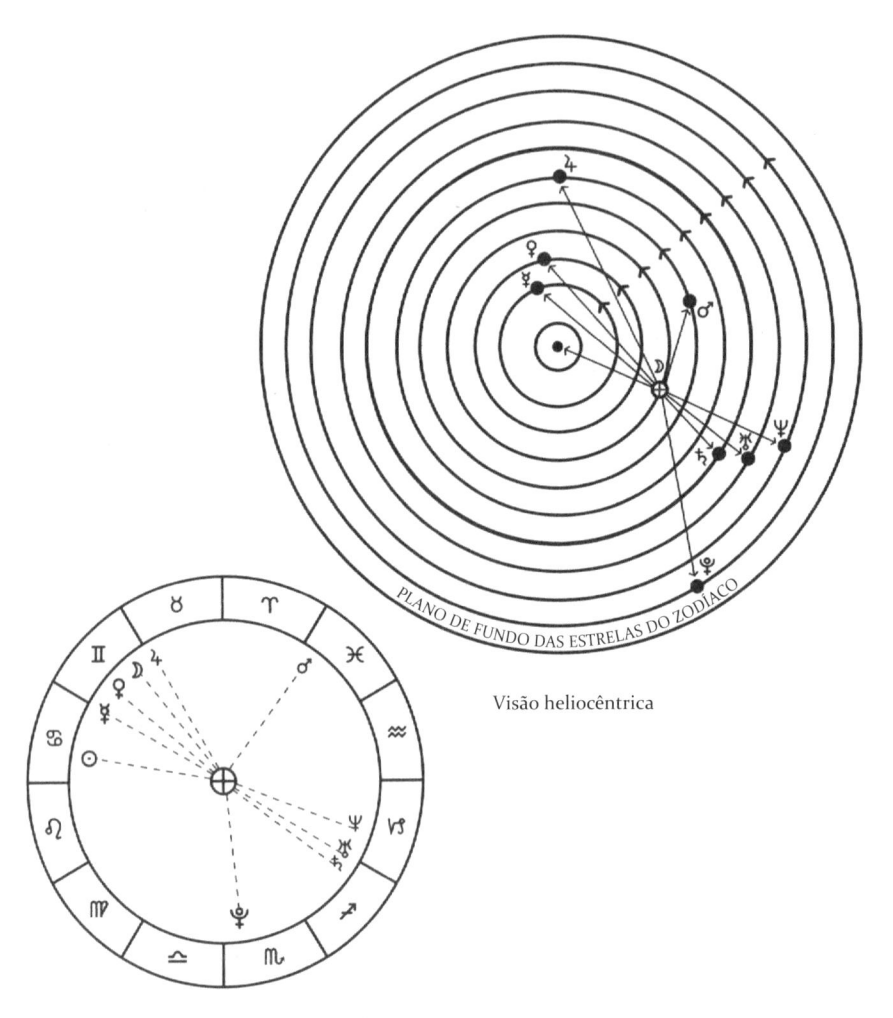

Visão geocêntrica (do mapa natal)

De posse dessas informações introdutórias, você já está pronto para começar a investigar de modo mais detalhado as pedras angulares que formam a base do mapa astrológico. A sua jornada de descobertas começou.

Parte II

OS FUNDAMENTOS DA INTERPRETAÇÃO

Capítulo **3**

Os Planetas do Sistema Solar

as energias essenciais: assim em cima como embaixo

Começaremos explorando os significados dos dez planetas que os astrólogos normalmente usam no estudo do mapa natal. Esses planetas são:

Sol
Lua
Mercúrio — chamados de **planetas pessoais**
Vênus
Marte

Júpiter
Saturno — chamados de **planetas sociais**

Quíron — uma mistura de **planeta social** e **exterior**

Urano
Netuno — chamados de **planetas exteriores** ou **geracionais**
Plutão

Quíron é um caso específico e está descrito no fim deste capítulo, nas páginas 95-96.

O mapa natal de cada indivíduo é como uma foto do céu daquele momento – uma imagem do céu no instante e no lugar em que nascemos. Essa imagem muda muito rápido no caso dos *planetas pessoais*, os quais, com sua movimentação constante, criam uma posição planetária única para cada pessoa: o Sol, a Lua, Mercúrio, Vênus e Marte. Eles são chamados de planetas pessoais por causa da sua relativa proximidade em relação à Terra e pela alta velocidade em que se movem em suas órbitas, vistas da Terra. No caso do Sol, não é a proximidade da Terra que é levada em conta, mas a importância de ele ser a estrela central do nosso Sistema Solar.

Os *planetas sociais* ou *coletivos* são Júpiter e Saturno. Quem sabe para que parte do céu olhar, normalmente pode vê-los a olho nu, independentemente da grande distância que nos separa. Eles levam mais tempo para mudar de posição, já que estão bem mais longe do Sol e têm órbitas muito maiores. No decorrer de um ano, não se deslocam tanto quanto os planetas pessoais. Cada um desses dois planetas se move numa parte do céu relativamente parecida para aqueles que nascem num período de 12 meses no caso de Júpiter, e de uns dois anos no caso de Saturno.

Júpiter e Saturno não são nem pessoais nem geracionais, mas literalmente ocupam a posição do meio – e simbolizam seus semelhantes, com quem você aprende suas habilidades sociais. Isso significa que você partilha algumas experiências com aqueles que estavam na sua escola ou grupo, todos os quais eram nascidos no mesmo ano acadêmico ou perto disso. Todos eles têm esses dois planetas em posições parecidas com as suas no mapa. Para muitos jovens, ser aceito pelo grupo é muito importante, e é possível que eles mudem seu comportamento até certo ponto para sentir essa aceitação. Saturno e Júpiter representam certas atitudes e abordagens perante a vida que podem aparecer em todas as pessoas que têm mais ou menos a mesma idade.

Os três planetas *geracionais* ou *exteriores* são Urano, Netuno e Plutão: invisíveis a olho nu por estarem muito distantes, levam muito mais tempo para completar sua órbita ao redor do Sol. Esses planetas descrevem a sua geração e as mudanças sociais que acontecem durante o nascimento e a infância. Isso acontece porque Urano, Netuno e Plutão se deslocam tão devagar que muitas pessoas – gerações inteiras, ou grande parte delas – têm esses planetas em posições parecidas em seus mapas. Contudo, os planetas exteriores possuem significados pessoais também, que você encontrará nas descrições deles.

A órbita de *Quíron* é muito excêntrica e irregular. Ele viaja em volta do Sol passando entre as órbitas de Saturno e Urano, às vezes próximo de um, às vezes próximo do outro. Esse é o motivo pelo qual esse corpo celeste está entre um "planeta" social e um "planeta" exterior – mesmo não sendo um planeta propriamente dito, mas um *planetoide*. O significado de Quíron será descrito no fim deste capítulo.

Períodos orbitais

As durações médias das órbitas dos planetas, baseadas no tempo terrestre – medidas em anos terrestres –, são as seguintes:

Órbitas planetárias		
Mercúrio	☿	88 dias
Vênus	♀	225 dias
Sol	☉	1 ano
Marte	♂	~ 2 anos
Júpiter	♃	12 anos
Saturno	♄	29 anos
Quíron	⚷	50 anos
Urano	♅	84 anos
Netuno	♆	165 anos
Plutão	♇	247 anos

A "órbita" do Sol é, obviamente, o movimento que o Sol descreve no céu visto da Terra. Na realidade, é claro que é a Terra quem orbita em torno do Sol. A Lua termina sua órbita em volta da Terra num prazo médio de 28 dias, passando por todos os signos do zodíaco nesse período de tempo. Ao mesmo tempo, a Lua se desloca juntamente com a Terra no período de um ano terrestre.

A larga variação entre os períodos orbitais dos planetas é o motivo de eles serem divididos, em matéria de interpretação, entre planetas pessoais, sociais e geracionais. Todos os planetas passam por todos os signos do zodíaco numa órbita completa. Como os círculos normalmente são medidos em graus e minutos, isso significa que cada planeta percorre 30 graus enquanto passa por um signo.

Você vai reparar na tabela acima que o período orbital tanto de Mercúrio quanto de Vênus é menor que o da Terra. Isso acontece porque eles estão mais próximos do Sol do que nós; então as suas órbitas completas levam menos tempo do que a nossa. Eles são conhecidos tecnicamente como planetas *inferiores*, não no sentido pejorativo, mas simplesmente por estarem dentro da nossa órbita. Seguindo o mesmo princípio, todos os outros planetas do Sistema Solar são conhecidos como planetas *superiores*, o que significa que estão fora da nossa órbita e levam mais de um ano para terminar seu caminho em torno do Sol.

Do ponto de vista terrestre, Mercúrio e Vênus parecem nunca sair de perto do Sol. Isso só se aplica a esses dois planetas inferiores e, já que o mapa é desenhado da perspectiva da Terra, é isso que vemos. O mais longe do Sol que Mercúrio pode chegar visualmente para nós é 28 graus (pouco menos de um signo), e o mais longe que Vênus pode chegar do Sol é 48 graus (pouco mais de um signo e meio). Procure Mercúrio e Vênus no seu mapa e no mapa de estudo. Você verá que ambos estão bem próximos do Sol.

Medindo o espaço

Cada planeta cai em algum lugar dentro dos 30 graus do signo onde se encontra na hora do nascimento. Para entender *em que lugar* do signo cada planeta está posicionado precisamos passar um tempinho no mundo dos graus e minutos. Recapitulando essa forma de medição, caso você não a conheça bem:

O círculo dos signos do zodíaco = o mapa natal = 360 graus (360°)
Cada um dos 12 signos = 30 graus de espaço (30°)
Cada grau de espaço = 60 minutos (60')

Repare que no mapa de Celeste na página 10, o Sol (☉) está um pouco à frente do centro do signo de Câncer (♋). Sua posição era 18°7' (18 graus e 7 minutos) de Câncer no dia e hora em que Celeste nasceu. Celeste é claramente de Câncer, pois o Sol está mais ou menos no meio do signo. Você pode ver isso no mapa dela. (Não confunda o Sol do mapa de estudo com o Ascendente, que está a 20°16' [20 graus e 16 minutos] de Câncer. Eles estão muito próximos.)

O movimento aparente do Sol é de aproximadamente 1 grau por dia no decorrer de um ano. O Sol passa por um signo diferente a cada mês, levando pouco mais de 365 dias para completar seu ciclo. O fato de levar um pouco mais de 365 dias é o motivo de termos anos bissextos a cada quatro anos, para compensar essa pequena irregularidade. Na verdade, está claro que é a Terra que se desloca pela eclíptica numa velocidade média de 1 grau por dia.

O Sol ou qualquer outro planeta pode estar em 0° (grau) e 0' (minuto) de um signo – em outras palavras, bem no comecinho do signo – ou em qualquer lugar até o fim do signo em 29°59', para assim entrar no próximo signo, novamente em 0°0'.

Os planetas como energias

Uma questão que pode surgir a esta altura: por que começar estudando os planetas logo no primeiro capítulo, nesta primeira seção de interpretação? Por que não vemos primeiro os signos, de que tanto já ouvimos falar – Áries, Touro e assim por diante? Para responder, precisamos verificar novamente o que significam os planetas astrológicos: os planetas representam energias ou experiências arquetípicas, nossos impulsos básicos universais, as diferentes partes da personalidade humana, presentes em todos nós. Já chamados de "nômades" na Antiguidade, os planetas descrevem a parte principal da nossa constituição. Todos nós, até certo ponto e em milhões de formas diferentes, temos a necessidade de nos identificar pessoalmente e termos uma vida emocional e mental, a capacidade de progredir e aprender e uma consciência das limitações naturais. Também temos um corpo físico que deve ser alimentado e a necessidade de nos relacionarmos.

Conhecer cada planeta por completo é fundamental na astrologia. Quanto mais você conseguir absorver do significado essencial de cada planeta, mais sua compreensão aumentará, sempre com o tempo e a prática. Nenhum planeta ou signo sozinho pode descrever a complexidade de um ser humano, e cada pessoa vive as energias dos planetas de forma pessoal e exclusiva. Isso porque os planetas não estão sozinhos, mas se expressam em combinação com o signo do zodíaco e a casa onde estão, bem como com quaisquer aspectos que formem com outros planetas do mapa. Contudo, independentemente de como um planeta se expressa, seu significado simbólico intrínseco permanece. Mercúrio continua sendo Mercúrio e Marte, Marte.

Na tentativa de descrever o funcionamento da astrologia de maneira simples, a frase "assim em cima como embaixo" (mencionada no Capítulo 1) também significa "assim dentro como fora". O mapa natal é uma imagem simbólica que representa as características básicas da pessoa, simbolizadas pelas estrelas e planetas. De maneira semelhante, o eu interior parece refletir misteriosamente, de forma inconsciente, a experiência que o indivíduo tem daquilo que o cerca. Pessoas ou acontecimentos importantes na vida se refletem de diferentes maneiras nos arquétipos dos planetas.

Regências

Há mais uma conexão entre os planetas e os signos. Um ou dois signos do zodíaco são atribuídos a cada planeta no fim da descrição deste. Estes são conhecidos como o signo ou os signos que o planeta *rege*, o que indica que o planeta e o(s) signo(s) que ele rege se dão bem juntos.

Você verá que alguns planetas regem mais de um signo. Cada um dos planetas exteriores rege um único signo (conhecido como o regente moderno) que antes pertencia a um dos planetas "mais velhos" (conhecido como o regente tradicional). Então, alguns signos têm dois planetas como regentes, um tradicional e um moderno.

As regências dão informações adicionais importantes para a interpretação dos mapas e serão descritas com mais detalhes no Capítulo 11. Começar a ver cada planeta junto do(s) signo(s) que ele rege é o início da combinação dos fatores astrológicos e o princípio da criação de conexões interpretativas.

Os símbolos planetários

Todos os símbolos usados para os planetas do Sistema Solar são uma combinação de três formas – o círculo O, o semicírculo) e a cruz regular +, em posições diferentes. O círculo representa o espírito ou o todo; o semicírculo representa a alma ou a jornada individual; a cruz representa a matéria, o mundo material e a realidade concreta. O símbolo da Terra é ⊕: a manifestação do espírito. Para alguns planetas, as formas mudaram no decorrer dos anos; em Marte, por exemplo, a cruz da matéria se tornou a flecha do guerreiro. Porém, os significados essenciais permanecem os mesmos. Esses símbolos vêm sendo usados há muitos e muitos séculos. Eles surgiram da longa história da astrologia de criar pontes entre os mundos divino e material. Os símbolos incorporam o significado resumido dos princípios de cada planeta e são usados pelos astrólogos. Será muito útil para você conhecê-los.

OS PLANETAS PESSOAIS

Para estudo, o Sol e a Lua podem ser separados dos outros três planetas pessoais, pois eles juntos formam a base da personalidade, representando a nossa essência. Os dois são chamados de *luminares*. O Sol e a Lua incorporam os lados masculino e feminino de cada pessoa, respectivamente. Também simbolizam a experiência que temos dos nossos pais – ou daqueles que nos criaram –, as pessoas mais intimamente ligadas à nossa infância e à formação do nosso caráter.

O Sol   ☉
- Noção de identidade, o ego, autoconsciência, centro criativo, o pai

No centro do Sistema Solar, o Sol segura a nós todos com sua força gravitacional. Todos os planetas descrevem ao redor dele órbitas perenes num caminho que não varia, exceto por algumas flutuações intermitentes. A luz do Sol é tão clara que até mesmo nas profundezas da noite os raios solares aparecem no brilho da Lua durante a maior parte de cada mês. A Lua é iluminada pelos raios do Sol mesmo quando o Sol está do outro lado da Terra.

O significado astrológico do Sol advém do seu papel central na nossa vida. Seu símbolo, um ponto no centro de um círculo, demonstra sua posição central. No mapa natal o Sol representa a sua noção de si mesmo, quem você é, sua identidade pessoal, o centro do seu ser. Ele passou a representar a noção que você tem do sentido da sua vida, sua autoexpressão pessoal e o seu núcleo criativo. É também, obviamente, o planeta usado nos horóscopos das revistas e jornais e da internet.

Quase todas as culturas antigas relatam os mitos de poderosos deuses do Sol. Para os gregos, esse deus era Hélios, também chamado de Apolo, que guiava a flamejante carruagem solar pelo céu todos os dias. Esse mito e outros análogos não são muito surpreendentes, dado o calor imenso e criador do Sol físico, do qual a Terra depende. Astrologicamente, o Sol simboliza a força energética que nos anima e nos mantém vivos no nosso corpo físico: a força misteriosa que chamamos de vida. Essa força vital contém uma energia sem limites que podemos usar; serve como fonte de inspiração para qualquer ação ou pensamento criativo e também alimenta a generosidade de espírito.

O Sol é uma energia *yang*, masculina, expansiva e consciente. O seu Sol mostra as suas qualidades masculinas, seja você homem ou mulher – as formas pelas quais você consegue expressar a inspiração criativa consciente, sua capacidade de brilhar e sua crença em si mesmo. Em seu extremo, pode se tornar egocêntrico ou arrogante, sem nenhuma sensibilidade para com os outros. O poder do Sol deve ser contido para que não queime com muita força e consuma tudo.

O Sol também pode representar os homens da nossa vida: desde o nosso pai até nossos amigos homens. O Sol simboliza tanto o nosso ideal de pai quanto a experiência que temos do nosso pai concreto. Mesmo um pai ausente conta como uma experiência desse tipo. O Sol divide esse papel com Saturno. O Sol astrológico também representa uma voz interior que nos leva a continuar trilhando nosso caminho de descoberta pessoal enquanto passamos por todas as experiências da nossa vida. Não há nenhum período da vida associado em particular com o Sol, já que o Sol é a vida em si.

A posição do seu Sol mostra você como um indivíduo único, uma pessoa especial, distinta de todas as outras.

Quando está em harmonia com o Sol do seu mapa, você é capaz de ser você mesmo, ser a pessoa que nasceu para ser. Desse modo, esse fluxo com a essência da vida traz uma fonte natural de contentamento. Isso, é claro, não é um estado mental que a maioria de nós é capaz de viver o tempo todo, ou mesmo, talvez, com muita frequência. Mas o potencial está sempre presente. O Sistema Solar não existiria sem o Sol. Você não existiria sem o Sol no seu mapa.

O Sol é o regente de Leão.

A Lua
- Instintos, necessidades, emoções, respostas, cuidado e proteção, memórias, o passado, a família, a mãe

Da mesma forma que o Sol ilumina o dia, a Lua ilumina a noite. Os dois luminares são um par de opostos iguais, sendo o Sol "masculino" e extrovertido (*yang*) e a Lua, feminina, inconsciente – ou subconsciente – e introvertida (*yin*). A Lua é o seu lado feminino, seja você homem ou mulher.

A Lua tem o seu próprio ciclo mensal regular, conhecido por todos nós, e nos mitos tem muitas faces: de donzela para mãe e de mãe para mulher idosa, refletindo os estágios da vida. Os movimentos da Lua afetam diretamente a vida na Terra de forma notável – nas marés, no comportamento dos animais marinhos e por aí vai.

Diz-se que a Lua representa o período da gestação e do começo da infância. Durante esses estágios, alguns padrões de comportamento inconsciente são formados pela orientação da sua vida e pela influência dos seus familiares. Você se adapta instintivamente na infância às circunstâncias ao seu redor para satisfazer as suas necessidades. Então, entre os significados importantes da Lua estão as reações instintivas e a sua capacidade de se adaptar. Os tipos de necessidade emocional que você tem também se revelam na Lua. A forma pela qual você expressa e busca satisfazer essas necessidades é mostrada pela posição da Lua na hora do nascimento. Do mesmo modo que a Lua reflete os raios do Sol, você reflete as influências do seu passado.

Pode-se afirmar que, em sua jornada de vida, você busca encontrar o seu eu essencial mostrado pelo posicionamento do Sol. Isso significa também adquirir a consciência de como as suas experiências infantis, mostradas pela Lua, criaram o seu mundo interior. Isso tudo pode ser, realmente, uma jornada para a vida inteira.

O modo como a pessoa vê e sente o seu próprio passado é ilustrado pela Lua, que mostra como a experiência da infância afeta a maneira como expressamos nossos sentimentos e emoções. Nossa noção de segurança interior e o modo pelo qual encontramos essa segurança são incorporados na posição da Lua. As memórias também fazem parte da esfera de atuação desse planeta, assim como a nossa consciência do passado numa escala maior – por exemplo, se você se interessa (ou não) por história ou antiguidades.

A maneira pela qual você recebe e fornece sustento, alimentação e proteção se evidencia nesse ponto. Uma pessoa pode se sentir bem com muito carinho e amor, e pode transmiti-los tão prontamente quanto os recebeu. Outra pessoa pode se sentir bem quando é compreendida profundamente; outra pessoa ainda, quando mantém sua independência. Essa sensação pode assumir muitas formas. Nossa atitude em relação à nutrição e ao carinho físicos, como nossos hábitos alimentares e nosso tipo de sensualidade; a noção de pertencermos a um grupo, incluindo o tipo de lar que preferimos; as situações nas quais nos sentimos "em casa", à vontade e relaxados; o nosso conforto material ou corporal e como o adquirimos – tudo isso é demonstrado pela Lua no nosso mapa. Um padrão de insegurança, dependência ou de atitudes defensivas pode indicar a necessidade de encetar uma busca interna para adquirir o entendimento de experiências emocionais que aconteceram há muito tempo, a fim de promover a recuperação.

As qualidades femininas incorporadas na Lua se refletem também nas pessoas ao seu redor: as suas experiências com mulheres no geral e com as mulheres da sua família (principalmente a sua mãe) em particular são representadas pela Lua. Analogamente ao Sol e à sua conexão com um ideal paterno, a Lua simboliza o ideal materno, seja lá qual for a influência da sua mãe verdadeira.

Quando você sente que pertence a algo maior e sente segurança emocional por dentro, a sua sensibilidade para consigo mesmo e para com os outros é capaz de brilhar ao máximo. Todos temos uma vida emocional e necessidades emocionais, e de vez em quando quase todos se sentem carentes. É normal supormos que os outros têm tantas necessidades emocionais quanto nós mesmos, mas a astrologia mostra que isso nem sempre se aplica de modo literal – todos temos necessidades, mas as satisfazemos de maneiras diferentes.

A Lua rege Câncer.

Os significados dos três planetas pessoais a seguir projetam ainda mais luz sobre as energias essenciais do Sol e da Lua. Mercúrio, Vênus e Marte representam as qualidades humanas, só que delineadas com mais detalhes.

Mercúrio
- Jeito de se comunicar, de pensar, de aprender; mentalidade, conexões

"Posso circundar a Terra em quarenta minutos."
Puck, em *Sonhos de uma Noite de Verão*

Sendo o planeta mais rápido do Sistema Solar, com um período orbital de apenas 88 dias terrestres, é de esperar que Mercúrio represente a mente ativa e a capacidade de pensar. Dos processos de pensamento vem o modo de nos comunicarmos. Mercúrio no mapa mostra a nossa mentalidade, o nosso intelecto, o nosso estilo de expressão verbal e a nossa capacidade de aprendizado.

Um dos papéis do deus Mercúrio na mitologia era agir como mensageiro entre os deuses e a humanidade, carregando ligeiro as mensagens entre ambos. Nos tempos modernos, esse planeta representa as formas por meio das quais raciocinamos, buscamos soluções e concebemos ideias. Ninguém realmente sabe como suas ideias vêm; por isso, na Antiguidade era plausível crer que elas chegam a nós como mensagens "dos deuses". Uma vez que o reino de Mercúrio é a comunicação e conexões de todos os tipos, o significado desse planeta pode ser expandido das interações individuais para o mundo inteiro. Os sistemas de transporte e educação, os correios, a rede telefônica, a internet e todas as demais coisas desse tipo são áreas relacionadas a Mercúrio, que podem afetar ou interessar o indivíduo dependendo da posição do planeta no mapa natal. O mesmo se pode dizer da sua capacidade ou interesse pelas conexões interpessoais e dos tipos de ideias ou assuntos que chamam sua atenção.

Os anos escolares são a época em que Mercúrio é particularmente ativo, enquanto a criança aprende a desenvolver a mente na escola primária e secundária. A experiência da educação normalmente aparece no mapa. Os modos de pensar das pessoas variam bastante e são mostrados pela posição de Mercúrio. Uma pessoa pensa lógica e racionalmente; outra pensa visualmente, por imagens; algumas pessoas falam com facilidade e com clareza; outras são mais lentas e mais comedidas no pensamento e na fala.

A curiosidade e a flexibilidade são outros traços de Mercúrio que algumas pessoas evidenciam mais do que outras. Se Mercúrio estiver bem posicionado – num dos signos que rege, por exemplo –, a comunicação provavelmente será de grande importância. Algumas pessoas "de Mercúrio" costumam mudar de ideia com frequência, ou são curiosas por natureza. Algumas chegam a dizer que esses tipos mercurianos são intrometidos ou fofoqueiros...

A juventude chama a atenção de Mercúrio, e alguns podem continuar "jovens" pela vida toda. Relacionar-se facilmente com jovens e crianças é uma das formas de manter a juventude durante a idade madura.

Mercúrio, além de comunicador, pode ser trapaceiro. Com dedos leves e pés ligeiros, pode mostrar muitas caras enquanto esconde suas intenções. A esperteza pode virar astúcia e o intelecto afiado pode degenerar em calculismo. Mas, às vezes, a capacidade de analisar uma situação de conflito e colocá-la em perspectiva pode solucioná-la. A lógica, a objetividade e a inteligência são todas características de Mercúrio. Emoções fortes podem se beneficiar da leveza aérea de Mercúrio, dependendo de onde ele se encontra no mapa.

Este planeta é andrógino e incorpora princípios tanto masculinos quanto femininos. Talvez seja essa qualidade abrangente que permita que as pessoas, até certo ponto, parem um pouco e vejam as coisas de forma racional, sem fazer julgamentos morais. A equidade é um ideal mercuriano: nem os deuses nem a humanidade predominam – todos são iguais aos olhos de Mercúrio.

Essencialmente, Mercúrio simboliza a forma pela qual você se comunica usando a mente e a razão.

Mercúrio rege dois signos: Gêmeos e Virgem.

Vênus ♀

- Relações interpessoais, dar e receber amor, valores pessoais, autoexpressão, apreciação

Vênus é o planeta feminino do amor e do desenvolvimento pessoal por meio dos relacionamentos com as outras pessoas. Relacionamentos de todos os tipos – amizades próximas, casos românticos, casamentos, parcerias tanto pessoais quanto relacionadas aos negócios –, todos estão no foco do planeta Vênus. O Vênus astrológico não é ativo, mas receptivo, representando o poder da atração e o princípio do prazer. Esse planeta também demonstra a busca pela sensação de harmonia e equilíbrio, a beleza e a apreciação da beleza.

Ao longo das eras, muitas esculturas e pinturas retrataram essa deusa, incluindo antiquíssimas figuras de fertilidade. Astrologicamente, essas figuras pertencem a Vênus (amor e beleza) e à Lua (fertilidade e maternidade). Esses dois planetas refletem aspectos diferentes da feminilidade.

A aparência é importante para os tipos venusianos, os quais normalmente têm um "visual" particularmente pessoal. A consciência da beleza é patrimônio comum da humanidade, mas a forma que a beleza assume pode ser bastante individual. Em arquitetura, por exemplo, uma pessoa pode gostar das linhas clássicas da Catedral de São Paulo, em Londres, enquanto outra aprecia o peculiar *design* da Sagrada Família, de Gaudí, em Barcelona; na arte, um gosta das pinturas rurais de John Constable e outro, das formas angulares de Picasso; todos têm opiniões diferentes sobre o que acham bonito. Os lugares de beleza natural normalmente chamam a atenção de muitos, mas mesmo assim não há nenhum consenso sobre a beleza natural.

É claro que isso não se aplica somente à arquitetura ou à arte, mas a qualquer área da vida, inclusive à atração física por outra pessoa. O seu Vênus indica, junto com outras partes do mapa, a sua percepção da beleza nas outras pessoas, e representa o lado feminino ou receptivo da sua sexualidade. Apaixonar-se pode ser raro para alguns, mas frequente para outros. Quando os sentimentos são muito poderosos, podem predominar as emoções menos nobres, como a possessividade ou a inveja. Vênus não é só carinho, mas pode ser manipulador, usando a sedução para alcançar seus objetivos.

A adolescência é a parte da vida na qual Vênus desperta: as atrações românticas, as emoções inconstantes e a formação dos valores pessoais. A facilidade que você tem de formar relações e os seus ideais nos relacionamentos são mostrados pela posição de Vênus no seu mapa. Os valores de uma pessoa podem incluir qualidades como a honestidade ou a justiça, por exemplo, ou podem ser literais, como a valorização da aquisição de dinheiro. Vênus também indica a nossa relação com as finanças, nossa atitude quanto ao dinheiro. Os relacionamentos normalmente incorporam considerações materiais, que podem, sem dúvida, afetar nosso julgamento.

Esse planeta mostra onde estão nossos dons pessoais. Para alguns, esse dom pode ser uma percepção artística; para outros, uma facilidade de fazer novas amizades. Ao descobrir e desenvolver a nossa expressão pessoal, descobrindo do que gostamos e no que somos bons por natureza – coisa que em certos casos pode levar anos, ao passo que em outros se evidencia na infância –, podemos alcançar muita paz e felicidade.

Vênus representa o desejo "feminino" de agradar aos outros e de ser querido ou aceito, independentemente de gênero. Isso pode proporcionar prazeres verdadeiros em certas ocasiões, mas às vezes pode nos prejudicar se não levarmos em conta nossas próprias necessidades. Quanto permitimos que os outros tomem decisões por nós e o modo como agimos para manter a paz são características indicadas por Vênus. Quando se encontra no equilíbrio ideal que busca por natureza, Vênus simboliza a capacidade de cuidar tanto de si quanto dos outros da mesma forma.

Vênus e Marte são um par e representam dois lados opostos da natureza humana, como o Sol e a Lua.

Vênus rege dois signos: Touro e Libra.

Marte ♂
- Vontade, impulso e impulsividade, desejo, coragem, sobrevivência, iniciativa, autoafirmação ou raiva, mordacidade, luta e defesa

"Ouso o que ousaria todo homem." *Macbeth*

Marte é o planeta masculino da paixão e do desejo. Enquanto Vênus espera para obter, Marte vai e consegue. A energia extrovertida de Marte é *yang* comparada ao *yin* de Vênus; masculina, enquanto a de Vênus é feminina; isso se aplica a ambos os sexos, já que todos nós temos tanto Marte quanto Vênus em nossos mapas. Marte é o lado "masculino" da formação dos relacionamentos, disposto a dar o primeiro passo, e é o lado masculino (ou ativo) da sua sexualidade.

Marte representa o instinto de sobrevivência e a vontade de viver. Às vezes, a disposição para lutar é necessária para sobrevivermos física ou psicologicamente, para vencermos a concorrência ou afirmarmos nossa posição. Marte é associado à guerra e aos soldados, e a todos os outros tipos de situações em que a afirmação é necessária. O deus Marte era glorificado pelos exércitos romanos no seu próprio mês, março, quando a temporada de treinamentos militares começava. Este é um dos motivos pelos quais esse planeta é associado à mordacidade e à agudeza – afiar uma espada para a batalha pode ser comparado com a acuidade necessária para tomar decisões claras, principalmente para os líderes de guerra (e todos os tomadores de decisão na época moderna).

Marte aplica a sua energia onde quer que ela seja necessária. Esta pessoa trabalha por horas a fio e aquela passa um tempo enorme na academia, por exemplo; mas Marte normalmente também tem que desenvolver a constância e a perseverança.

O caráter de Marte é individualista, combativo e decisivo. O tipo marcial é pioneiro, mostrando iniciativa e coragem para trilhar o próprio caminho. A posição de Marte no seu mapa mostra como você responde aos desafios ou ao trabalho duro, como você lida com a raiva e como concentra suas energias ou sua sexualidade. Marte cuida de si mesmo e pode ser egocêntrico, mas costuma defender tanto os direitos dos outros quanto os seus próprios. Controlar a raiva é difícil para certas pessoas; dependendo do indivíduo, a expressão da ira varia desde explosões impensadas até a quase incapacidade de demonstrar a raiva. O ponto onde Marte se situa no seu mapa descreve a sua capacidade de se defender ou de responder a provocações.

O período da vida associado a Marte é o começo da maioridade, quando, de uma forma ou de outra, a força, a vitalidade e os impulsos estão no auge. A iniciativa e, para uns, a capacidade de liderar surge nessa época – mas não para todos, certamente. Mesmo assim, independentemente da forma pela qual Marte se revela, em geral os jovens se sentem animados com a vida e têm o desejo de ser bem-sucedidos em alguma área.

A força de vontade, a consciência corporal e os níveis de energia física também estão sob a regência de Marte, mas por outro lado é claro que a energia física varia de acordo com as circunstâncias. Marte no mapa mostra quão propenso você é ao esforço físico, como nas atividades esportivas. Marte tem um lado impulsivo e às vezes toma decisões impensadas – a paciência não é a maior qualidade de Marte. Se Marte deseja algo ou alguém, em regra quer realizar imediatamente esse desejo, ou fará de tudo para realizá-lo o mais rápido possível.

A descrição acima se refere à pura energia marcial, mas Vênus normalmente modera a energia ativa demonstrada por Marte na personalidade do indivíduo. Dependendo de onde Marte está no mapa, suas características podem ser expressadas pelo indivíduo com facilidade ou com diferentes graus de dificuldade.

Marte rege dois signos: Áries e Escorpião.

OS PLANETAS SOCIAIS

Os significados de Júpiter e Saturno englobam uma esfera maior que a dos planetas pessoais. Eles formam mais um par que descreve os nossos relacionamentos no mundo social; mostram onde encontramos o sentido da vida e os tipos de desafios com que nos deparamos à medida que descobrimos as nossas forças e fraquezas. Eles têm significados opostos e se equilibram; precisamos dos dois! Ambos também podem ser professores, mas de maneiras muito diferentes. Enquanto a inclinação natural de Júpiter é crescer e se expandir, de vez em quando até demais, Saturno impõe limites realistas e necessários. Enquanto Saturno é um mestre rigoroso e durão, Júpiter nos livra do peso e nos lembra da abundância do universo.

Júpiter ♃
- Expansão, exploração, crescimento, sorte, busca de significado

Júpiter é de longe o maior planeta do Sistema Solar, e aparece no céu noturno como um objeto brilhante mesmo estando longe da Terra. Seu tamanho é uma pista da sua interpretação no mapa natal. Júpiter amplia a nossa visão, abre portas, aproveita novos potenciais e faz de tudo para nos ajudar a buscar um significado para a vida. Representa o desejo de ampliar os limites e expandir o conhecimento, e se nega a reconhecer quaisquer limitações. Para Júpiter, tudo é possível.

Este planeta representa a visão otimista da vida, e a sua posição no mapa natal mostra quanto a pessoa é predisposta a aproveitar oportunidades ou buscar novas aventuras. As pessoas com um Júpiter forte no mapa podem ser fortes de espírito e naturalmente generosas, divertidas e extrovertidas. Normalmente parecem sortudas, além de tudo. A energia de Júpiter é usada quando expandimos os nossos horizontes; por isso, ele é associado com as explorações, as viagens e a educação superior. A viagem não precisa ser literal, mas Júpiter adora aprender coisas novas e conhecer novos lugares. Em alguns, a energia jupiteriana se expressa em viagens mentais, e é por isso que esse planeta é associado com os estudos de qualquer tipo. Estes podem se dar no colegial ou na universidade, mas também num ambiente mais privado – um estudo de astrologia, por exemplo! Aqueles que têm um Júpiter forte, posicionado num dos signos que ele rege, por exemplo, normalmente gostam de fazer explorações tanto mentais quanto físicas.

Júpiter também faz de tudo para que você crie um sistema de crenças para a sua vida, e a pessoa jupiteriana normalmente encara a vida segundo o prisma de alguma filosofia. A filosofia de vida de alguns pode ser uma crença religiosa ou espiritual, que pode certamente assumir várias formas, inclusive a de não crer em religião alguma. Júpiter só quer continuar descobrindo do que se trata a vida e para que ela serve; por isso, interessa-se pelas outras pessoas e pelas questões sociais ou mundanas. Qualquer que seja a área que chame a atenção do seu Júpiter, ela é abordada com entusiasmo e dedicação. O que quer que Júpiter faça, ele o faz por completo. Dizem que Júpiter amplia tudo o que toca, e naturalmente nos inspira a ver tudo pelo ponto de vista mais abrangente. O conhecimento adquirido pelas suas explorações pode aumentar a nossa autoconfiança.

Júpiter era considerado o rei dos deuses na Grécia e na Roma antigas. Júpiter, ou Zeus, seu nome grego, era geralmente sábio e poderoso, mas nem sempre. Apesar da sua sabedoria, o deus Júpiter tinha a tendência de supor que poderia fazer o que bem entendesse e ter o que quer que desejasse por causa da imensidão do seu poder. Há uma característica de grandiosidade desse tipo de Júpiter no mapa que pode se manifestar como excessiva vaidade, autoconfiança ou egoísmo. Existe o perigo de a pessoa se deixar levar pelo desejo de experimentar de tudo, de tornar-se fanático ou de assumir coisas demais para fazer e acabar entrando em colapso. Um desejo enorme de fazer cada vez mais e não deixar nada de lado pode resultar numa sensação de pressão, ou no sentimento de que na vida não há tempo suficiente para fazer tudo o que se tem de fazer.

Júpiter é associado ao período da meia-idade, quando se espera que as pessoas tenham adquirido certa sabedoria. Mesmo que o Júpiter astrológico seja bastante perspicaz e aja como sábio conselheiro em qualquer período da vida, a experiência da maturidade pode melhorar a visão que a pessoa tem de si mesma e aprofundar sua inclinação de ponderar sobre o sentido da vida. Júpiter precisa da energia estável de Saturno para encontrar mais equilíbrio e realizar alguns dos seus desejos elevados.

Júpiter rege dois signos: Sagitário e Peixes.

Saturno ♄
- Estrutura, disciplina, limitações, praticidade, controle, noção da realidade, responsabilidade

Na astrologia, algumas vezes Saturno é chamado de "O Grande Mestre". Enquanto Júpiter é animado, Saturno é sério. Mesmo para alguns astrólogos, Saturno tem uma reputação quase deprimente, sendo o planeta que representa as restrições, os atrasos e a dor das situações desagradáveis. A verdade é que ele representa, sim, essas sensações universais, entre muitas outras qualidades. Mas o propósito mais profundamente oculto desses acontecimentos é que, normalmente, é só quando encontramos obstáculos que começamos a olhar para dentro de nós mesmos. Um dos significados essenciais de Saturno no mapa é que, nos tempos de dificuldade, sempre existe o potencial para descobrirmos mais sobre quem realmente somos e compreendermos as oportunidades de progresso que nos são oferecidas. Esta é a dádiva de Saturno no nosso mapa, que pode até produzir uma espécie de prazer solene.

Saturno representa as experiências que nos incomodam e, por isso, tentamos evitar. Se, por exemplo, seu Saturno estiver posicionado de tal forma que simbolize uma falta de autoconfiança, pode ser que você tente evitar as situações nas quais as suas ansiedades são postas à prova. Com o tempo, acabará descobrindo que a aquisição de conhecimentos mais profundos sobre determinadas coisas poderá fazê-lo sentir-se mais seguro e o ajudará a ter coragem para fazer as coisas mesmo sentindo medo.

O deus mítico Saturno (*Kronos* em grego) tinha tanto medo de uma profecia que dizia que um de seus filhos o destituiria do trono, que os comia assim que nasciam. Isso ocorreu durante algum tempo até que sua esposa escondeu um dos filhos; ele cresceu e, de fato, combateu e venceu o pai – esse filho era Júpiter.

O planeta Saturno dá estrutura à vida e ancora a imaginação na realidade. Saturno busca resultados tangíveis e aceita as limitações físicas naturais do mundo material. Isso inclui a consciência de que viver num corpo requer ritmos regulares de sono e de alimentação, coisa que Júpiter esquece. O período da vida associado a Saturno é a fase entre a meia-idade e a hora da morte. Saturno também atua no decorrer da sua vida como os outros planetas, tanto na juventude quanto na velhice, mas certamente você aceitará melhor o seu jeito de ser à medida que se tornar mais velho.

O significado desse planeta, como o de Júpiter, baseia-se em suas características físicas. Saturno é o último planeta do Sistema Solar visível a olho nu; por isso, representa o limite da visão, o fim. A pessoa saturnina é propensa a ver uma espécie de beleza no ato de conter as possibilidades e não deixar as coisas saírem de controle. Saturno no seu mapa respeita a abordagem tradicional e estabelecida e vê as limitações como coisas necessárias. Neste aspecto, contrabalança o crescimento ilimitado de Júpiter. Essa noção natural dos saturninos de responsabilidade, disciplina e integridade faz deles pessoas confiáveis; a automotivação e a vontade de continuar com o trabalho presente demonstra que Saturno trabalha de forma estável com as suas ambições e pode se dar bem na vida; a tendência de ser cuidadoso e elaborador de regras – que pode desaguar no conservadorismo – regula as ações da pessoa e pode ser uma fonte de poder.

Saturno é representado na sociedade pelas autoridades e pelo que está estabelecido. Num nível mais pessoal, Saturno pode, junto ao Sol, representar a sua experiência com o seu pai. Regras úteis e rotinas equilibradas podem nos ajudar a lidar com as necessidades da vida, mas um Saturno muito severo pode resultar em estruturas emperradas e num comportamento de "seguir a lei ao pé da letra" e de modo completamente acrítico. Por trás das regras que Saturno valoriza, normalmente está o medo de perder algum tipo de controle. Há certa segurança nas regras que mantêm as coisas dentro dos seus limites. Grandes recompensas aguardam aqueles que conseguem sobrepujar os medos e os conflitos internos, mas isso não é tarefa para um dia só. Saturno rege a passagem do tempo em si, e um de seus nomes é O Senhor do Tempo.

Saturno rege dois signos: Capricórnio e Aquário.

OS PLANETAS EXTERIORES OU GERACIONAIS

Os três últimos planetas a serem interpretados são os chamados "planetas modernos", que também são os planetas exteriores ou geracionais: Urano, Netuno e Plutão. Eles são modernos em comparação com os sete outros planetas, conhecidos há séculos. A descoberta de Urano marcou o fim da visão limitada do espaço, que foi normal na humanidade durante milhares de anos antes de percebermos a imensidão do universo. A descoberta de que o Sistema Solar se estende ainda mais, e muito além de Saturno, coincidiu com a ascensão da ciência e com a transformação do pensamento humano na visão moderna do mundo.

Esses três planetas representam, de maneiras diferentes, as mudanças na forma de pensar, as ideias, as atitudes e os panoramas que moldam a nossa geração. Os astrólogos que conhecem os ciclos dos planetas exteriores sabem em que geração alguém nasceu só pelo posicionamento desses planetas, sem a necessidade de saber a data de nascimento. Os planetas exteriores, ao contrário dos "tradicionais", não são associados com períodos da vida, como a infância ou a maioridade. Quando a pessoa nasce, certas mudanças sociais e mundanas estão acontecendo, mudanças que influenciam inconscientemente cada geração. Os que viveram em períodos históricos antes da descoberta desses planetas também os tinham em seus mapas – apenas não sabiam! Cada um dos planetas exteriores tem uma orientação.

Urano foi descoberto em 1781, ano muito próximo das Revoluções Francesa e Americana e no início da Revolução Industrial. Do ponto de vista social, esse planeta simboliza a perturbação revolucionária, descobertas importantíssimas, e a liberdade ou libertação. A órbita de Urano em torno do Sol leva 84 anos para se completar, e o tempo que ele passa em cada signo é de aproximadamente sete anos.

A descoberta de Netuno em 1846 aconteceu numa época, ou por volta de uma época, em que uma nova espiritualidade estava em ascensão em vários países; quando começaram a ser usados os anestésicos; quando a consciência social estava crescendo por causa das condições desumanas nas quais muitos viviam; o romantismo era o estilo predominante na arte; os oceanos estavam sendo mapeados a fundo. Todas essas áreas são associadas a Netuno. Sua órbita em volta do Sol leva 165 anos para se completar, e ele permanece em cada signo por um período médio de 13 anos.

Plutão, descoberto em 1930, foi chamado assim em referência ao deus do mundo inferior. Nesse período, a Grande Depressão havia começado após a quebra da Bolsa de Valores de 1929; a fissão do átomo levaria à invenção da bomba atômica; o nazismo estava crescendo; a nova ciência da psicanálise enfocava a catarse e a sexualidade. Plutão se relaciona com a revelação de coisas ocultas, destruição e renascimento, evolução e transformação. Grandes ideias, mas esses planetas tratam de grandes princípios universais. A órbita de Plutão do Sol varia bastante, levando em média 247 anos para se completar; ele passa de 12 a 26 anos em cada signo, resultando numa média de 20 anos.

Quíron foi descoberto em 1977 e a sua órbita inconstante foi mapeada. Ela se estende entre as órbitas de Saturno e de Urano, marcando o limite entre os planetas interiores e exteriores. Mesmo que o tempo da sua passagem pelos signos varie bastante, na média, durante todo o seu ciclo, Quíron permanece em cada signo por sete anos.

Os planetas exteriores – e Quíron – representam as mudanças na sociedade ao longo dos períodos em que eles se deslocam em torno do Sol em suas órbitas. Um exemplo esclarecedor: no meio da década de 1960, enormes mudanças revolucionárias estavam acontecendo na sociedade ocidental, resultando na inquietude da década. Dois dos planetas exteriores, Urano e Plutão, estavam orbitando em conjunção (na mesma parte do céu) durante aquele período. Todos os bebês nascidos na década de 1960, que se tornaram adultos na década de 1980, têm Urano em conjunção com Plutão em seus mapas. A influência desses dois planetas nessa geração caracteriza indivíduos que se dispõem a passar por muitos apertos para conquistar e preservar sua liberdade pessoal. Muitos também se envolvem ativamente na busca pela transformação da consciência no mundo como um todo, especialmente em relação ao mundo natural.

Subsequentemente, essa atitude influenciou mais gerações recentes. O período entre 2008 e 2015 é caracterizado por distúrbios e revoluções em muitas áreas da vida que, embora sejam chocantes ou destruidores, abrem o caminho para o crescimento futuro e um novo entendimento consciente. Você talvez não se surpreenda ao descobrir que Urano e Plutão estão novamente em evidência por muitos anos desse período, mas numa quadratura, fato que é no mínimo inquietante no sentido coletivo.

Se um desses planetas exteriores se relaciona de alguma forma com algum dos seus planetas pessoais, ele assume significados pessoais também. O significado pessoal de cada um desses planetas será explicado junto com os significados universais, a seguir.

Urano ⛢

- Inovação, revolução, rebelião, independência, despertar, intuições súbitas, extremos

Sendo o primeiro planeta que se encontra depois de Saturno no Sistema Solar, Urano simboliza a inovação e a quebra das restrições e da forma segura de pensar que Saturno representa. Urano trata de independência e de pensamentos radicais; mudanças revolucionárias e discórdia; inovação e diferença. Todas essas coisas podem ser vistas como significados desse primeiro planeta exterior, cuja descoberta abalou a ideia que tínhamos anteriormente do tamanho do Sistema Solar. As mudanças simbolizadas por Urano são normalmente súbitas, inesperadas e anárquicas – a energia uraniana dentro de cada um de nós nos leva além do familiar e do seguro e busca a mudança. Os métodos estabelecidos são descartados, às vezes de maneira radical. A responsabilidade, a tradição e a convenção são conceitos desconhecidos para Urano.

Mitologicamente, Urano era o deus do céu, controlando a vastidão celeste sobre nós. O espaço era de imensa importância para esse deus imprevisível e incansável. O planeta representa o nosso lado que deseja e precisa de espaço e liberdade; de ser capaz de fazer o que quer, ser independente e não ter quem nos diga o que fazer. A energia de Urano é o nosso lado rebelde; sem essa qualidade, a influência de Saturno nos oprimiria e nos manteria sob controle. "Fiz as coisas do meu jeito" é uma das marcas registradas de Urano; e, sempre que fazemos algo de modo muito diferente dos outros, estamos usando de maneira simbólica o poder desse planeta no nosso mapa.

Dizem que Urano é o aspecto mais elevado de Mercúrio, a mente superior e a capacidade de entender conceitos abstratos. Por isso, ele pode designar o "espaço mental" ou o desejo de espaço físico e emocional. Urano pode ser muito desapegado, até mesmo impessoal, além de ser visionário. Sendo o deus do céu, Urano também era associado às tempestades e raios. Um raio é uma luz que ilumina o mundo por um instante e, simbolicamente, pode significar um *insight* repentino, uma ideia brilhante ou uma intuição súbita que parece vir do nada.

Se Urano se encontra em aspecto com um ou mais planetas pessoais no seu mapa, as qualidades dele formarão parte importante do seu caráter. Se você é uma pessoa uraniana, é propenso a ter uma personalidade rebelde, coisa que pode significar que você tem gostos incomuns; e pode se comportar, pensar ou se vestir de maneira também incomum, até mesmo excêntrica ocasionalmente. Talvez tenha um gênio forte, pois essa é uma energia poderosa que não se segura se há algo para ser dito, mesmo que possa perturbar outras pessoas – Urano tem força de vontade e pode ser grosseiro e impositivo.

Existem, é claro, maneiras mais suaves de expressar essa energia. As pessoas de temperamento artístico, e que têm Urano em aspecto positivo com um dos planetas pessoais, podem expressá-lo através do desenvolvimento de um estilo único; outras podem ter simplesmente um jeito particular de fazer as coisas. Dizem que Urano é o planeta associado à astrologia – um interesse, de certa forma, ainda incomum.

Nem todo mapa tem Urano em evidência e nem todos os que têm Urano evidente em seu mapa serão rebeldes. Urano simboliza o ato de deixar o passado para trás e a vontade de quebrar hábitos desgastados; por isso, traz novas energias e ideias. Contudo, o significado dos planetas exteriores tem de ser integrado no significado do mapa todo. Por exemplo, a tendência uraniana de descartar o passado pode ser contrabalanceada pelo respeito que Saturno tem pela visão tradicional – isso tanto num nível pessoal quanto numa escala maior.

Urano rege o signo de Aquário.

Netuno ♆
- Anseio de perfeição, fusão, idealismo e romance, compaixão, imaginação, escapismo, ilusões, intuição

De forma completamente contrastante, Netuno dissolve as estruturas da realidade saturnina e amolece a índole radical que caracteriza Urano. Com Netuno, encontramos o amorfismo, o caos e total ausência de ego. Esse planeta simboliza a nossa conexão com o divino, independentemente do que consideramos que ele seja; também representa a faísca do infinito em algum lugar dentro de nós. Nas crenças dos povos antigos, Netuno era o poderoso deus dos mares e oceanos, cujas profundezas ainda não conhecemos completamente. Seu tridente foi adotado como símbolo do planeta Netuno.

Em termos psicológicos, os oceanos representam o inconsciente coletivo do qual todos os seres participam. Por causa da sua própria natureza – o inconsciente –, esse reino misterioso pode ser mais bem entendido através dos sonhos, da intuição ou da imersão profunda em estados de meditação.

Num nível mais pessoal, referente ao microcosmo da nossa concepção aquosa no útero, Netuno representa a vontade de voltar à experiência de antes do nascimento ou a vontade de se unir ao universo e apenas ser, sem a necessidade de agir. Como você pode imaginar, mesmo com o fato de que a Terra continuaria girando, nada de mais aconteceria se todos seguissem esse desejo. Aqueles que o fazem, ou que vivem na maior parte dentro de seus próprios mundos, são reconhecidos como gurus ou outros tipos de monges espirituais. Outras pessoas que vivem dentro do seu próprio mundo às vezes são os mentalmente instáveis. Os aspectos espirituais internos da religião – e não suas estruturas – e muitos tipos de doenças mentais estão dentro da esfera de Netuno. A linha divisória entre as duas coisas é questão de grau e circunstância.

Netuno talvez seja o planeta mais difícil de se definir, já que suas qualidades são fugazes, ilusórias e surreais – ele simboliza aquilo que não pode ser compreendido pelo intelecto, mas pode ser vivido num outro nível de nós mesmos. A compaixão, a espiritualidade, os mistérios ocultos, a imaginação, a intuição, a fantasia e também o contrário, como a confusão, a ilusão ou o engano – todos pertencem a Netuno. Se você pratica qualquer tipo de meditação, o estado alterado de consciência produzido por essa contemplação interior é simbolizado por Netuno. Do mesmo modo, o estado alterado de consciência produzido pelas drogas ou pelo álcool é regido por ele. A experiência netuniana tem muitos graus.

O escapismo ou os vícios em qualquer coisa também são estados netunianos, assim como a nossa capacidade de entrar em harmonia com outras pessoas em situações românticas. Qualquer experiência que simbolize o desligamento do ego individual ou da noção de individualidade, mesmo que temporária, que evidencie algo maior que a mente individual, também pertence ao reino de Netuno. Se esse planeta está em aspecto com um ou mais dos seus planetas pessoais no seu mapa, algumas das características descritas aqui serão marcantes na sua personalidade. A energia de Netuno é feminina, considerada o nível mais elevado de Vênus; juntos, esses dois planetas representam o amor espiritual – um ideal visionário que não é facilmente compreendido.

Netuno sempre busca o mais elevado, pois é o planeta – principalmente quando se encontra em aspecto com algum planeta pessoal – que busca um ideal, o mundo perfeito ou o relacionamento perfeito. Então, quando a vida não corresponde à ideia de perfeição, os netunianos tendem a sofrer dolorosas desilusões. Desenvolver a compaixão pelo mundo e suas imperfeições é uma forma de encontrar a cura, e muitos netunianos se encontram em profissões curativas – mas, do mesmo modo, podem estar envolvidos com a criação de filmes ou com a fotografia (ilusões habilidosas!) ou em outras áreas que requerem inspiração criativa, como a moda ou a beleza.

A imaginação de Netuno é ilimitada e pode acabar se entrelaçando com capacidades intuitivas ou psíquicas, de modo que a pessoa que tem Netuno em aspecto com algum planeta pessoal corre o risco de confundir fantasias com intuições verdadeiras. A sensibilidade para com os outros torna Netuno vulnerável, e as pessoas vulneráveis podem se sentir obrigadas a enganar, a fingir ou se esconder como forma de defesa, ou a agir defensivamente consigo mesmas. Se um netuniano age contrariamente à sua tendência natural de mostrar compaixão e cuidado, ele se sujeita a outro sentimento netuniano – o sentimento de culpa. Netuno tem a capacidade de se sentir culpado por todos e por si mesmo.

Quando uma pessoa consegue seguir o fluxo das qualidades sutis e impalpáveis que Netuno incorpora no mapa, a experiência pode ser animadora e inspiradora – e uma pessoa assim é capaz de inspirar as outras. Poetas, artistas, músicos e cantores normalmente incorporam a criatividade de Netuno e têm a capacidade de tocar os outros emocionalmente. Feche os olhos e alcance as estrelas lá no céu ou as profundezas da sua alma, diz Netuno. É a mesma coisa: "assim em cima como embaixo".

Netuno rege o signo de Peixes.

Plutão
- Mudanças profundas, morte e reencarnação, intensidade, segredos esquecidos ou enterrados, sexualidade, poder

Este planeta remoto e distante foi chamado de planeta "anão" pela comunidade astronômica (nota: não pela comunidade astrológica!) em razão de seu tamanho relativamente pequeno. Quer seja um planeta anão ou "comum", os astrólogos sabem que a influência simbólica dele na vida terrestre é extremamente poderosa. Na mitologia, Plutão era o deus do mundo inferior e transformou a Terra ao raptar Perséfone, a filha da deusa da natureza, Deméter, levando-a para seu reino nas profundezas subterrâneas. Durante a ausência de Perséfone, Deméter se entristecia e a terra se esterilizava, com a fertilidade voltando apenas quando

Perséfone a visitava a cada primavera e verão. Essa é uma das lendas que explicam as estações do ano.

Trabalhando em níveis muito mais profundos do que a nossa percepção consciente, Plutão simboliza a "morte" para as situações familiares ou conhecidas e para as circunstâncias estabelecidas, o ato de passar por um processo de transformação e ressurgir da experiência com outra perspectiva. Morte e renascimento, reencarnação e karma, poder e compulsão, tudo isso pertence a Plutão. O processo de mudança em níveis profundos, tanto pessoalmente quanto numa época de perturbação social, quando as atitudes e as crenças sofrem transformações, é normalmente precedido por um colapso. Isso pode levar bastante tempo, já que Plutão normalmente não opera rapidamente, mas retumba no subterrâneo antes de se tornar visível para nós, em geral através de uma grande mudança das circunstâncias da vida. Plutão quase sempre age de forma oculta ou secreta.

Pelo fato de os planetas exteriores representarem energias universais ou coletivas cada vez mais amplas ou mais longas à medida que se distanciam do Sol, por ser o mais distante Plutão simboliza as mudanças terrestres que duram gerações inteiras (enquanto os efeitos de Urano e Netuno duram apenas parte das mesmas). Por exemplo, a geração nascida durante as décadas de 1940 e 1950 passou a ter noção do seu próprio poder e individualidade um tanto por causa da coragem demonstrada por muitos indivíduos durante a Segunda Guerra Mundial, e outro tanto por causa da ascensão dos movimentos de direitos civis no Ocidente, logo depois. Isso gerou a ideia dos direitos e oportunidades iguais para todos os indivíduos, coisa desconhecida antes da década de 1940. Plutão está em Leão nos mapas das pessoas que nasceram nessa época, e assim reflete as mudanças acima descritas.

Se Plutão está em aspecto com qualquer planeta pessoal no mapa, o indivíduo tende a ser uma pessoa resoluta e pode vivenciar a capacidade de usar tanto o próprio poder quanto o dos outros, para o bem ou para o mal. A sexualidade também é de grande importância para o tipo plutônico de ambos os sexos, que pode tentar explorar diferentes tipos de relacionamentos – Plutão é considerado o nível mais elevado de Marte. Enquanto Marte luta para manter uma posição determinada, Plutão dá um passo adiante e encontra dentro de si a força para ser impiedoso e obstinado caso o considere necessário. Se, dada uma situação, uma grande mudança se mostrar necessária, as pessoas plutônicas serão capazes de desencadeá-la. Por causa da energia desse planeta, essas pessoas podem passar pela sensação de morte muitas vezes, de forma simbólica.

Esse tipo de transformação profunda pode ser bastante positivo num sentido maior – pode abrir caminho para que algo novo surja no lugar das circunstâncias antigas. Plutão sabe que a vida é impermanente e que a única certeza que temos na vida é a de que ela sempre muda e, no fim, morremos. Então, o Plutão astrológico dentro de cada um de nós busca acolher a mudança quando ela aparece e, de vez em quando, busca criá-la ele próprio. Embora algumas mudanças sejam ruins e difíceis, ou fonte de arrependimentos, a nova circunstância que sempre acompanha as mudanças importantes pode trazer um novo fluxo de energia se a acolhermos.

Plutão rege o signo de Escorpião.

Quíron

- O curandeiro ferido, o que ensina a sabedoria, o estranho, o estrangeiro

Quíron é outro corpo celestial importante usado por muitos astrólogos, e por isso o incluí aqui. Trata-se de um caso especial, já que ele não é exatamente um planeta. É definido como algo entre um planeta e um asteroide: um *planetoide*. Também é chamado de *centauro*.

Na mitologia, Quíron era o líder dos lendários centauros, meio-homens, meio-cavalos. Seu pai era Saturno, e sua mãe, uma ninfa em forma de cavalo, chamada Philyra. Sendo meio cavalo e meio ser humano, Quíron foi rejeitado no nascimento. Mesmo assim, cresceu e se tornou um sábio mestre de armas, músico, tutor e curandeiro, e ensinou muitos dos heróis gregos, inclusive Jasão (o chefe dos Argonautas), Aquiles e Hércules. Por acidente, levou uma flechada envenenada na perna, e essa ferida não cicatrizava. Por ser o filho de um deus, era imortal, e a ferida não poderia matá-lo.

Um dos significados de Quíron no mapa é "o curandeiro ferido" – alguém que pode curar os outros, mas não a si mesmo. Na prática astrológica moderna, o posicionamento de Quíron mostra onde as pessoas têm feridas incuráveis, quer pessoais, familiares ou provenientes do passado cultural. Isso parece bastante sinistro, mas há uma dádiva nesse conceito. Dessa experiência de se ferir, seja ela consciente ou não, pode surgir a força e a capacidade para ajudar os outros. Contudo, mesmo que "o curandeiro ferido" seja a interpretação mais comum de Quíron, ela não é a única.

Quíron é o mestre ou o guia sábio. A casa, os aspectos e os signos relacionados a esse corpo celeste no mapa indicam em que pontos da sua vida você é capaz de oferecer orientação para os que necessitam. Você talvez sinta atração por certos tipos de formação que aumentem o seu conhecimento pessoal. A aceitação das suas feridas alimenta o espírito interior. As pessoas que você conhece podem se inspirar pela ferida em sua vida que reflete seu Quíron astrológico.

Outro significado de Quíron é o estrangeiro ou o renegado. Em alguma área da sua vida, você é capaz de não seguir os outros e trilhar seu próprio caminho. Quíron simboliza o ato de encontrar o seu eu único, às vezes de modo difícil, o que acaba fortalecendo as suas capacidades. A metade animal desse ser mítico também sugere a possibilidade de agir pelos seus "instintos animais" – ou aprender a controlá-los.

Quíron ainda não tem nenhuma regência definitiva, mas mesmo assim há certa afinidade com Sagitário e Virgem. Cada astrólogo tem uma opinião diferente, mas na maioria dos casos Quíron não entra no sistema de regências. Pode-se dizer que, pela sua natureza de renegado, não caiba a ele ter um signo a ser regido.

TAREFA

a. Pratique desenhar os símbolos dos planetas à mão, para aprender.

b. Identifique os planetas no mapa de estudo e no seu mapa e repare nas diferentes posições deles.

c. Os planetas são a base do mapa. Pode ser que você queira reler este capítulo no futuro.

Capítulo **4**

Os Signos do Zodíaco

uma expressão pessoal das energias planetárias

Pode ser que você leia este capítulo antes dos outros, para saber mais sobre o seu signo!

Escreve-se popularmente sobre os signos do zodíaco desde a década de 1930, quando os primeiros horóscopos estavam aparecendo nos meios de comunicação. Eles surgiram como resultado do enorme interesse público que teve um artigo de um jornal britânico da época, descrevendo o caráter astrológico e os potenciais da recém-nascida princesa Margaret, irmã da futura rainha Elizabeth. Os astutos editores dos jornais rapidamente perceberam que as colunas de horóscopo seriam ótimas para as vendas, e assim elas surgiram. Hoje em dia é raro encontrar alguém que não saiba qual é o próprio signo – até mesmo os nascidos na cúspide entre um signo e outro normalmente sabem que são uma combinação dos dois. A princesa Margaret nasceu na cúspide entre Leão e Virgem, em 21 de agosto de 1930 – mas era definitivamente de Leão, talvez com leves traços de Virgem!

Essas colunas, em todas as formas da mídia, servem a um propósito importante, tornando as pessoas conscientes da astrologia e trazendo um pouco de alegria. A maior parte das pessoas percebe que há uma limitação nos signos solares, mas são fascinadas por ver se alguma coisa bate com a realidade. Normalmente, as colunas astrológicas vêm na forma de previsões para o dia, a semana, o mês ou o ano para cada um dos signos, mas também às vezes descrevem certos traços da personalidade do signo em questão. Muitos gostam de buscar seus signos em *sites* astrológicos ou em jornais e revistas. Esta prática é comum – mesmo com a ideia "científica" moderna de que não há lugar para a astrologia no mundo racional de hoje. Existem também muitos vídeos no YouTube sobre signos solares, e discussões em redes sociais.

As colunas astrológicas são divertidas de ler, mas suas desvantagens são óbvias. Certamente você não é o mesmo, e não passou pela mesma combinação de circunstâncias, que aquele 1/12 da população mundial que compartilha o mesmo signo. E você perceberá que a astrologia é muito mais complexa do que o signo em que o Sol estava na hora em que você nasceu. Saber qual é o seu signo lunar e os signos onde caem seu Vênus, Mercúrio e Marte traz bastante entendimento sobre o seu caráter pessoal, quando associados ao resto do mapa.

Você perceberá, ao ler as descrições abaixo, que os signos adjacentes normalmente são muito diferentes entre si. Existem signos que são mais compatíveis mutuamente do que outros, é claro, mas eles não ficam uns ao lado dos outros. É importante lembrar também que a idade e a experiência de vida de um indivíduo influenciam bastante a forma pela qual ele manifesta grande parte de seu mapa. Um exemplo óbvio é o fato de uma pessoa de 50 anos não se comportar (normalmente) como uma pessoa de 15. Dito isso, Áries continua sendo Áries, Virgem continua sendo Virgem e assim por diante, qualquer que seja a idade da pessoa, mas a maturidade traz muitas mudanças na maneira pela qual o signo é expressado.

DIVIDINDO OS SIGNOS

Vimos que cada planeta tem uma combinação de significados essenciais que o caracterizam e que podem se manifestar de muitas maneiras diferentes, dependendo da posição do planeta no mapa natal. Por exemplo, um dos significados essenciais de Saturno é a noção de responsabilidade, que pode se expressar no ato de cumprir os compromissos ou, por outro lado, na capacidade de absorver as informações recebidas e agir com base nelas. Um dos significados principais de Mercúrio é a capacidade de se comunicar, mas essa comunicação pode se dar de forma claramente lógica ou de forma vaga ou poética. O signo no qual Saturno e Mercúrio se encontram influencia a forma como suas energias se expressam.

Como os planetas, os signos têm seus próprios significados fundamentais. As formas pelas quais estes se expressam varia de pessoa para pessoa. Existem várias maneiras de explorar o significado de cada signo, subdividindo-o em seções, que são muito úteis quando se quer obter um panorama rápido. Nos séculos passados, para cada signo era dada uma polaridade – masculina ou feminina –, assim como era atribuído um dos quatro elementos e um dos três modos. Os modos representam os estilos de comportamento e as qualidades do caráter.

Polaridade

Os signos masculinos (às vezes denominados *positivos*) e os signos femininos (às vezes também denominados *negativos*) se alternam ao longo da roda do zodíaco, de modo que existem seis signos positivos e seis negativos. Esses termos não devem ser entendidos literalmente. Os termos positivo e negativo simplesmente representam duas polaridades, do mesmo modo que num fio elétrico, por exemplo. A polaridade dá ao astrólogo uma boa visão de fundo. Obviamente, tanto os homens quanto as mulheres podem mostrar traços de ambos os tipos – e as crianças também.

Masculino: extrovertido, ativo, exteriorizado
Feminino: introvertido, receptivo, recolhido

Elementos

Existem três signos do zodíaco para cada um dos quatro elementos. O conceito dos quatro elementos é uma maneira particularmente útil de entender os signos. O fogo e o ar são masculinos, a terra e a água são femininos.

Fogo: masculino – vívido, extrovertido, espirituoso, aventureiro
Terra: feminino – introvertida, prática, física, confiável, fundamentada

Ar: masculino – racional, objetivo, comunicativo, cerebral
Água: feminino – simpática, subjetiva, emocional, intuitiva

Modos

Em cada um dos três modos, há quatro signos do zodíaco. Os modos refinam as qualidades dos signos e cada um acrescenta a sua própria qualidade a cada elemento.

Cardinal: tem iniciativa, ativo, dinâmico
Fixo: estável, persistente, minucioso
Mutável: adaptável, flexível, cambiante

Dessa forma, cada signo pertence a uma das polaridades, a um elemento e a um modo, e cada signo tem uma combinação diferente desses três. As combinações de polaridade, elemento e modo são analisadas no processo de preparação da interpretação completa de um mapa, que veremos num capítulo adiante. A tabela abaixo resume seu funcionamento:

	FOGO	ÁGUA	AR	TERRA
CARDINAL	Áries ♈	Câncer ♋	Libra ♎	Capricórnio ♑
FIXO	Leão ♌	Escorpião ♏	Aquário ♒	Touro ♉
MUTÁVEL	Sagitário ♐	Peixes ♓	Gêmeos ♊	Virgem ♍
	Masculino	Feminino	Masculino	Feminino

Um exemplo usando os signos terrestres:
Capricórnio é terrestre e cardinal, Touro e Virgem também são de terra, terra fixa e mutável, respectivamente. Todos os signos terrestres também são femininos. Então, Capricórnio é receptivo e fundamentado (terra feminina) e ao mesmo tempo dinâmico (cardinal); Touro é prático, quieto (terra feminina) e estável (fixo); Virgem é confiável, introvertido (terra feminina), mas flexível (mutável). E assim por diante. No Capítulo 10 há uma descrição mais ampla dos elementos e dos modos.

A tabela abaixo mostra inclui algumas associações adicionais para cada signo. Além da polaridade, do elemento e do modo, cada signo é associado com uma imagem. É possível que você já as conheça, ou pelo menos algumas. Na tabela há também a regência planetária de cada signo, que já foi dada no capítulo anterior, no fim das explicações dos planetas. Elas são mostradas novamente, mas dessa vez com os signos apresentados primeiro.

Signo/símbolo	Polaridade	Elemento	Modo	Imagem	Regente(s) planetário(s)
Áries ♈	M	Fogo	Cardinal	Carneiro	Marte ♂
Touro ♉	F	Terra	Fixo	Touro	Vênus ♀
Gêmeos ♊	M	Ar	Mutável	Gêmeos	Mercúrio ☿
Câncer ♋	F	Água	Cardinal	Caranguejo	Lua ☽
Leão ♌	M	Fogo	Fixo	Leão	Sol ☉
Virgem ♍	F	Terra	Mutável	Virgem	Mercúrio ☿
Libra ♎	M	Ar	Cardinal	Balança	Vênus ♀
Escorpião ♏	F	Água	Fixo	Escorpião	Marte ♂ e Plutão ♇
Sagitário ♐	M	Fogo	Mutável	Arqueiro	Júpiter ♃
Capricórnio ♑	F	Terra	Cardinal	Cabra	Saturno ♄
Aquário ♒	M	Ar	Fixo	Aguadeiro	Saturno ♄ e Urano ♅
Peixes ♓	F	Água	Mutável	Dois peixes	Júpiter ♃ e Netuno ♆

OS SIGNOS

À medida que estudar os significados de cada signo, você verá que é útil lembrar-se das pessoas que você conhece, dos mais diversos signos. Lembre-se também de celebridades, quer sejam figuras históricas, quer sejam celebridades atuais. Nesta seção há uma interpretação de certos planetas (escolhidos aleatoriamente) em cada signo, para dar uma ideia de como os planetas e os signos se relacionam. Enquanto vai lendo, veja se consegue imaginar como se chegou a essas conclusões. Apenas os planetas tradicionais do Sol a Saturno serão usados para essas breves interpretações, já que os planetas exteriores têm um campo de ação muito amplo para serem interpretados individualmente. Lembre-se de que as celebridades listadas em cada signo têm o Sol nesse signo, não o planeta que está sendo usado como exemplo.

Áries ♈
O primeiro signo • Masculino, cardinal de fogo •
Imagem: o Carneiro • Regente: Marte
Parte do corpo: cabeça
- Impulsivo, deseja ser o primeiro, energético, ativo fisicamente, impaciente, direto, aventureiro.

Áries, sendo o primeiro signo do zodíaco, é cheio de uma energia impulsiva, ativa, espontânea e fogosa. A imagem ariana do carneiro, com seus chifres curvados e natureza espirituosa, é apropriada para o caráter deste signo, sempre pronto a agir.

Pessoa cativante e entusiástica, Áries é um bom amigo quando tem tempo para passar conosco – ou seja, quando não está muito ocupado pulando de uma tarefa para outra. Romanticamente, Áries é apaixonado e excitante, mas nem sempre confiável: ambos os sexos precisam de um parceiro que seja capaz de ajudá-los a manter as suas ideias bombásticas dentro da realidade. Parece que os arianos estão em algum tipo de missão, sempre em busca de novos pastos e não raro no meio de aventuras ou crises. Mas esse signo tem dificuldade em manter um envolvimento prolongado com qualquer coisa, a menos que essa coisa inclua mudanças constantes – seu pensamento é rápido e a rotina o entedia. A pessoa de Áries se entusiasma com os desafios; se não existe nenhum desafio a ser vencido no momento, ela cria um.

"Primeiro eu" é a frase que caracteriza Áries. Ele entra de cabeça em cada situação que captura a sua imaginação selvagem, normalmente sem pensar duas vezes, sobretudo na juventude. O último signo, Peixes, precede o novo ciclo que começa com Áries, e a sonhadora e tolerante inclusão pisciana contrasta bastante com as sementes vigorosas desse primeiro signo. A precipitação e a impaciência no geral são coisas que causam problemas para Áries – ele tende a começar o que quer que seja AGORA. Esse indivíduo aspira à liderança e busca uma causa ou objetivo imediato. Não tem sede de poder, mas quer ter a liberdade para agir independentemente, na sua própria supervelocidade. Por isso, ambos os sexos funcionam melhor sozinhos ou em posição de liderança. Sendo um signo cardinal, Áries é capaz de tomar decisões e agir rápido, encontrando dificuldade para transigir ou ser liderado.

Áries tem uma energia bruta infantil que pode ser charmosa e agradável, e é sujeito a mudanças rápidas de interesse. Não importa se o seu impulso atual é prático ou apropriado; basta que seja o suficiente para satisfazer sua necessidade de autoexpressão. Áries é facilmente provocado, reagindo na mesma hora com uma raiva que tende a surgir e a sumir rapidamente; ele raramente guarda rancor. Valoriza bastante a honestidade, mas essa característica ariana pode ser meio indelicada de vez em quando. Tato e diplomacia não são habilidades suas, e às vezes ele é egocêntrico, irresponsável e insensível com os outros. O Áries juvenil parece estar sempre buscando uma noção pessoal de identidade, e por isso acaba construindo uma grande força interior – que, com o tempo, vira uma influência estabilizadora.

Esportes ou outras atividades físicas chamam sua atenção. Alguns arianos aderem às Forças Armadas – tanto homens quanto mulheres –, já que o regente do signo é Marte, com todo o seu ardor guerreiro. Até os arianos pacifistas abordam a vida de modo espirituoso e ardente. Eles têm a tendência inconsciente de se curvar para a frente enquanto andam, como se essa postura pudesse ajudá-los a caminhar mais rápido. A imensa energia interior ariana persiste por muito tempo, mesmo depois que as almas mais fracas já desistiram de tudo –, mas terminar tarefas pode ser um desafio para ele.

Quem tem o *Sol em Áries* normalmente se identifica com a energia ariana. Pode começar uma conversa com um estranho anunciando impulsivamente: "Sou de Áries!". Mas não pense que ele vai perguntar qual é o seu signo; Áries tende a pensar primeiro em si mesmo e depois em você – isso nem sempre é consciente!

Arianos famosos: Eric Clapton, Vincent van Gogh, Victoria Beckham, Mariah Carey.

Touro
O segundo signo • Feminino, terra fixa • Imagem: o Touro • Regente: Vênus
Partes do corpo: pescoço e garganta
- Estável e realista, calmo, paciente, teimoso, ponderado, caloroso e gentil, capaz de organização prática.

Touro é o mais "pé no chão" de todos os signos; é eminentemente prático, confiável e paciente. Seguindo Áries na ordem natural dos signos, o pragmático Touro completa o que o impetuoso Áries começa. Os taurinos são generosos e afetuosos. Tanto os homens quanto as mulheres abordam a vida de maneira um tanto cautelosa, pois Touro não é fã de soltar a imaginação nem de correr grandes riscos. Uma vez comprometido, entretanto, Touro é um amigo leal. O amante taurino é uma pessoa romântica que aprecia os prazeres sensuais e tem uma sintonia natural com os cinco sentidos. Sair para comer fora ou ser criativo na cozinha normalmente são partes importantes da vida taurina. Os ambientes naturais também excitam sua alma terrosa.

Touro tem um bom olho para cores, para a beleza e para as artes, bem como um gosto pelo erotismo discreto ou por experiências artísticas. Seu planeta regente, Vênus, é incorporado numa deusa elegante e glamorosa, e os taurinos tendem a gostar de experiências sensoriais: uma massagem, momentos de comunhão com a natureza, ouvir música ou apreciar as artes. A pessoa de Touro pode vir a sentir um prazer profundo se seguir esses interesses, ou pode acabar desenvolvendo habilidades práticas nesses campos ou em campos relacionados. Por exemplo, os homens de Touro costumam ter uma voz ótima para cantar, ou se sentem tocados pela voz de outra pessoa; uma mulher de Touro pode se tornar *designer*, ou pode simplesmente adorar arrumar a casa ou o guarda-roupa de forma harmoniosa. Ou vice-versa.

Touro precisa de segurança material e fará de tudo para assegurar que a possui. Os objetivos alcançados e bens adquiridos não são facilmente passados adiante. Touro é extremamente resistente à mudança, principalmente naquelas áreas que envolvem riscos. Os taurinos primam pela teimosia e, como o próprio touro, imagem do signo, não arredam o pé de seu lugar. Esse signo é fixo, e a determinação e a persistência são duas de suas qualidades mais fortes. Touro não expressa a raiva facilmente e tende a internalizar esses sentimentos. Contudo, sua raiva pode ser bastante destrutiva se ele for pressionado além de sua resistência.

Normalmente, o taurino está disposto a crescer devagar. Sabe lidar com dinheiro, investe com cuidado e economiza regularmente. Encontram-se muitos taurinos em carreiras que envolvem dinheiro, como em bancos, escritórios de contabilidade ou na área de vendas – às vezes eles são encarregados das finanças familiares. Fazem frequentes doações para boas causas, mas preferem evitar pagamentos excessivos. Touro adora ser capaz de comprar coisas de boa qualidade, mas tem a tendência de se tornar muito apegado a elas. Isso também se aplica às pessoas presentes na sua vida. Valoriza as pessoas que ama, mas deve lembrar-se de não segurá-las com muita força.

Os taurinos são minuciosos e precisam de tempo para absorver ideias novas, tanto na infância quanto na maioridade. Touro acha Áries muito ligeiro ou muito caótico – e é fácil para Áries achar que Touro é pedante e lento. Quando Touro não precisa trabalhar, sua maior fonte de relaxamento é não fazer absolutamente nada, ou contemplar silenciosamente um cenário bonito (coisa que para os signos mais dinâmicos é o mesmo que não fazer nada...).

Mercúrio em Touro pondera antes de responder a perguntas, já que precisa considerar a resposta. Faz perguntas práticas ou dá explicações cuidadosas.

Taurinos famosos: Penélope Cruz, rainha Elizabeth II, Cesc Fàbregas, David Attenborough.

Gêmeos ♊

O terceiro signo • Masculino, ar mutável • Imagem: os Gêmeos • Regente: Mercúrio

Partes do corpo: pulmões, mãos, braços

- Mentalmente alerta, rápido no pensamento, inquieto, curioso, comunicativo, amigável.

Representado pela imagem dos dois gêmeos, este signo é dual – normalmente tem dois lados em sua personalidade, dois empregos, dois lares, dois (ou mais) casamentos/parcerias durante a vida, e assim vai. Gêmeos tenta sempre manter duas bolas no ar ao mesmo tempo, pois se chateia com facilidade e precisa manter as coisas em movimento. Também possui uma curiosidade inata e gosta de estar por dentro de tudo. O conhecimento de todos os tipos é altamente valorizado pelos geminianos. Gêmeos adora manter o fluxo de novas informações sempre ativo na mente, e por isso é o candidato perfeito para um programa de perguntas e respostas ou para fazer palavras cruzadas – desde que não seja necessário um conhecimento muito profundo.

Gêmeos domina um assunto (segundo seus próprios critérios, pelo menos) e passa imediatamente para o próximo – a vida tem tantas possibilidades interessantes... Às vezes, o geminiano se frustra por não poder ler todos os livros que existem ou absorver as informações rápido o suficiente para cobrir todos os tópicos que deseja conhecer: a vida é curta demais. Neste aspecto, Gêmeos é muito diferente do signo anterior, Touro, que em geral é prático, cauteloso, e que absorve pacientemente aqueles conhecimentos que lhe parecem úteis, e não para satisfazer uma necessidade interna. Gêmeos às vezes tem dificuldade para compreender Touro, com a sua calma e aceitação dos altos e baixos da vida.

Quanto à carreira, normalmente se encontram geminianos em trabalhos que precisam de boa comunicação – jornalismo, escrita, docência, telecomunicações –, ou onde a busca por fatos e conexões ou lidar com pessoas são partes intrínsecas do serviço. Sendo um signo de ar, a ocupação de Gêmeos tem que ser mentalmente variável o suficiente para manter seu interesse; caso contrário, sua inquietude o fará passar para outra coisa. Como seu regente, Mercúrio, Gêmeos busca tarefas novas e interessantes para manter-se comprometido.

Socialmente, Gêmeos parece uma borboleta voando de uma atividade para outra, ou de um grupo para outro, conversando, fazendo comentários espirituosos e estimulando os outros. Sua mente fluida também é receptiva – as opiniões dos outros são importantes para ele. No lado romântico, fica mais feliz quando seu amor é capaz de estimular sua mente e seu coração. É um bom amigo se você for capaz de acompanhar seu ritmo, e sempre fará de tudo para reservar um tempo para conversar com você. Falar é como respirar para Gêmeos. É difícil que ele se restrinja – a um só assunto, uma só amizade, uma só atitude. Pode ser meio inconsistente, pois está sempre incorporando novas informações e curioso com relação a diferentes abordagens – mas não se descreve assim. É o Peter Pan do zodíaco, eternamente jovem por dentro mesmo durante a velhice, pois acolherá novas experiências durante toda a vida. Os geminianos também quase sempre parecem mais novos do que são.

Gêmeos sempre vê os dois lados de cada situação, o que aumenta sua imagem contraditória, mesmo que ele não queira. Sua mente se move mais rapidamente do que a da maioria das outras pessoas e normalmente está dois passos adiante dos outros. Seu ponto fraco é ser incapaz de ver o panorama geral, a menos que desacelere e olhe com cuidado. Tem o potencial para ser um grande pensador e comunicador, talvez na esfera pública, bastando para isso apenas desenvolver a perseverança.

A pessoa de *Lua em Gêmeos* tem humor variável e muitos interesses. É improvável que se deixe levar pelas emoções, pois tem a capacidade de esperar e ser racional. Curiosa e aberta, é importante que não tente fazer tudo ao mesmo tempo. (Nota: esta é a circunstância do mapa de estudo.)

Geminianos famosos: Bob Dylan, Johnny Depp, Venus Williams, Anne Frank.

Câncer ♋

O quarto signo • Feminino, água cardinal • Imagem: o Caranguejo
• Regente: Lua

Partes do corpo: peito, estômago

- Sensível pessoalmente, cuidador e protetor, mutável, sorumbático, intuitivo, dá muita importância à família.

Câncer vive e respira seus sentimentos – sua vida emocional interior está na base da sua personalidade, e ele tende a ver suas experiências através do coração. Como sua imagem, o caranguejo aquático, Câncer aprende durante a infância a criar uma casca grossa para proteger seu corpo frágil e macio. Seu passado cultural e sua família – quer seja próxima, quer não – são de grande importância e influenciam a maneira pela qual vê a vida. É defensivo contra qualquer um que possa ferir aqueles a quem ama, e faz de tudo para não se machucar. Sabe que é sensível e faz questão de demonstrá-lo. Enquanto o signo anterior, Gêmeos, tende a racionalizar tudo, Câncer acha esse processo meio frio. Gêmeos, por outro lado, acha Câncer emocionalmente sufocante.

Câncer prefere ter um lar confortável onde possa cuidar dos seus convidados ou se abrigar quando deseja solidão. A solidão para renovar as energias é vital para esse signo aquático. Até os cancerianos que viajam pelo mundo levam parte de seu lar com eles, lembretes do conforto e das memórias que evocam estabilidade emocional independentemente de onde estiverem. Câncer é associado ao princípio arquetípico da mãe, é o signo que incorpora o cuidado e a proteção. A mãe do canceriano tem muita influência em sua vida, principalmente para os cancerianos do sexo masculino. Para muitas cancerianas, as relações com suas amigas têm imensa importância.

A memória canceriana, principalmente das situações emocionais, é muito boa, e o canceriano é capaz de se lembrar como viveu a infância, as felicidades e as tristezas passadas. Precisa de cuidado para não viver somente no passado e ser forte ao continuar com a vida. Os cancerianos costumam colecionar, e esse hábito pode se tornar uma doença. Nunca esquecem quem lhes deu tal presente ou o que deram aos outros, e observarão silenciosamente para ver se o objeto está em uso.

A sensibilidade de Câncer pode se tornar melancolia. Como seu regente, a Lua, o canceriano é mutável. Também é bastante imaginativo e atraído pelo romance. O Câncer cardinal é ótimo para provocar respostas emocionais nos outros, por ser esta a área da vida em que se sente mais vivo. Tem uma percepção aguda da atmosfera do ambiente, e a ansiedade diante das correntes emocionais ocultas pode se manifestar ocasionalmente numa explosão infantil de emoções. Retirar-se de situações pesadas é a melhor solução para o canceriano perturbado, pois as almas menos aquáticas correm o risco de se afogar em sua intensidade emocional. Os sentimentos de não ser compreendido ou de não ter o que quer podem fazer do canceriano uma pessoa insegura até o ponto em que ele seja capaz de desenvolver a força interior do amor-próprio. Sentir-se compreendido pelo parceiro é um ingrediente crucial num romance sério para Câncer.

Câncer é bastante intuitivo, até paranormal de vez em quando, e seus *insights* são valiosos. Se a sua necessidade de segurança for saciada, Câncer é o amigo que mais se importa e compartilha. A capacidade canceriana natural de cuidar daqueles que ama ou daqueles que precisam de cuidado pode se refletir numa carreira – talvez em profissões de assistência social – em que ele possa proteger e alimentar os outros de alguma forma. Porém, o que quer que ele faça, sempre manterá um coração aberto para os necessitados.

Marte em Câncer é muito carinhoso, mas nem sempre é capaz de expressar esse carinho. Pode ser defensivo. Tem forte lealdade familiar. Desacordos com a família causam profundo sofrimento.

Cancerianos famosos: Tracey Emin, Meryl Streep, Robin Williams, Giorgio Armani.

Leão

O quinto signo • Masculino, fogo fixo • Imagem: o Leão •
Regente: o Sol
Partes do corpo: coração, coluna

- Confiante, entusiástico, orgulhoso, generoso, brincalhão, pode ser egocêntrico ou dogmático, criativo, dramático.

O fogoso Leão é o ator principal do zodíaco, e adora o drama e situações carregadas. Sente tudo de forma apaixonada e faz com que todos o saibam. Como o seu regente, o Sol, ele se identifica com o centro e irradia um calor natural. Este é um signo amável e generoso que se afeiçoa prontamente e precisa de muito amor e atenção dos outros. Ele se banha no sol da atenção alheia, como o seu xará, o rei dos animais. Entretanto, pode ser vulnerável à lisonja, como os antigos reis.

Leão possui forte energia criativa e precisa manifestá-la de alguma forma. Ser o ator principal é algo literal para certas pessoas de Leão, e muitos leoninos são atraídos por uma carreira na arte ou no teatro. Se uma oportunidade de sucesso aparecer, Leão a aproveita, já que não é tímido. Pode se obrigar a avançar, fazendo de tudo para estar na frente, pois tem medo de perder algo que considera importante. Costuma ser mais motivado pela sua intuição ativa do que pela mente racional. Quer acreditar em si mesmo, embora sua confiança seja apenas aparência durante a juventude, mas o interesse das outras pessoas é uma das coisas que mais o motivam. A sua coragem natural é, da mesma forma, estimulada pela necessidade alheia, e se evidencia e amplifica diante da possibilidade de atendê-lo.

Seu orgulho é bem desenvolvido, o que lhe dá dignidade. Contudo, às vezes o orgulho leonino pode causar dificuldades nas suas relações pessoais, por causa da sua tendência à suscetibilidade ou a guardar ressentimentos quando se sente magoado. Leão pode ser egoísta e se ofende ao ser ignorado. Talvez seja por isso que ele às vezes é inocente, confiando nas pessoas erradas por causa da sua necessidade de reconhecimento. Leão vem logo após Câncer na roda do zodíaco, e ambos são signos amorosos e emotivos. Mas a tendência canceriana de duvidar de si mesmo contrasta bastante com a enorme autoconfiança leonina. Câncer pode melhorar a sensibilidade de Leão, e Leão pode ajudar Câncer com sua autoconfiança.

Leão pode ser um líder nato, principalmente durante a maturidade. Busca deixar sua marca no mundo e controlar o próprio destino. Sempre deseja ser quem é e ser aceito como tal. Quer isso para os outros também, e é bom em inspirar os outros a evidenciar seus melhores aspectos. Um signo que adora a diversão, Leão é cheio de vitalidade e humor, e gosta de socializar e aproveitar a vida. Muitos leoninos entendem a mentalidade infantil, e é fácil encontrar pessoas de Leão trabalhando com jovens.

Leão pode ser preguiçoso, mas também sabe lidar com a responsabilidade se for requisitado. É normalmente persistente e leal, mas pode ser cabeça-dura se for pressionado demais; sua possível teimosia advém do fato de ser um signo fixo. Não é fã da introspecção e prefere confiar no seu charme inato para se livrar das dificuldades. A lealdade para com aqueles a quem ama é uma qualidade forte que o mantém próximo de amantes ou amigos. Romanticamente, Leão é atencioso e costuma demonstrar seu amor de maneira dramática, mas tende a gastar demais! Sua generosidade natural alcança a todos, mas ele é particularmente magnânimo com aqueles com os quais se preocupa.

Saturno em Leão quer ser amado, ser o centro das atenções, mas teme a derrota. Por isso, ocasionalmente não se arrisca e não se convence de que os outros se preocupam com ele. O desafio aqui é aprender a "amar a si mesmo" e sentir-se "bom o suficiente".

Leoninos famosos: Mick Jagger, Daniel Radcliffe, Madonna, Halle Berry.

Virgem ♍
O sexto signo • Feminino, terra mutável • Imagem: a Deusa Virgem segurando uma espiga de trigo • Regente: Mercúrio
Parte do corpo: intestinos
- Organizado de forma prática, mentalmente criativo, benigno, humilde, busca resultados, observador silencioso, crítico, arguto, aprecia a regularidade.

Virgem tem o pensamento rápido e é versátil e eminentemente prático, refletindo seu regente, Mercúrio, e sua mutabilidade terrestre. É dotado de uma espécie de percepção artística e por isso tem a capacidade de criar, seja cerâmica, bordados – ou pão; pois, afinal de contas, a deusa de Virgem rege os períodos da colheita. As ideias precisam ser aplicáveis; caso contrário, Virgem vê nelas pouca utilidade. Muitos virginianos estão sempre fazendo listas: quais são as próximas tarefas, o que precisam comprar, o que fazer no feriado... Os virginianos são detalhistas, não deixam as coisas passarem despercebidas e gostam de planejar o futuro. Virgem sabe que os detalhes, as pequenas coisas, formam a base do panorama geral. Nesse sentido, este signo é muito diferente do seu predecessor, Leão, que esquece os detalhes em troca do panorama geral, e ambos se irritam com essa diferença no outro.

Virgem se sai melhor em tarefas que necessitam de trabalho duro nos bastidores – normalmente ele evita ser o centro das atenções e é tímido. O reconhecimento é bom, mas não é necessário. Ver resultados tangíveis é o bastante. Virgem é perfeccionista em praticamente tudo em que se envolve: sempre busca o melhor, e é crítico tanto consigo mesmo quanto com os outros se seus grandes ideais não forem totalmente realizados. O virginiano é preocupado, tendendo à ansiedade – pode ser seu próprio arqui-inimigo enquanto não aprende a perdoar a si mesmo e a se manter calmo. Perfeccionista em demasia, a atitude crítica que disso resulta pode se tornar uma capacidade de autoanálise à medida que ele cresce em maturidade e tolerância.

A mesma busca pela perfeição faz muitos virginianos se interessarem pelo próprio bem-estar físico e mental. Mesmo não sendo naturalmente atlético, Virgem entrará numa academia ou fará aulas de yoga principalmente por causa da saúde. É fácil encontrar virginianos em profissões que envolvem a cura ou num trabalho no qual sua capacidade de observar, classificar e corrigir possa ser útil. Eles querem fazer a diferença na vida dos outros e podem gostar de trabalhos como os de bibliotecário, secretário, análise, edição... Os virginianos querem ser úteis. Rotinas regulares chamam a sua atenção, já que eles gostam de manter registros dos seus compromissos ou do seu progresso.

A maneira virginiana de mostrar afeto é fazer coisas para a pessoa querida ou dar-lhe um presente útil. Sempre oferece ajuda instintivamente se ela for necessária. Virgem não é sentimental e não costuma expressar seus sentimentos com prontidão. Muitos virginianos gostam de cuidar de animais, plantas ou crianças – sejam seus ou de outra pessoa. Também é naturalmente meticuloso e não gosta de vulgaridade ou de situações anti-higiênicas ou desorganizadas. Virgem gosta de conhecer o ambiente onde vive – ele se sente mais confortável num ambiente limpo, tanto material quanto emocionalmente. Mas, ao contrário do que dizem os artigos astrológicos populares, nem todos os virginianos são caprichosos e asseados!

Em comparação com os outros signos do zodíaco, Virgem é mais propenso a aceitar o celibato se necessário, embora valorize muito os relacionamentos sérios. A deusa pura e virgem, imagem do signo, tem autocontrole! Virgem é paciente, humilde e cuidadoso, e apoia seus amigos ou parceiros românticos. Os virginianos adoram quando são necessários e alcançam o máximo da felicidade quando são capazes de fazer algo por alguém. Mas serão silenciosamente gratos àqueles que perceberem que eles também têm necessidades.

Vênus em Virgem adota padrões elevados e busca um ideal, e por isso lhe é difícil encontrar o que busca em matéria de relacionamentos ou amizades. O compromisso é uma arte que esse Vênus deve cultivar para encontrar a felicidade.

Virginianos famosos: rainha Elizabeth I – a "Rainha Virgem", Cameron Diaz, Stephen King, príncipe Harry.

Libra ♎

O sétimo signo • Masculino, ar cardinal • Imagem: a balança •
Regente: Vênus
Parte do corpo: rins

- Ama a paz e não gosta de discussões, indeciso, prefere parcerias, aprecia a harmonia e a beleza, justo.

Com Libra começa a segunda metade do zodíaco. Enquanto o seu oposto, Áries, aproveita as oportunidades imediatamente, Libra primeiro pesa as suas opções. Para Libra, a vida é equilíbrio, e os librianos sempre buscam mantê-lo. Não gostam de conflitos, buscam soluções de meio-termo e usam da persuasão ou da argumentação com as outras pessoas para evitar brigas. Nesses atos, Libra evidencia a sua natureza cardinal – é bom em fazer os outros mudarem seus pontos de vista. Mas se o conflito não pode ser evitado, a maneira libriana de mostrar descontentamento consiste simplesmente em se retirar da situação complicada se um acordo não for alcançado. Sua raiva, quando ele a deixa vir à tona, é típica dos signos de ar: ele fica mais frio. É capaz de ser radical em certas circunstâncias, e isso frustra os signos mais emocionais.

Normalmente, é fácil encontrar librianos nas profissões jurídicas – a balança é o símbolo da justiça, afinal –, quer como juízes, quer como advogados, pois o libriano é excelente em dar conselhos. Para si mesmo, contudo, Libra tem medo de tomar as decisões erradas e pode ficar "em cima do muro" por muito tempo. A decisão não é seu ponto forte, pois ele busca ser justo com todos e é capaz de ver os prós e os contras de vários pontos de vista. Precisa se controlar para não chegar a conclusões prematuras apenas para restaurar a paz ou para não hesitar por tanto tempo até que os outros tomem decisões por ele. Compartilha dessa característica até certo ponto com Virgem, mas por motivos diferentes. Os virginianos são lentos para tomar decisões porque se preocupam com muitas minúcias, enquanto os librianos veem todos os ângulos da questão.

O senso de harmonia de Libra lhe dá uma noção natural de forma e proporção. Ele é bom para dar palpites sobre decoração e encontrar formas de organizar a vida. Libra é bastante artístico, e costuma se envolver em situações nas quais as noções de elegância e beleza são importantes. Os librianos apreciam muitos tipos de beleza, incluindo as capacidades e virtudes alheias. Seu regente, Vênus, é associado com a música, a dança e as artes visuais, e essas áreas normalmente atraem o interesse de Libra.

Libra, por ser aéreo, pode ser um amigo encantador e afeiçoado, mas não cai com facilidade em problemas emocionais profundos. O signo é ligado à parceria do casamento, e Libra sabe muito bem que precisa de outras pessoas na sua vida. Independentemente de quanto ame alguém, é capaz de manter uma posição objetiva ao mesmo tempo. Prefere estar em algum tipo de parceria do que viver ou trabalhar sozinho, e adora quando pode ser amigo de seu parceiro, além de amante. No geral, suas amizades ocupam grande espaço em sua vida, mas ele é bem seletivo em relação a quem deixa se aproximar.

Libra tenta não assumir mais compromissos do que os que pode cumprir, sempre em busca do equilíbrio entre trabalho e tempo livre. É civilizado, respeitador e idealista na maneira pela qual interage com os outros, e é muito bom para descobrir e encorajar talentos. A frase "mas, por outro lado" foi provavelmente inventada por um libriano!

Júpiter em Libra tem a mente extremamente justa e adora unir os outros. Precisa prestar atenção no que realmente busca para si mesmo, mesmo que os desacordos sejam inevitáveis. Aceitar a segunda melhor solução lhe dá paz, mas não satisfação profunda.

Librianos famosos: Clive Owen, Matt Damon, Brigitte Bardot, Catherine Zeta-Jones.

Escorpião ♏

O oitavo signo • Feminino, água fixa • Imagem: o Escorpião •
Regentes: Marte (tradicional) e Plutão (moderno)
Partes do corpo: órgãos sexuais e reprodutivos

- Intenso, reservado, apaixonado, sexual, controlado, pode ser impetuoso, extremamente leal.

O signo aquático de Escorpião sente as coisas intensamente e percebe o sentido mais profundo das situações emocionais. No entanto, seus sentimentos são secretos, e Escorpião não os revela facilmente. Na verdade, ele é ótimo para fazer os outros revelarem seus mais profundos pensamentos e sentimentos. Quanto mais próximo se torna de alguém, mais quer conhecer as profundezas da pessoa – mas também revelará mais de si mesmo, pois o que Escorpião busca no fim das contas é uma conexão forte com outra pessoa, uma união de seres. É por isso que este signo é associado à sexualidade: Escorpião busca transformar ou ser transformado por uma experiência profundamente emocional. Enquanto não encontra o que busca, pode não levar a sério as relações românticas ou, por outro lado, deixar de ter relações sexuais por completo. Um parceiro escorpiano de qualquer gênero é intensamente próximo quando comprometido. Libra compartilha dessa capacidade de se comprometer, mas não de forma tão intensa. Libra pode achar Escorpião muito exigente, e Escorpião pode achar Libra muito distante.

Escorpião busca compreender a vida profundamente e irá a lugares que os outros temem. Confrontará mistérios ocultos e desafios perigosos para chegar à origem das coisas. As características da sua dupla regência são vistas aqui: Plutão vai muito além da superfície, e Marte encara até a morte para alcançar seu objetivo. Escorpião pode ganhar a vida investigando segredos em pesquisas, limpeza, cirurgias, arqueologia, como detetive – em qualquer área que possa explorar a natureza do poder. Muitos escorpianos são atraídos pela psicologia, como forma de adquirir um conhecimento profundo de si mesmos e dos outros.

Se Escorpião for seu amigo, será leal e firme, qualidade que compartilha com seu signo oposto, Touro, embora Touro seja estável e Escorpião, apaixonadamente emocional – ambos os signos são fixos. Se Escorpião for seu inimigo, pode ser implacável e impiedoso, principalmente se se sentir traído. Guarda ressentimentos por muito tempo. Como o escorpião, tem um ferrão oculto na sua cauda, e pode ser manipulador. Muitos escorpianos são reservados, qualidade que faz deles bons confidentes. Sua força de vontade é imensa – é capaz de se privar de qualquer prazer caso se decida a tanto, e nem sempre tolera pessoas que vacilam em seus compromissos. É um dos sobreviventes da vida, com a capacidade de crescer e mudar com as experiências. Encontra dificuldade para aceitar o segundo lugar e é sujeito a emoções conflitantes. Praticamente todos os escorpianos têm experiências que envolvem sentimentos fortes como a inveja, o ódio e a paixão, mas também normalmente se fortalecem depois de tais experiências se forem capazes de sair do tumulto emocional.

Normalmente há algo de magnético e carismático em Escorpião, cujos olhos parecem ser capazes de ver dentro da nossa alma. Alguns outros signos podem vê-lo como misterioso, aterrorizante ou fascinante, pois Escorpião costuma chamar atenção. Isso é um paradoxo, já que Escorpião é um signo discreto e controlado e, no geral, não busca a atenção alheia. Tipicamente, Escorpião tem uma preocupação com um grupo seleto de pessoas, e sai da rotina para ajudá-las quando necessário – mas espera que também façam algo para melhorarem.

Lua em Escorpião tem necessidades emocionais poderosas e pode se sentir deprimido quando se decepciona. Profundo e perceptivo, busca penetrar os mistérios. Adora investigar as profundezas da vida.

Escorpianos famosos: Hillary Clinton, príncipe Charles, Leonardo DiCaprio, Jodie Foster.

Sagitário
O nono signo • Masculino, fogo mutável • Imagem: o Centauro e o Arqueiro com suas flechas • Regente: Júpiter
Partes do corpo: virilha, quadris
- Explorador, filósofo, imaginativo, amante da liberdade, descomprometido.

Para Sagitário, a jornada é o que vale – trilhar os largos caminhos da vida em busca de respostas para perguntas universais é o que dá valor pessoal à sua existência. A busca pelo significado e pela verdade motiva Sagitário a explorar cada vez mais, quer isso inclua viajar pelo mundo material ou viajar mentalmente nos estudos. Áreas como a filosofia, a religião ou a espiritualidade podem fasciná-lo, mas ele não acredita logo de cara no que aprende, preferindo manter a mente aberta. Sagitário adora aprender, busca o conhecimento por causa da sabedoria que ele traz e adora duelos de inteligência. Seu signo oposto, Gêmeos, também tem essa característica, mas fica mais preso aos fatos e não percebe o todo com facilidade, enquanto Sagitário pode deixar passar os detalhes na sua missão de entender a vida de um ponto de vista filosófico.

Este é um signo de fogo mutável expansivo e confiante, com grandes ideais e visões. O horizonte o atrai, e ele pula de objetivo em objetivo para ir cada vez mais longe. Muitos sagitarianos, quando chegam à maturidade, gostam de passar seu conhecimento para os outros de maneira formal ou informal. Os sagitarianos podem se envolver com cavalos a certa altura da vida, cavalgando ou apostando! As flechas do centauro podem ir para qualquer lugar – uma ideia fascinante para Sagitário, que gosta da aleatoriedade. Ele é bom em trabalhos autônomos ou como *freelancer*, nos quais ele próprio decide os seus parâmetros e não se amarra a uma coisa só.

Quando uma ideia ou atividade inflama sua imaginação, ele é capaz de manter o foco e alcançar suas metas. É um jogador natural no sentido mais amplo, arriscando bastante, e muitas vezes sai vitorioso por causa de sua fé entusiástica em si mesmo e nas suas próprias capacidades. Isso parece "sorte" aos olhos dos outros. Mesmo quando uma aposta não dá certo, a força de vontade de Sagitário normalmente o faz sair dos períodos de dificuldade. Diferente do signo anterior, Escorpião, Sagitário sempre avança e não fica para trás. Escorpião pode achar Sagitário muito inconstante ou muito selvagem, e Sagitário tende a achar Escorpião muito intenso.

Sagitário é inquieto e difícil de controlar. Valoriza a liberdade e não aceita a responsabilidade a menos que seja em seus próprios termos. Às vezes assume tantas responsabilidades, e as diversifica tanto, que é incapaz de cumprir suas promessas. Sagitário não gosta de limites ou restrições, mas até que aprenda sobre si mesmo, terá problemas. Realismo e praticidade não são seus pontos mais fortes. Por se distrair facilmente, ele não é o signo mais confiável do zodíaco!

Ele respeita a integridade, e também admira essa qualidade nos amigos ou em figuras da vida pública. É amável e amigável com muitos, mas não se compromete facilmente em relacionamentos românticos. E mesmo quando se compromete consigo mesmo, precisa de mudanças e de desenvolvimento para não se entediar, pois as rotinas o sufocam. Como seu regente, Júpiter, Sagitário é bondoso e extravagante, principalmente com aqueles com quem se importa. Para Sagitário, a vida deve ser aproveitada. Ele deve, contudo, tomar cuidado com um modo de vida hedonista para não se endividar nem correr o risco de não ser levado a sério – isso porque, apesar do seu jeito descontraído, ele quer ser respeitado.

Sol em Sagitário precisa ter liberdade de experimentar e explorar. Identifica-se com a sua capacidade de viajar pelas estradas e trilhas da vida. É o arquétipo do viajante.

Sagitarianos famosos: Brad Pitt, Billy Connolly, Jamie Lee Curtis, Scarlett Johansson.

Capricórnio
O décimo signo • Feminino, terra cardinal •
Imagem: a Cabra-montesa • Regente: Saturno
Parte do corpo: joelhos

- Responsável, ambicioso, conformista, estável, disciplinado, sério.

Capricórnio, como a cabra-montesa, escala metodicamente e com certeza da conquista. Normalmente responsável já desde jovem, Capricórnio é capaz de lidar bem com a responsabilidade e pode se tornar uma autoridade na sua área. É diferente de Sagitário da mesma forma que um juiz de tribunal é diferente de um astro do *rock*, seguindo as regras em vez de inventá-las, planejando em vez de deixar que a vida o leve. Tem interesse na sociedade como um todo e busca contribuir com algo de valor perene. Os capricornianos normalmente assumem um papel de "pilar da sociedade" e encontram-se em ambientes como a polícia, as profissões jurídicas, a docência, a medicina ou os negócios. Enquanto se estabelece, começa novos projetos à moda de um verdadeiro signo cardinal, chamando a atenção de pessoas de influência. Como sempre há uma montanha mais alta para se escalar, ele mesmo pode acabar por se tornar uma pessoa de influência na maturidade. Normalmente consegue ver claramente como melhorar uma situação, fato que pode gerar resistência naqueles que veem as coisas de forma diferente. Capricórnio sabe muito bem quais são suas obrigações – com a família, os amigos ou o trabalho – e está disposto a dar duro para cumpri-las, construindo uma reputação de pessoa confiável, se não conservadora.

Capricórnio é associado com o princípio do Pai arquetípico, no sentido de emanar autoridade e oferecer orientação para os jovens e inexperientes, mesmo sendo um signo feminino como o seu oposto, Câncer. Ambos os signos são associados com qualidades paternais/maternais: enquanto Câncer alimenta, Capricórnio guia. Os capricornianos parecem mais velhos do que são na realidade, principalmente na juventude, pois levam a vida a sério. Tornam-se cada vez mais joviais na sua atitude à medida que crescem, mas são sempre capazes de ser severos se isso, em sua opinião, for necessário. Capricórnio é realista e conhece suas limitações na vida, como seu regente, Saturno, um mestre severo que compreende o tempo.

Esse realismo vem quase sempre acompanhado de uma tendência a planejar o futuro. Muitos capricornianos, tanto os homens quanto as mulheres, têm os próximos cinco ou dez anos mapeados na mente, ou até mesmo um plano de vida. E mesmo assim Capricórnio é capaz de ser flexível se as circunstâncias mudarem. É capaz de fazer sacrifícios para o bem maior de uma situação, se necessário – uma capacidade cativante que nem sempre é vista ou apreciada, pois Capricórnio não se vangloria, apenas faz o que é necessário.

Os capricornianos têm um humor seco e autodepreciativo, e são muito capazes de ver o lado engraçado da vida. Capricórnio dá um excelente comediante, usando a observação e a ironia de um jeito sério, levando os outros a não terem opção senão rir. Essa qualidade faz com que tenha uma vida estável, pois encontra dificuldade para relaxar ou fazer coisas sem propósito. Não gosta de sentir que é dependente de alguém e faz de tudo para evitar esse sentimento. Se não é possível evitá-lo, encontra maneiras de justificar-se. A depressão pode surgir da derrota – Capricórnio precisa aprender a lidar com a situação quando não consegue atingir uma meta.

Aprecia a elegância no romance, e normalmente gosta de se vestir para uma noite especial com seu companheiro. Capricórnio é um indivíduo firme que acredita que a disciplina faz o caráter. É cuidadoso e justo em seus relacionamentos.

Mercúrio em Capricórnio pensa de maneira prática e planeja seus objetivos. Tem um modo de pensar bastante sério, até mesmo na infância. Pode ser cabeça-dura, mas seu senso de humor o salva.

Capricornianos famosos: Kate Moss, Marlene Dietrich, Rowan Atkinson, Anthony Hopkins.

Aquário
O décimo primeiro signo • Masculino, ar fixo • Imagem: o Aguadeiro • Regentes: Saturno (tradicional) e Urano (moderno)
Partes do corpo: canelas, panturrilhas, joelhos
- Independente, orientado para o grupo, dogmático, teimoso, radical, objetivo, racional.

Para os aquarianos, as amizades são uma parte importante da vida. Aquário é capaz de fazer cada pessoa se sentir especial e acredita piamente na individualidade dos seres humanos. Seu signo oposto, Leão, busca ser reconhecido por suas próprias qualidades únicas, mas Aquário se sente confortável quando faz parte de um grupo de pessoas que pensam da mesma forma que ele. Sempre tem consciência de que faz parte da humanidade. Essa consciência dá ao aquariano idealista uma visão humanitária. Sabe que é igual a todas as outras pessoas, coisa que o motiva quando encontra autoridades (são todos iguais) ou ajuda os oprimidos (são todos iguais também). Aquário se preocupa com o bem de todos, mesmo que se baseie em sua própria visão do que é bom. É dotado de uma noção desenvolvida de direitos humanos e quase sempre sente vontade de lutar pelas causas dos outros contra as circunstâncias que considera restritivas. Afirma sua própria personalidade e encoraja os outros a lutarem pelo que desejam.

Aquário é muito individualista, até mesmo excêntrico, e sem dúvida não é conformista. É capaz de ser objetivo e acredita na verdade e na justiça democráticas. Aquário é um signo bastante "aéreo" que consegue se distanciar dos problemas emocionais com facilidade, provavelmente o signo mais independente do zodíaco. A necessidade aquariana de liberdade – nos relacionamentos, na política e na sociedade – é lendária. O aquariano simplesmente não aceita limites e age de acordo com as próprias convicções – característica que pode gerar dificuldades com pessoas de mente mais convencional. Os aquarianos são rebeldes originais, de moral firme e extrovertidos, mas suas opiniões fortes de signo fixo às vezes são muito radicais até para eles mesmos. Principalmente durante a juventude, essa determinação de seguir o próprio caminho pode resultar em cismas com familiares ou amigos que veem as coisas de modo diferente.

A imagem do aguadeiro é a de um indivíduo despejando as águas da vida, purificando simbolicamente a terra com sua compreensão. É fácil deduzir que esse signo é de água, mas a figura humana na verdade significa a humanidade se comunicando como um todo (ar). A dupla regência de Aquário revela seu paradoxo: o signo pode chegar aos extremos, com pensamentos tão fixos quanto os de Saturno, que sabe como as coisas devem ser feitas; mas mesmo assim a regência uraniana representa a radicalidade. Enquanto Capricórnio se conforma com a "norma", Aquário age de acordo com seus próprios princípios. Ambos desejam prestar serviços à comunidade, mas suas abordagens diferentes são conflitantes.

Falta calor emocional nesse signo, pois Aquário não costuma demonstrar carência. Por natureza age racionalmente e não emocionalmente, mas é um amigo verdadeiro e leal que oferece apoio, iluminando as situações com sua razão. Conversar abertamente sem estar preso em tumultos emocionais é um grande alívio às vezes. O aquariano acha que não vale a pena passar pelo possível trauma das discussões ou dramas que marcam as situações sentimentais. Romanticamente, ambos os sexos precisam gostar de seus companheiros tanto quanto amá-los, buscando uma união das mentes e não só dos corpos. Encontram-se aquarianos em profissões que lidam com tecnologia ou nas quais a objetividade é importante. O aquariano é bom naquelas ocupações em que ninguém lhe diz o que deve fazer.

Marte em Aquário trabalha com os outros para melhorar a situação dos desprivilegiados ou dos que sofrem injustiças. Pode ser bastante extrovertido. Sua originalidade é abundante, mas não se pode dizer o mesmo em relação ao seu discernimento.

Aquarianos famosos: Charles Dickens, Justin Timberlake, Germaine Greer, Paris Hilton.

Peixes ♓
O décimo segundo signo • Feminino, água mutável • Imagem: dois Peixes nadando em direções opostas • Regentes: Júpiter (tradicional) e Netuno (moderno)
Parte do corpo: pés
- Compassivo, idealista, sonhador, confuso, sensível, crédulo, paranormal, inspirado.

Peixes sempre tem um pé numa outra realidade, mesmo que não deixe transparecer. Vive uma vida dupla, como os dois peixes opostos. Consciente dos mundos interiores, Peixes sente uma conexão espiritual com o universo, com o divino, com todos os seres – independentemente da forma pela qual expressa isso tudo. Mas também tem de lidar com as necessidades do mundo material: coisa que não é fácil. Peixes pode ser altamente defensivo, mas sua noção de ridículo o faz rir da vida em certas ocasiões. Não revela com facilidade seus sentimentos mais profundos. É mais fácil para o pisciano direcionar sua afeição e proteção para animais ou crianças do que revelar sua imensa sensibilidade a outros adultos, o que poderia destroçar seus sentimentos. Como uma criatura marinha – seres que muitos piscianos amam –, Peixes pode ser levado pelas ondas de emoção dos seus sentimentos sempre mutáveis, até que por fim aprende a nadar.

Viver ocasionalmente na realidade física é muito difícil para Peixes. É por isso que se encontram muitos piscianos em profissões de "faz de conta" e nas artes: atores, artistas, poetas, fotógrafos, músicos, astros do cinema e esteticistas. Peixes também se sente atraído por instituições nas quais estão presentes os menos afortunados da sociedade – os doentes, os prisioneiros e todos os tipos de necessitados. Isso é sinal de grande compaixão, e os piscianos conseguem se pôr no lugar dos outros com facilidade. Na verdade, a imaginação do pisciano é tão viva que ele tem que tomar cuidado para não perder sua noção de identidade ou para não ser muito influenciado pelos outros. Netuno, deus das profundezas do oceano, é seu regente moderno. Tanto Aquário quanto Peixes, por serem os dois últimos signos da roda do zodíaco, se preocupam com questões de larga escala, mas usam métodos contrastantes. Aquário é quem tem as ideias com uma visão clara de como melhorar a sociedade. Peixes é capaz de sentir na pele a situação mundial, e algumas vezes pode se desesperar.

Os piscianos são naturalmente atraídos pela fé e pela espiritualidade e têm uma consciência inata da natureza efêmera da vida. Júpiter, o que busca propósito na vida, é seu regente tradicional. Peixes precisa manter-se consciente da sua própria capacidade de se sacrificar: essa vontade pode ser empolgante e nobre, mas pode ser aproveitada pelos inescrupulosos. Peixes, um signo mutável, pode encalhar em águas rasas por confiar demais nos outros e acabar sendo traído. Peixes também, dependendo das circunstâncias, pode cair na tentação de enganar os outros, ou de no mínimo enfeitar a verdade. A linha tênue entre a fantasia e a realidade é quase inexistente para alguns piscianos. Muitos deles passaram por decepções dolorosas no romance ou nas amizades, coisa que pode deixá-los mais cuidadosos e analíticos em novos relacionamentos. Virgem é o signo oposto de Peixes, e é naturalmente analítico nesse sentido, enquanto Peixes pode fazer Virgem ter uma visão mais abrangente da vida; um pode ajudar o outro. A intuição normalmente é um traço forte em Peixes, e pode até se expressar em alguns sob a forma de alguma capacidade paranormal ou de vidência. Aprender a controlar e direcionar essa característica é tarefa complicada, mas traz consigo muitas recompensas.

Em qualquer ponto de sua vida, Peixes é propenso a praticar meditação, usar álcool ou drogas ou entrar numa seita espiritual – tudo isso são formas de alcançar estados diferentes de consciência, que se aproximam da outra realidade que Peixes sente com tanta intensidade. Mesmo sendo propenso a ser indeciso ou vago quando se expressa, sua força interior é a sua capacidade ilimitada de cuidar dos outros. Peixes, contudo, precisa criar limites na maior parte das situações, para não se perder.

Vênus em Peixes é sensitivo e compassivo. O altruísmo é empolgante e edifica os outros. Ter mais discriminação quanto a relacionamentos pode poupar essa pessoa de frustrações, já que ela tem a tendência de ver apenas o melhor nas outras pessoas.

Piscianos famosos: Elizabeth Taylor, Rihanna, Justin Bieber, Jamie Bell.

---------- TAREFA ----------

a. Olhe novamente o seu mapa e o mapa de estudo, lembrando que o Sol é só mais um planeta. Repare em todos os signos e quais planetas estão em cada um deles.

b. Observe a distribuição dos planetas do seu mapa e repare nos signos mais fortes e quais signos não têm nenhum planeta, principalmente no que se refere aos planetas pessoais.

c. Pratique desenhar e lembrar-se dos símbolos, da ordem natural dos signos e das datas em que o Sol está neles, de modo a conhecer em que signo o Sol está em cada mês do ano.

Capítulo 5

As Casas e os Ângulos

quais áreas da sua vida são mais acolhedoras para você?

Não temos certeza de como o conceito de casas surgiu, mas as casas já eram usadas por volta do século II E.C., se não antes, na Roma e na Grécia antigas. As casas acrescentam mais uma camada de significado ao mapa natal, dando às nossas experiências um contexto específico. Os planetas são os impulsos ou energias essenciais do mapa; os signos são a maneira pela qual essas energias se expressam; e as casas mostram as áreas da vida nas quais os planetas e signos serão mais ativos. Todos têm todas as 12 casas em seus mapas, é claro. À semelhança dos planetas e signos, cada casa tem seu significado essencial, que pode ser vivido individualmente de maneiras diferentes. A carreira, as amizades, as relações íntimas, a vida interior etc. são áreas da vida representadas pelas casas do mapa. A definição de "casa" no contexto astrológico está na página 131.

As casas que contêm planetas são áreas importantes da vida, principalmente se contiverem mais de um planeta. Elas chamam mais a nossa atenção e até nos causam preocupação no decorrer da vida. A interpretação depende de quais planetas estão nas casas. O mapa nos faz caminhar em direção à unidade por meio de experiências na vida – até experiências difíceis –, que nos proporcionam a chance de crescer e evoluir além das nossas experiências infantis.

Dê uma olhada no mapa de estudo e no seu próprio mapa para se lembrar de quais casas contêm planetas. Para Celeste, contando no sentido anti-horário a partir do Ascendente (Asc), as casas que contêm planetas são as casas 4, 6, 9, 11 e 12. Desse modo, todas as demais estão desocupadas. As casas 2 e 8 contêm os Nodos Lunares, que não são planetas. Pelo fato de haver um número maior de planetas nas casas 6, 11 e 12 no mapa de Celeste, essas são as áreas da vida dela que estarão mais em evidência. Essas três casas significam a carreira (6), os amigos (11) e suas crenças (12). O fato de Vênus estar na 11ª casa, por exemplo, dá ainda mais importância às amizades.

Lembre-se de que os signos onde caem os três planetas exteriores são "geracionais" e interpretados principalmente como plano de fundo para as características mais pessoais; porém, as casas onde tais planetas caem se referem ao indivíduo especificamente. Cada planeta exterior pode, desse modo, ser interpretado de maneira mais pessoal quando se trata de casas e não de signos. Quíron é também mais personalizado em sua casa do que em seu signo.

As casas "vazias" também têm importância no mapa como um todo. Naturalmente, não ter nenhum planeta em determinada casa não significa que aquela área da vida será inexistente para a pessoa. Por exemplo, a casa 2 significa os recursos materiais, os valores pessoais e a sensação de segurança. Uma casa 2 vazia pode significar que o dinheiro e os recursos não influenciam os valores e a noção de segurança da pessoa. Não indica necessariamente sua situação material. As casas vazias normalmente só significam que aquelas áreas específicas não são de muita importância para o indivíduo. Também pode ser o contrário: a área da casa que está vazia se torna uma obsessão, como forma de compensação. Qualquer que seja o caso, ele será identificado pelo mapa completo, e tanto uma coisa quanto a outra podem ser vividas em momentos diferentes.

As divisões das casas

Como com os signos, existem métodos que nos ajudam a entender as casas, métodos que podem ajudar nossa memória no início. Cada casa tem seu próprio significado básico, que é modificado pelo posicionamento dos planetas e signos em cada mapa.

Na raiz dos significados de cada casa há uma conexão com a ordem natural dos signos do zodíaco. Para ilustrar esse conceito: a cúspide da casa 1 sempre é o Ascendente, mas também existe uma conexão "natural" com os signos, começando com Áries. Sob esse aspecto, a casa 1 de qualquer mapa compartilha da natureza de Áries, fogo cardinal.

Na interpretação, a tudo isso se sobrepõe o Ascendente do mapa em questão. Aprender astrologia é aprender a combinar diferentes tipos de informações. Por exemplo, por trás da interpretação de Câncer como Ascendente está a qualidade ariana de toda casa 1 – que sugere novos começos e nosso modo de encarar a vida. Isso é modificado pelo aquático Câncer do mapa de Celeste, um signo mais silencioso e mais sensível, que lida de modo diferente com as novas situações, sem encarar a vida de frente, mas mais de lado, como o caranguejo. A casa 2 tem a natureza de Touro e terra fixa, a 3ª de Gêmeos e ar mutável e assim por diante. O signo na cúspide modifica o significado básico da casa.

É importante levar em conta que casas e signos são coisas distintas. Há, obviamente, uma conexão, como foi demonstrado antes, mas a maneira pela qual a energia de um planeta se expressa (no seu *signo*) não é a mesma do local em sua vida onde ocorre tal expressão (a *casa*). Na prática, as casas tratam mais de circunstâncias externas do que os signos. A abordagem psicológica da astrologia moderna, contudo, interpreta as experiências externa e interna como dois lados da mesma moeda: assim dentro como fora (assim em cima como embaixo). Então, por exemplo, Gêmeos trata de adquirir informações, da comunicação e do desenvolvimento da mente racional, enquanto a casa 3 mostra a experiência da pessoa na escola primária – onde ela começa a desenvolver a mente – e sua relação com os irmãos, os vizinhos e o bairro. Veja a tabela de Signos e Casas Naturais a seguir.

As regências das casas

Há outra forma significativa de aprofundar as interpretações das casas, quer elas abriguem planetas, quer não. Cada casa tem um ou dois regentes planetários. Estes são os planetas que regem o signo da cúspide no começo de cada casa. Isso é útil principalmente nas casas vazias, providenciando uma útil informação adicional.

No mapa de estudo, o signo na cúspide da casa 8, que está vazia, é Aquário, e os regentes de Aquário são Saturno e Urano. A casa 8 de Celeste – a casa que se relaciona naturalmente com Escorpião em todos os mapas – é sobreposta por Aquário no mapa, signo que é muito menos intenso emocionalmente do que Escorpião. A casa 8 trata das necessidades emocionais profundas; nessa área da vida, a pessoa cuja casa 8 está em Aquário tende a ter uma clareza de pensamento aquariana, o que a habilitará a encarar suas paixões com certo distanciamento.

	Os Signos e as Casas Naturais											
Casa	1	2	3	4	5	6	7	8	9	10	11	12
Signo	ÁR.	TO.	GÊ.	CÂN.	LE.	VIR.	LI.	ESC.	SA.	CA.	AQUÁ.	PEI.
	♈	♉	♊	♋	♌	♍	♎	♏	♐	♑	♒	♓
Regente	♂	♀	☿	☽	☉	☿	♀	♂/♇	♃	♄	♄/♅	♃/♆
Elemento	F	T	A	Á	F	T	A	Á	F	T	A	Á
Modo	C	F	M	C	F	M	C	F	M	C	F	M

O propósito principal desta tabela é recapitular os signos naturais e seus regentes, relativos a cada casa, com um lembrete do elemento (F = Fogo, T = Terra, A = Ar, Á = Água) e do modo (C = Cardinal, F = Fixo, M = Mutável) de cada signo, para auxiliar na sua compreensão do significado básico de cada casa.

Mas o atual signo em cada cúspide de cada mapa – e seu(s) regente(s) – é o que se usa para a interpretação individual, como no exemplo acima sobre a casa 8.

As regências no geral são tão importantes na astrologia natal que terão seu próprio capítulo mais adiante, motivo pelo qual não serão discutidas neste capítulo. Existem outros métodos de se interpretar as casas como um todo num mapa. Eles adquirirão mais importância adiante, quando analisarmos os equilíbrios e desequilíbrios, no caminho para a interpretação completa do mapa.

Os signos, as casas e as cúspides

Os parágrafos a seguir tratam de um ponto de discussão comum: a diferença entre as posições das cúspides dos signos e as posições das cúspides das casas em qualquer mapa. Um pouco de astronomia básica pode esclarecer ou recapitular esses conceitos:

- Os **signos** são a divisão da eclíptica em 12 porções iguais de 30 graus à medida que a Terra orbita o Sol a cada ano – ou, na astrologia, a órbita aparente do Sol ao longo dos signos, visto da Terra.
- As **casas** são baseadas na rotação da Terra em volta de seu próprio eixo durante 24 horas, passando por todos os signos. Contando no sentido anti-horário a partir do Ascendente, o espaço então é dividido em 12 segmentos, que são as casas. O signo que ascende acima do horizonte leste no horário do nascimento é o Ascendente, a cúspide da casa 1, com a numeração das casas continuando através do mapa até a casa 12.
- A posição espacial dos planetas nos signos e nas casas é anotada e o mapa natal está pronto.

Com isso, você pode ver que a base dos signos e das casas não é a mesma.

Usando o mapa de Celeste, siga as divisões numeradas das casas em volta do mapa. Você verá que as cúspides das casas estão todas no mesmo grau e minuto do Ascendente. Essas são as divisões das casas, e elas não são as mesmas que as dos signos, que começam todas em 0 grau. O Ascendente de Celeste está em 20°16' de Câncer. É o mesmo grau e minuto da cúspide da casa 2, que está em 20°16' de Leão, e assim por diante em todas as casas. Cada casa começa nesses mesmos graus e minutos. A única situação em que as cúspides das casas e as cúspides dos signos coincidem é se um mapa tiver um Ascendente em 0 grau (0°) de um signo, coisa perfeitamente possível. A ilustração a seguir, de uma seção do mapa de estudo, demonstra o que quero dizer:

As cúspides das casas e dos signos.

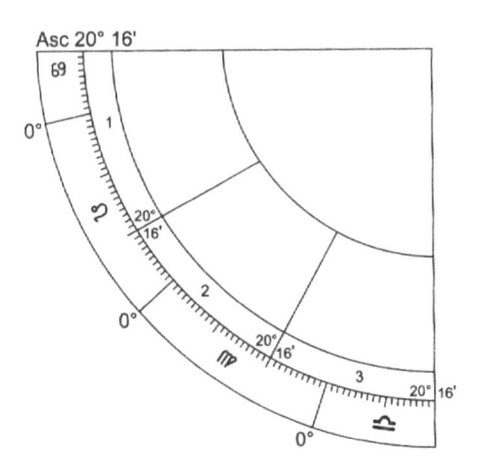

Há mais uma coisa que costuma causar dificuldades: dois ou mais planetas podem estar na mesma casa, mas em signos adjacentes. Por exemplo, na casa 6 do mapa de estudo, três planetas parecem bem próximos uns dos outros: Saturno, Urano e Netuno. Se você reparar no símbolo do signo zodiacal próximo de cada planeta, verá que Saturno e Urano estão ambos perto do final de Sagitário. Mas Netuno está no próximo signo, em 8°33' de Capricórnio. Se você olhar o círculo externo dos signos, verá a mudança de signos. A mesma situação se repete em outras casas do mapa de Celeste.

As questões mais complicadas do sistema de casas

Existem várias formas de se calcular as casas no uso comum moderno. Essas formas são chamadas de *sistemas de casas*. Os cálculos se baseiam sempre em divisões de tempo ou de espaço. Existem argumentos a favor e contra o uso de certos sistemas ou de outros. Essa é uma das áreas controversas da astrologia, em que nem todos os astrólogos entram em acordo. O que conta, neste caso, são a experiência pessoal e as escolhas individuais.

Usei neste livro o sistema de Casas Iguais porque, depois de ter experimentado outros sistemas, este é o que costumo utilizar e também o de que mais gosto. Como diz o nome, o sistema de Casas Iguais divide o espaço igualmente entre 12 casas de 30 graus cada, independentemente do local de nascimento. O uso de outros sistemas de casas implica a mudança de casa de alguns planetas no mapa, pois as casas nesses outros sistemas variam de tamanho.

Dois dos outros sistemas de casas mais usados, que você verá em alguns lugares, são os de Placidus e de Koch, ambos baseados em *quadrantes*. Num sistema baseado em quadrantes, o MC e o IC sempre caem nas cúspides das casas 10 e 4, respectivamente. No sistema de Casas Iguais, esses ângulos normalmente caem em outros lugares. No mapa de Celeste, por exemplo, o eixo MC-IC atravessa as casas 9 e 3. Dê uma olhada no seu mapa para verificar em quais casas cai o eixo.

Quando souber mais, você talvez queira experimentar outros sistemas de casas, mas sugiro que, para manter a clareza, você use o sistema de Casas Iguais enquanto estuda este livro. A interpretação do eixo MC-IC no sistema de Casas Iguais adquire uma dimensão adicional quando se leva em conta as casas onde ele cai, principalmente se não forem as casas 10 e 4. Se você levar em conta as casas onde esse eixo está posicionado, isso ajudará na interpretação.

Contudo, o importante no sistema de Casas Iguais é o significado de cada casa e de cada planeta que cai em cada uma delas. Por isso, não vou me aprofundar muito nessas questões complexas e manterei o foco na interpretação.

Os astrólogos não são conhecidos pelo seu conformismo, nem mesmo dentro da sua própria arte!

OS QUATRO ÂNGULOS

O Ascendente e o Descendente são os polos opostos do mesmo eixo, que cruza o horizonte do mapa. O MC e o IC também criam um eixo, cruzando o mapa de norte a sul. Em essência, o eixo Ascendente-Descendente descreve você e as suas relações, como você vê os outros e é visto por eles; o eixo MC-IC representa a sua vida interior e exterior, o seu eu público e o seu eu particular. Uma maneira de ver o eixo MC-IC é imaginá-lo como um dos eixos da sua vida pessoal. O IC alcança simbolicamente as profundezas da Terra e lhe dá uma base de quem você é. O MC alcança a infinidade do espaço e toca o coração do que você pode vir a ser.

Dei exemplos de signos diferentes nos quatro ângulos. Abaixo, ofereço exemplos de planetas, inclusive os exteriores, em todas as casas. Exploraremos a interpretação dos planetas nas casas de modo mais detalhado nos capítulos a seguir.

O Ascendente

- **Como você encara a vida, encara o mundo**

O signo ascendente é importante no mapa em geral. Ele simboliza a primeira impressão que os outros têm de você e o modo como você costuma abordar novas situações. É o elemento mais evidente das qualidades de uma pessoa, e dá dicas sobre a sua aparência física – mas isso nem sempre é óbvio.

Por se tratar de primeiras impressões, o Ascendente às vezes indica algumas coisas sobre as suas condições de nascimento, que podem inconscientemente influenciar a sua maneira de lidar com situações que não sejam familiares. O Ascendente descreve algumas das maneiras pelas quais nos expressamos, e o que aparentamos ser na visão dos outros. Uma pessoa com Ascendente Leão, por exemplo, pode dar a impressão de ser entusiasmada e calorosa, enquanto o Ascendente Virgem parece mais controlado e pode ser um tanto tímido. O Ascendente pode ser comparado à "porta da sua casa" – a porta indica um pouco do que a casa é, mas não necessariamente revela o conteúdo. Às vezes esse elemento é chamado de *persona*, o modo específico pelo qual você interage com o mundo. Conhecer os signos é importante para poder conhecer o Ascendente. No mapa de estudo, o Ascendente está em Câncer; essa pessoa dá a impressão de ser sensível e atenciosa.

O Descendente

- **As relações com os outros, atrações**

Qualquer que seja o signo ascendente, o signo oposto estará no Descendente, ou seja, na cúspide da casa 7. O signo descendente está se pondo e prestes a desaparecer abaixo do horizonte. Esse ângulo representa as pessoas que você atrai para perto de si, os tipos de pessoa que o atraem e as suas interações com elas. Por convenção, o ângulo que quase sempre é usado em interpretações desse eixo é o Ascendente, mas é importante lembrar que o Descendente também está sempre presente. No mapa de estudo, Capricórnio está no Descendente, e é muito possível que Celeste se sinta atraída por pessoas fortes e responsáveis.

O signo descendente descreve as suas experiências pessoais com amizades próximas, parceiros – profissionais ou pessoais – ou seu parceiro de matrimônio e qualquer outro relacionamento significativo. Isso inclui os inimigos. Partes inconscientes de você mesmo são vivenciadas durante suas relações com pessoas próximas. O signo descendente pode corresponder literalmente ao signo solar do seu parceiro, ou não; de qualquer modo, é muito possível que a pessoa incorpore as qualidades desse signo de uma maneira ou de outra.

Alguns exemplos: se Aquário é o signo descendente (Leão ascendente), a pessoa se sentirá atraída por indivíduos incomuns ou radicais, ou que têm muita consciência social; quem tem Virgem no Ascendente tem Peixes no Descendente, e é bem provável que se sinta atraído por aqueles que parecem precisar de ajuda ou abrigo de algum tipo; ou pode, talvez, ter amigos músicos e atores.

O MC *(Medium Coeli)*, também chamado de Meio do Céu

- **Carreira, direção, face pública**

O MC trata da sua relação com o mundo exterior, o seu rosto "público". Também indica a(s) profissão(ões) que você pode escolher, ou aquilo pelo que gostaria de ser reconhecido. A sua direção, o que você aspira na carreira e a sua vocação em potencial são mostradas aqui, mas as outras partes do mapa também são importantes. Touro no MC indica uma pessoa determinada a alcançar metas materiais, provavelmente bastante disposta a trabalhar duro; um MC em Gêmeos sugere um trabalho voltado para a palavra escrita ou falada, uma pessoa que tem a comunicação como uma área fundamental na vida.

A imagem que você apresenta ao mundo normalmente não é a mesma do seu eu pessoal. Se você não tem certeza, pense em como você age quando está próximo de um professor ou de outra autoridade, ou numa entrevista de emprego, e compare esse modo de agir com a maneira como age quando está em casa.

O Meio do Céu também é a sua percepção e experiência de um dos seus pais, ou dos dois – o que não tem necessariamente a ver com o modo como eles realmente são. Além disso, o MC representa a experiência específica que temos da nossa mãe – ou da mulher mais significativa na nossa infância e juventude. O MC do mapa de estudo está em Áries.

O IC (*Imum Coeli*) ou Fundo do Céu

■ **Vida pessoal, heranças, segurança emocional**

Assim como o Descendente está para o Ascendente, o IC está para o MC – é o ponto oposto do eixo, diretamente oposto ao MC. É fácil nos esquecermos do IC, já que nem sempre ele é representado nos mapas gerados por computadores. Se for esse o caso, sugiro que você o desenhe à mão numa cópia impressa do mapa. O IC do mapa de estudo está em Libra a 0°51' e cai na casa 3, diretamente oposto ao MC em Áries na casa 9 (ilustrado no Capítulo 2, página 50).

O IC trata da sua vida pessoal interior e das suas heranças ancestrais. Esse ponto sensível do mapa reflete as experiências da sua infância, que, num nível pessoal e até inconsciente, afetam as suas ideias sobre o tipo de família ou lar que você deseja – ou, no mínimo, os seus ideais relacionados a essas coisas. Não importa se você conheceu seus avós ou se pesquisou sobre os seus ancestrais; as influências do passado são parte de quem você é e de quem você pode se tornar. Quem tem o MC em Touro tem o IC em Escorpião. Esse posicionamento sugere um interesse natural em investigar o passado, ou indica a existência de segredos ou coisas ocultas na família da infância. Sagitário no IC, com Gêmeos no MC, indica que o ambiente familiar da infância era cheio de liberdades e com poucas restrições – e talvez poucas regras! Pode ser que a família viajasse ou mudasse de casa com frequência durante essa época.

O signo e a casa do IC expressam o que nos deixa seguros e nos completa; essas coisas, por sua vez, afetam a nossa direção na vida, demonstrada pelo MC. O IC também normalmente descreve a percepção que a pessoa tem de seu pai. Mesmo que você seja filho de mãe solteira, o IC pode descrever sua fantasia ou suas impressões sobre o pai ausente.

AS CASAS DE 1 A 12

As primeiras seis casas representam o nosso desenvolvimento pessoal. As outras seis representam o desenvolvimento das nossas relações com os outros e com o mundo. Apresento dois exemplos de planetas em cada casa.

Casa 1
Casa natural de Áries, Marte é seu regente natural • Casa de fogo cardinal
- Abordagem pessoal • Aparência • Primeiras impressões que você causa • Abordagem do que é novo

A casa 1 é, na verdade, uma extensão do Ascendente. Além dos significados descritos anteriormente na seção "Ascendente", a casa 1 mostra como você começa a sua jornada pela vida, depois do nascimento. Cada nova fase da sua vida é iniciada com certas atitudes ou expectativas, até mesmo inconscientes, de como tal experiência será. Essa abordagem cresce junto com você. Se você for capaz de imaginar como era antes de nascer, flutuando na escuridão oculta do útero da sua mãe – antes de ser dotado de uma identidade particular e de ter qualquer responsabilidade –, a casa 1 ilustra a maneira pela qual você começou a desenvolver uma identidade própria após o nascimento.

Uma maneira de interpretar a vida é vê-la como uma jornada de descobertas no mundo onde você nasceu. O Ascendente e a casa 1 mostram como você embarca nessa jornada. Lembre-se de que a posição do Sol no mapa revela o desenvolvimento da sua própria identidade. A diferença entre o Sol e o Ascendente é que o Sol mostra o que você tenta ou quer ser, para manifestar o indivíduo único que você é; ao passo que o Ascendente ilustra como você cumpre essa missão. Você também tende a se identificar com o seu Ascendente, já que ele é o que você projeta no mundo e é intrínseco à sua personalidade.

A aparência do seu rosto, do seu corpo e da estrutura do seu esqueleto, assim como a sua postura e o seu jeito de se movimentar, são descritos até certo ponto pela casa 1 e pelo Ascendente. O seu "visual" também tem a ver com a casa 1 – a imagem pessoal que você decide criar. Num extremo, você pode não ligar nem um pouco para a sua aparência. No outro, pode decidir fazer uma cirurgia plástica no rosto, coisa que muda radicalmente a sua imagem. Entre os dois, você pode ter uma consciência sensível de como você é, ou talvez reinventar-se periodicamente.

Os planetas aqui geralmente indicam a tendência a tomar a iniciativa e a agir subjetivamente, por ser a casa 1 a casa natural de Áries. Isso depende de quais planetas ocupam a casa 1, já que eles podem ser bem diferentes, Marte na primeira casa, de fogo, está em seu domicílio, mas veja a seguir dois exemplos de como os planetas modificam o significado da casa 1.

Vênus na 1 é normalmente gracioso e charmoso, e é capaz de fazer os outros aceitarem seu ponto de vista. Vênus aqui gosta de caprichar no visual e escolhe suas roupas e acessórios com cuidado.

Saturno na 1 é sério, carrega uma noção forte de responsabilidade e pode se sentir desconfortável quando muito exposto. Não se espera que Saturno se esforce para aparecer, e esta pessoa é bastante reservada, principalmente durante a juventude.

Casa 2
Casa natural de Touro, Vênus é seu regente natural • Casa de terra fixa
- Valores pessoais, segurança material • Bens e dinheiro • Consciência corporal • Capacidades práticas • Desejos e apegos

Se virmos as casas como uma progressão de crescimento, a casa 2 é aquela em que desenvolvemos a noção de posse. Na primeira infância descobrimos que temos um corpo que nos pertence e que esse corpo define a nossa singularidade. Por um lado, essa experiência é incômoda, pois nossa noção inconsciente de estabilidade e segurança era baseada na experiência de estarmos unidos à nossa mãe. Surge então o desejo de possuirmos coisas que possamos chamar de "nossas", que nos devolvam a sensação de estabilidade. Na prática, não é só o corpo físico que nos pertence, mas também os nossos bens – desde os brinquedos da infância até nosso último celular, desde a primeira casa onde moramos até nossos investimentos em ações. E assim por diante.

À medida que você envelhece, seus desejos e afetos – ou a ausência deles – por objetos ou pessoas, e inclusive se existe ou não uma tendência à possessividade, se evidenciam na casa 2. Bens, capacidades, pessoas ou experiências podem surgir na sua vida simplesmente por causa da energia que você coloca no seu desejo por elas, mas esses objetivos nem sempre acabam trazendo a satisfação que você esperava ou idealizava. O modo como você cuida do próprio corpo também é ditado por essa casa, mas há outras casas igualmente relacionadas com seu bem-estar e saúde.

A casa 2 mostra os seus valores em todos os sentidos do termo, entre eles a sua relação com o dinheiro e o papel dele na sua vida. Muitos de nós valorizamos a segurança material, incluindo a aquisição e o gasto de dinheiro; a falta de fundos suficientes pode influenciar uma vida inteira. Mas nossos valores pessoais internos são a base dos materiais externos, e formam uma parte da nossa personalidade; valorizamos a honestidade, a autossuficiência, a confiabilidade ou quaisquer outras qualidades ou atitudes – coisas que podem mudar à medida que amadurecemos.

Nossos recursos pessoais são mostrados aqui também – as qualidades que nos fazem valorizar a nós mesmos e nos dão segurança interna. Você possui recursos naturais que surgem de dentro de você: qualidades como a bondade, a coragem, a capacidade de organização, um dom de cura, um talento para consertar as coisas. A baixa autoestima pode ser um obstáculo gigante, que nos impede de reconhecer nossas habilidades. O conhecimento do seu mapa natal ajuda a identificar seus talentos e capacidades naturais e a saber como desenvolvê-los. Com isso, podemos entrar em harmonia com o nosso próprio ser e nos sentirmos mais seguros – nem sempre uma tarefa fácil, mas que vale muito a pena.

Netuno na 2 não é muito preocupado com os bens materiais ou as necessidades físicas, mas busca um significado interior, se não espiritual, para encontrar sua noção de segurança. Essa pessoa pode passar por altos e baixos nas situações financeiras ou materiais durante a vida.

Júpiter na 2 gosta de adquirir bens e dinheiro e tende a ser generoso. O gosto de Júpiter pela boa vida pode, contudo, resultar em gastos físicos e materiais excessivos.

Casa 3
Casa natural de Gêmeos, Mercúrio é seu regente natural • Casa de ar mutável
- Coisas que se aprendem na infância, escolaridade • Habilidade de comunicação • Tipo de mentalidade • Familiares, vizinhos, localidade • Viagens curtas

---

Depois de adquirir a consciência de que tem um corpo, o próximo passo do crescimento da criança consiste em aprender a andar e a falar na linguagem da família. Seu tipo de mentalidade e sua coordenação física começam a se desenvolver na mais tenra infância. A casa 3 mostra as diferentes formas pelas quais nos comunicamos, tanto verbalmente quanto através da linguagem corporal. Essa casa é conhecida tradicionalmente como a casa da mente racional, ou "o lado esquerdo do cérebro", contrastada à mente mais abstrata ou intuitiva, o "lado direito do cérebro", simbolizada pela casa oposta, a nona. Sua casa 3 indica os meios pelos quais você usa naturalmente a sua mente racional, incluindo a sua capacidade analítica ou pensamento lógico, que é mais fácil para alguns do que para outros.

Nossas experiências no jardim de infância e nas escolas primária e secundária, bem como o local onde crescemos, todos afetam o desenvolvimento do nosso tipo de mentalidade, pois é durante esse período que a nossa mente pensante se forma, se exercita e se concentra. Assuntos e ideias que despertam nosso interesse durante a juventude podem se tornar objetivos de vida ou partes do nosso trabalho. Nossa interação com a vizinhança, as caminhadas que fazemos pelo lugar onde vivemos, indicam quanto "nos sentimos em casa" no lugar onde habitamos na idade adulta.

Nessa casa, as relações iniciais que você tem com seus irmãos ou irmãs se evidenciam, como quer que se desenvolvam nos anos seguintes. A sua percepção subjetiva pode variar de acordo com o lugar que você ocupa na ordem de nascimento dos membros da sua família. Talvez principalmente para os filhos únicos, os amigos de infância sejam o fundamento do aprendizado da socialização na maioridade, mesmo que as amizades formadas na idade adulta pareçam completamente diferentes dos colegas de brincadeira da infância.

É normal que as pessoas pensem que o jeito como elas pensam é o jeito como todos os outros pensam. Criamos o nosso próprio mundo mental a partir das coisas que percebemos, incluindo aquilo que nos ensinam, e que é diferente para cada pessoa. Vale a pena lembrar quão diferentes eram e são os modos de pensar das pessoas de outras culturas ou eras. Alguns padrões de pensamento ou fala adquiridos na infância são difíceis de serem descartados – mas certamente não impossíveis. A mente pensante da casa 3 de Gêmeos pode ser flexível!

Quíron na 3 sugere a possibilidade de dificuldades de comunicação durante a infância, na escola ou com algum irmão. A pessoa talvez ache que, de algum jeito, é diferente de seus contemporâneos. Mal-entendidos podem ser resolvidos com conversas francas.

Lua na 3 precisa saber, e tende a questionar quase tudo. Trata-se de uma mente inquisitiva e curiosa, até fofoqueira! A Lua aqui fala bastante e adora expressar suas opiniões pessoais.

Casa 4
Casa natural de Câncer, seu regente natural é a Lua • Casa cardinal de água
- Raízes culturais e familiares, influência do lar da infância • Experiência do pai • Privacidade, vida emocional interna

Todas as casas de água têm uma qualidade de profundidade, complexidade e mistério, como nossas emoções. A casa 4, casa natural de Câncer, é particularmente pessoal, sendo a base do mapa, e simboliza os ciclos da nossa vida, do começo ao fim. O desenvolvimento da sua vida emocional quando criança é inicialmente baseado não só nas suas tendências inerentes, mas no tipo de história familiar que você teve. Quer venha de uma família de laços fortes ou tenha se distanciado física ou emocionalmente de seus familiares, seu passado certamente exerceu influência na formação das suas reações e necessidades emocionais. Há aqui certa semelhança com o IC, mesmo que ele não caia nessa casa. Um IC na casa 4 dá ainda mais ênfase a esta, mesmo que ela esteja vazia (ou seja, sem planetas).

Os planetas da casa 4, ou o signo da sua cúspide, indicam como você busca a paz interior, escapando ou se fechando no seu mundo interior, independentemente do que esteja acontecendo no mundo exterior. Isso pode ser mais ou menos importante para você em diferentes períodos da sua vida. Pode acontecer de sua noção de segurança emocional depender intensamente de quão confortável você se sente por dentro, ou de quanto você sente que se integra harmoniosamente com as circunstâncias em que vive.

O tipo de lar ou vida doméstica que você tem ou busca ter quando adulto também é indicado aqui, incluindo a influência do passado sobre a sua atitude diante da propriedade de bens imóveis. Quanto é importante para você entender de onde veio, ou pesquisar sobre os seus ancestrais, aparece nessa casa; uma casa 4 movimentada também pode indicar um interesse pela história em geral.

Essa casa também reflete a essência do seu relacionamento e da sua experiência com o seu pai. Ele pode ter sido uma parte importante da sua infância, ou pode não ter estado muito presente – mas, independentemente disso, você quando criança buscava um Pai, ou um ideal de Pai, para lhe dar segurança emocional.

Aprender o que é valioso para nós em nossas experiências passadas também é um potencial da casa 4.

Mercúrio na 4 mostra um passado familiar no qual a educação ou a discussão eram valorizadas. Esse é um lugar que faz Mercúrio pensar, resultando numa pessoa propensa a refletir sobre suas experiências.

Urano na 4 indica experiências de distúrbios ou excitações no ambiente familiar; um parente com uma profissão incomum ou técnica; ou um distúrbio rebelde ou de independência na personalidade durante a juventude – ou todos os três.

Casa 5
Casa natural de Leão, o Sol é seu regente natural • Casa fixa de fogo
- Autoexpressão, criatividade pessoal • Filhos, crianças • Jogos de azar, correr riscos • Casos amorosos, lugares de entretenimento, prazer • Crença em si mesmo

Da casa 4, privada e reflexiva, para a energia criativa liberada pela casa 5, intervém a necessidade de autoexpressão. As formas pelas quais as pessoas encontram sua felicidade pertencem a essa casa. Qualquer coisa que você crie, que veio do seu eu interior ou da sua inspiração, faz parte do tema. Assim como seu signo natural, Leão, é nessa casa que você pode vivenciar a espontaneidade e a simplicidade amorosa – modo comum de ser das crianças novas – só pela felicidade de estar vivo e amar a vida.

A relação com os seus filhos, se você os tem, está indicada aqui. Isso inclui o seu desempenho como pai ou mãe e de que forma você se relaciona com crianças de um modo geral.

Existem, é claro, muitas outras maneiras de "dar à luz" além da forma física. Um artista dá à luz o seu quadro; um homem de negócios, o seu plano criativo; um estudante, o seu projeto. Mesmo que implique um esforço considerável, o processo por trás dessa experiência pode ser por si só prazeroso.

A casa 5 mostra onde estão as suas paixões, desde a excitação do romance até a descoberta de algo há muito procurado – que são a mesma coisa para algumas pessoas!

Essa casa trata essencialmente do nosso jeito de sermos diferentes de todos os outros, de sermos indivíduos únicos e distintos. As formas particulares de entretenimento são as mais diversas possíveis: experimentar pratos novos na cozinha, tocar um instrumento, sair para dançar, assistir a um concerto... A casa 5 é a casa da alegria, onde nos sentimos livres para sermos nós mesmos e fazermos o que quisermos. É aquilo que gostamos de fazer ou vivenciar, aquele lugar onde somos iluminados pelos nossos próprios holofotes e sabemos que somos especiais.

A casa 5 é onde se evidencia a atitude de correr riscos. Os jogos de azar são atividades da casa 5, e não existem garantias na vida. Começar um novo romance é correr um risco, mas um grande prazer em potencial. De certa maneira, tudo o que fazemos na vida é um risco que corremos – nada é certo ou garantido. A casa 5 deseja intensamente que você tenha coragem de seguir seu coração. Aqui você exercita a sua autoconfiança e acredita em si mesmo.

A pessoa com *Sol na* 5 "sabe" que é especial, na maioria das vezes pelo menos. É uma pessoa naturalmente segura de si, qualidade modificada pelo signo onde está o Sol. Tem um orgulho forte e é possível que tenha de se esforçar para exercitar a sensibilidade para com os outros. No geral, é uma personalidade calorosa.

Marte na 5 valoriza a honestidade ao extremo. Enérgico e incansável, o Marte aqui precisa de atividades físicas e é propenso a gostar de esportes. Divertir-se é importante, e essa pessoa faz questão disso.

Casa 6
Casa natural de Virgem, seu regente natural é Mercúrio • Casa de terra mutável

- Atitude perante o trabalho e os colegas de trabalho • Rotinas, deveres, aquisição de resultados • Detalhes, pensamento crítico, perfeccionismo • Saúde, serviço • Ofícios, artesanato, hobbies

A casa 6 não é de se exibir, mas se ocupa com padrões de hábitos e rotinas de comportamento na sua vida diária, prática que forma uma base para terminar as coisas que foram iniciadas. Atividades regulares como tomar banho toda manhã, ou levar o cachorro para passear, dão forma e contenção para a vida das pessoas. Esta não é uma das casas mais excitantes, mas sem seus temas nada funcionaria direito.

Esta casa terrestre está associada ao trabalho – mas com o método com o qual você trabalha, não com o trabalho que você escolhe, que depende mais das outras casas e do MC. Isso inclui as suas interações com colegas ou clientes, os quais não são necessariamente seus amigos. As pessoas com uma casa 6 cheia têm uma forte noção de dever, quase sempre ficando até tarde no trabalho para terminar o que for necessário. Sua capacidade de pensamento crítico e de precisão detalhada é apreciada pelos outros, tanto pessoalmente quanto no trabalho. Alguns têm talento para trabalhos manuais, ou capacidades técnicas. Também é uma casa de serviços, como a casa 12, mas de um modo diferente. Todos servem alguém de uma forma ou de outra; então na casa 6 há uma ênfase nos serviços práticos, e em organizar a vida para que ela possa servir bem a você. Os planetas na casa natural de Virgem não são todos interessados no seu próprio bem, mas a pessoa sabe tirar o melhor das situações, quaisquer que sejam elas, de forma a tomar conta de si mesma.

Pode parecer um tanto tedioso se você não tem nenhum planeta aqui, mas o realismo da casa 6 indica que os objetivos são quase sempre alcançados. Isso normalmente faz a pessoa se sentir bem – o que melhora o bem-estar e a saúde, outro foco da casa 6. Manter o corpo e a mente saudáveis, por meio de atividades físicas e uma dieta balanceada, é uma das preocupações dessa casa. Isso pode se evidenciar quando a pessoa decide não dirigir nem usar transporte público, mas ir aos lugares a pé ou de bicicleta quando possível, praticar meditação ou estudar algum tipo de cura, como *hobby* ou como treino para o trabalho. Expressar de algum modo o seu eu interior nas suas atividades regulares, em vez de simplesmente cumprir tarefas, traz uma sensação de contentamento e aumenta a sua noção de estar no controle da sua vida.

Sol na casa 6 é bem diferente do Sol na casa 5, já que mantém o pé no chão, não chama atenção, e prefere simplesmente continuar com a tarefa que está fazendo. Sua alta expectativa pode torná-lo autocrítico. Esse Sol precisa aprender a ser mais tolerante consigo mesmo.

Plutão na 6 aborda a vida, principalmente no trabalho, com uma intensidade quase fanática, principalmente quando há um prazo. Mas isso serve como motivação, pelo menos. Felizmente, é muito provável que essa pessoa tenha uma boa constituição.

Da casa 7 até a 12 o mapa deixa de referir-se à vida interior e passa a referir-se à vida exterior. Se as primeiras seis casas tratam do nosso desenvolvimento como indivíduos, as outras seis mostram como podemos continuar a nos desenvolver, particularmente por meio do nosso relacionamento com os outros e com o mundo exterior, à medida que eles nos afetam e nos transformam. Na roda do mapa, cada uma dessas seis últimas casas ecoa algo das casas opostas. Cada par de casas representa dois lados diferentes do mesmo tema.

Casa 7
Casa natural de Libra, Vênus é seu regente natural •
Casa de ar cardinal
- Relacionamentos individuais, parcerias, casamento • Dar e receber amor • Inimigos conhecidos, adversários

Diretamente oposta à casa 1, do desenvolvimento pessoal, a casa 7 representa o nosso desenvolvimento por meio dos outros. A cúspide da casa 7 também é o Descendente e a casa natural de Libra, com ênfase nos relacionamentos. Às vezes esta casa é chamada de casa do casamento, embora não se refira apenas ao casamento ou aos relacionamentos românticos. Todos os tipos de relações individuais significativas estão representados aqui: amigos próximos, colegas de trabalho, seu terapeuta e assim por diante. Esta casa enfoca as parcerias de longo prazo, e não encontros momentâneos, enquanto a casa 5 é a casa dos casos amorosos, que para muitas pessoas não são a mesma coisa que parcerias comprometidas ou casamentos.

Os relacionamentos são muito importantes para a maioria das pessoas, mas por que nos sentimos atraídos por alguns e não por outros? Uma das respostas é que a pessoa pela qual sentimos atração normalmente possui as qualidades que não expressamos com facilidade, quer as admiremos, quer não. Você há de perceber que alguns traços de personalidade ou capacidades são difíceis de expressar – mas a vida, de algum jeito, parece colocar você em contato com eles nas pessoas que você conhece. Um psicólogo diria que tendemos a projetar nos outros qualidades que rejeitamos inconscientemente em nós mesmos, o que talvez seja uma das coisas que fazem da paixão algo tão poderoso. Como exemplo simples, se você tem Câncer na cúspide da casa 7 (Descendente), pode ser que não perceba que tipo de pessoa você é, ou simplesmente não pense muito nesse assunto. Pode ser que um envolvimento com uma pessoa sensível e bondosa seja necessário para torná-lo consciente disso em si mesmo.

Cada signo do zodíaco pode ser atraente ou o contrário para o seu signo oposto; às vezes, pode ser ambos. Seus oponentes, ou mesmo seus inimigos conhecidos, podem ser uma parte da sua casa 7, principalmente se você antipatiza instantaneamente com alguém. Planetas na casa 7 podem aumentar a complexidade e os interesses relacionados a essa casa. Um sábio disse certa vez: "Os relacionamentos não têm por única finalidade encontrar a felicidade, mas também nos fazer crescer".

Isso também se aplica às amizades. Um amigo verdadeiro não só partilha dos altos e baixos da nossa vida, mas também sente que tem o direito de apontar os nossos erros e estimular as nossas capacidades. Isso nem sempre é bem-vindo, mas nos faz pensar.

Vênus na 7 é forte na sua casa natural e indica que você provavelmente é uma pessoa querida. Prefere trabalhar e viver com outras pessoas, ou com um parceiro, em vez de sozinho. Você se sente atraído por pessoas criativas, que o inspirem.

Júpiter na 7 sempre atrai pessoas e experiências de vida que têm o potencial de expandir seu conhecimento ou lhe mostrar coisas novas. Você se sente atraído por pessoas de culturas ou histórias diferentes.

Casa 8
A casa natural de Escorpião, seus regentes naturais são Marte e Plutão • Casa de água fixa
- Conexões profundas, sexualidade • Poder e controle, morte e renascimento • Segredos, assuntos ocultos, pesquisas • Finanças em conjunto, heranças

Pode ser que você tenha ouvido falar que a casa 8, a casa natural de Escorpião, é a "casa da morte e do sexo". Esses assuntos profundos de fato fazem parte do significado enigmático da aquosa casa 8. Esta casa está relacionada com experiências que potencialmente nos transformam de dentro para fora, ou que mudam o rumo da nossa vida, mas não constantemente. Certas pessoas com planetas na casa 8 passam perto da morte, às vezes durante a juventude. A casa 8 trata do lado oculto da vida, como as relações de "alma" e sentimentos de paixão, ou da sexualidade como um meio de se unir, tornar-se um com outras pessoas. A pessoa com planetas na casa 8, a casa dos desejos intensos, em regra não se satisfaz nem um pouco com aventuras sexuais de uma noite, mas às vezes as experimenta para saber como são.

Experiências profundas na idade adulta podem despertar ódios reprimidos da infância. Com uma casa 8 forte, você vai se ver cara a cara com circunstâncias que desafiam a sua capacidade de autocontrole. Novas ideias sobre antigos problemas sem solução, principalmente os que têm a ver com poder e controle, podem mais dia menos dia trazer oportunidades de aceitação e renovação, desde que as dificuldades ou as perdas sejam encaradas e assimiladas.

Nas profundezas dessa casa encontram-se segredos de todo tipo – os tradicionais esqueletos no armário. Se você não tem nenhum, é um caso raro. Para algumas pessoas é como se seu destino inevitavelmente envolvesse experiências difíceis que as obrigam a fazer contato com uma parte mais profunda do seu ser interior. Talvez seja por isso que muitas pessoas com a casa 8 ocupada são atraídas por investigações e pesquisas, pela psicologia ou pelo oculto, ou expressam sua preocupação com a crise ambiental.

A casa 8, oposta da 2, também tem a ver com as finanças – não as finanças pessoais, como a casa 2, mas com o papel que o dinheiro desempenha na relação entre a pessoa e os outros, principalmente os parceiros românticos ou sócios comerciais. Todos os tipos de finanças são controlados por essa casa: dos impostos às heranças. O dinheiro pode ser visto como um símbolo dos recursos interiores que você valoriza, ou como um fim em si mesmo. Sua crença em si mesmo, sua coragem e sua capacidade de juntar forças para sobreviver às turbulências, tudo isso será posto à prova na sua casa 8.

Lua na 8 sente tudo intensamente, mas é uma pessoa muito reservada que tende a resguardar seus sentimentos pessoais e é boa para guardar segredos. Precisa tomar cuidado para não ser dominada por seus sentimentos, e pode ser um amigo ou amante profundamente dedicado.

Vênus na 8 pode ter paixões conflitantes, principalmente se a pessoa tem inseguranças emocionais. Os sentimentos podem ser tão fortes que a inveja e outras emoções poderosas poderão vir à tona nos relacionamentos íntimos ou nos assuntos financeiros. Exercitar a segurança interior acalma, mas nem sempre é fácil, embora não seja impossível.

Casa 9
Casa natural de Sagitário, Júpiter é seu regente natural • Casa de fogo mutável
- Religião, lugares de adoração • Lugares de educação superior, de direito ou política • Destinos longínquos, a jornada da vida

A casa 9 se caracteriza por uma exaltação espiritual tangível. Os pensamentos abrangentes refletidos pela casa natural de Sagitário são mais filosóficos do que emocionais por natureza. Esta casa se interessa pela busca de revelações sobre como o mundo funciona e sobre a jornada da vida em si. Experiências de todo tipo são desejadas por esse intrépido viajante das estradas da vida. Esta casa também inclui algumas indicações de profissões.

Os planetas aqui sugerem quais áreas da vida relacionadas com a casa 9 são do seu interesse. Algumas pessoas com planetas na casa 9 podem trabalhar ou ter algum contato com universidades ou centros de educação superior, instituições religiosas, na área de viagens ou de publicações ou departamentos governamentais. Qualquer coisa que expanda os seus horizontes, incluindo os ideais ou princípios da lei ou da política, pode se tornar um foco de atenção em pontos diferentes da sua vida.

Uma consciência abrangente do mundo e do lugar que você ocupa nele pode indicar uma paixão pela exploração e levá-lo a viajar entre continentes em busca de aventuras. A educação de nível superior também é de grande importância se esta casa for ocupada. Um dos prazeres da casa 9 é debater assuntos profundos, como a espiritualidade ou as diferentes percepções sobre o sentido da vida. Esta casa mutável é aberta para muitas nuances de opinião, e exposições sobre filosofia durante horas pode aumentar o estoque de conhecimento da casa 9.

Aqueles com a casa 9 ocupada passam bastante tempo refletindo sobre o que *realmente significa* a vida – ou as experiências recentes. Enquanto a casa 3 demonstra um talento para trazer à tona os detalhes das situações, a casa 9 sempre recua um passo para ver o panorama geral, o que pode ser difícil para quem queira discutir pontos específicos de uma situação com uma pessoa de casa 9 forte.

As pessoas de casa 9 têm generosidade de espírito e afeto pela família, mesmo que sejam muito ocupados para manter contato. As relações com os pais do parceiro romântico são tradicionalmente associadas à casa 9.

O conceito do frade mendicante dos tempos antigos pode atrair as pessoas com planetas nessa casa. Isso pode virar um compromisso com uma jornada ou descoberta espiritual, ou se traduzir num período vivendo fora do país.

Plutão na 9 dá mais profundidade aos pensamentos filosóficos, o que pode levar a percepções significativas. Mesmo essa pessoa tendo princípios fortes, é possível que eles sofram uma total reviravolta em algum momento da vida.

Saturno na 9 pode questionar a ideia de que a vida tem algum significado. O sentido da vida será um tema de interesse, e o Saturno aqui investigará diferentes crenças com típica minúcia. É possível que conclua que certa crença faz sentido ou, inversamente, que a vida não possui significado algum.

Casa 10
Casa natural de Capricórnio, seu regente natural é
Saturno • Casa de terra cardinal
- Trabalho, carreira profissional, rumo na vida • *Status*, imagem pública, reputação • Experiência com a mãe • Atitude perante autoridades

A casa 10, no topo do mapa, representa as nossas maiores ambições mundanas, a carreira, nossas escolhas, o salário que desejamos e nosso *status* social. Há uma forte ligação com o MC, principalmente se o MC estiver no mesmo signo que a cúspide da casa 10, independentemente da casa em que o MC estiver. Se os signos forem diferentes, as qualidades dos dois estarão presentes nas escolhas que você fizer na vida, ou você pode seguir mais de um caminho. A casa 10 não é a única que indica a carreira no mapa, mas é de grande importância.

Encontrar um rumo para a sua vida é muito importante se você tem planetas aqui, principalmente se você está desempregado por algum motivo, ou se o seu trabalho atual não proporciona maneiras de crescer. As suas expectativas para o futuro, e quanto são levadas a sério, também são indicadas pela casa 10. Para compreender o quadro geral, reveja a casa das influências familiares, a casa 4. As suas atitudes e crenças dão tom às suas escolhas, bem como às suas capacidades naturais e habilidades adquiridas. Sua mãe, ou quem mais cuidou de você durante a infância e o ajudou a formar a sua personalidade, influencia seu eu adulto.

Os planetas na casa 10 dão mais pistas sobre o tipo de trabalho ou profissão pelos quais a pessoa se sentirá atraída, e que incorporarão as suas qualidades pessoais. Estas se aprimoram com a maturidade. Esta casa, natural de Capricórnio, se caracteriza pela disciplina e determinação, mas a capacidade de demonstrar essas qualidades depende do mapa como um todo. Para muitas pessoas, a carreira não "acontece" simplesmente, mas leva anos de esforço para ser estabelecida. Para outros, a incerteza quanto ao trabalho e onde investir energia pode ser motivo de ansiedade.

Merecer o respeito dos outros e de si mesmo é importante para a casa 10. Isso se aplica a muitas pessoas, até para aquelas que desprezam a autoridade ou que parecem não se importar com o que os outros pensam. O jeito que você escolhe se apresentar, tanto na aparência quanto na atitude, afeta o seu *status* no mundo e reflete o seu eu interior.

Urano na 10 é exótico de algum modo. Trabalhos autônomos ou incomuns podem fazer parte da vida dessa pessoa. O Urano aqui quebra muitas convenções, como hábitos de moda ou atitudes convencionais – e cria seu próprio caminho original na vida.

Marte na 10 reserva bastante energia para aquilo que faz e tem reputação de trabalhador e ambicioso. Marte deseja ser visto como indivíduo e não gosta de limitações. É importante respeitar aqueles que têm autoridade, pois, sem esse respeito, dificuldades de comunicação podem surgir.

Casa 11
Casa natural de Aquário, seus regentes naturais são Saturno e Urano • Casa de ar fixo
- Amigos, grupos, ideais compartilhados • Consciência humanitária ou política • Desejos, objetivos • Invenções, revolução

Na casa 11 há uma consciência clara do mundo fora do indivíduo. Aqui não é só a sua situação que o preocupa, como na casa 5, a casa da criatividade individual, mas sim a sua conexão com os outros. Na casa 11 os grupos aos quais você pertence, seu círculo de amizades, as pessoas com as quais você compartilha objetivos, interesses e ideais são todos muito importantes. Na casa natural de Aquário existe um forte sentimento de humanidade e desejo de fazer parte de algo maior do que nós.

Se você tem planetas aqui, eles indicam os tipos de interesse que você tem por questões maiores, como problemas humanitários, política ou projetos altruístas. A casa 11 enfoca os problemas locais, nacionais ou globais. Se a sua casa 11 estiver ocupada, é possível que em algum ponto da sua vida você se envolva em campanhas, causas ou em ações revolucionárias; ou contribua financeiramente para alguma dessas coisas; ou simplesmente exponha a sua opinião frequentemente para os outros.

A casa 11 é a casa do visionário, cujas ideias e objetivos estão sempre adiante do seu tempo, principalmente se houver planetas ali. Se você é esse tipo de pessoa, sua tendência de planejar o futuro precisa ser acompanhada de flexibilidade caso as coisas não aconteçam da maneira que esperava. Isso não é fácil para aqueles com ênfase nessa casa fixa, com suas convicções difíceis de mudar. No nível social, você talvez favoreça uma sociedade utópica – o que quer que isso signifique para você.

O círculo de amizades da pessoa de casa 11 forte é composto por indivíduos de muitas áreas diferentes da vida. A pessoa vai partilhar suas esperanças e desejos com amigos e honrará da mesma forma as esperanças e desejos deles. As pessoas que conhecem você apenas socialmente, como seus colegas de trabalho, à medida que o conhecerem melhor perceberão que você não reluta em contribuir pessoalmente em grupos que tenham interesses em comum.

Sua atitude perante as questões sociais se evidencia nesta casa – quer você seja a favor do progresso e da reforma, quer as preocupações sociais não lhe interessem em absoluto. Quem tem planetas na casa 11 provavelmente terá a necessidade de influenciar as atitudes coletivas e deixar a sua marca no mundo de alguma forma.

Quíron na 11 pode ser muito radical para algumas pessoas e pode ter algumas de suas ideias rejeitadas. Pode se sentir como um estranho em seus grupos, principalmente se o assunto em questão for alguma atividade social mais ampla. Aprender a aceitar as opiniões dos outros, sem abandonar as suas próprias, pode facilitar o seu envolvimento no grupo.

Mercúrio na 11 adora uma boa conversa com gente interessante e passa horas e horas debatendo suas ideias de boa vontade. Os amigos são particularmente importantes para esse Mercúrio. Ele gosta de fazer parte de um grupo ou equipe e é propenso a ser um membro ativo.

Casa 12
Casa natural de Peixes, seus regentes naturais são Júpiter e Netuno • Casa de água mutável
- Busca de integridade, crenças • Cura, assistência • Prisões, hospitais, instituições, abrigos • Escapismo ou reserva • Confusão, vícios, ilusões • Imaginação

---

A casa 12, sendo a casa de água mais enigmática, completa o ciclo das casas antes de o ciclo retornar ao Ascendente. Ela trata do inconsciente coletivo da humanidade. Bem no fundo há uma vontade de voltar ao estado pré-natal, se unindo à fonte da vida. Para a maioria isso é altamente inconsciente, mas se evidencia de muitas formas através das atividades ou do comportamento. Esta é uma casa de sonhos e imaginação, de compulsão ou ilusões, de romance e catarse. Há um impulso para salvar o passado e para deixar de lado os problemas mundanos.

Para algumas pessoas esse desejo leva ao desenvolvimento de crenças e práticas espirituais; outros buscam fugir da realidade terrena. Se houver planetas aqui, é muito possível que você precise de períodos regulares de calma e tranquilidade, ou alguma forma de reclusão quando o mundo parecer muito exigente; pode recorrer às drogas; se refugiar na literatura ou na música; sonhar acordado; desenvolver a intuição ou habilidades paranormais; encontrar o conforto na religião ou na espiritualidade; até mesmo se recolher através da doença. Existem muitas maneiras de encontrar a paz ou de mudar a consciência. Sua casa 6 pode ajudá-lo a se manter na realidade.

A casa natural de Peixes simboliza o oceano e o sonho de viver próximo ao mar ou de se envolver com atividades relacionadas à água. Hospitais, hospícios e prisões são associados à casa 12, quer como locais de trabalho, quer de internação. O serviço relacionado a esta casa é normalmente baseado no desejo compassivo de curar o mundo, o que pode se tornar uma vocação para aprender as artes da cura. Os lugares de adoração são associados com esta casa e com a casa 9. Os lugares de adoração da casa 9 representam os edifícios das religiões do mundo, enquanto os da casa 12 podem ser quaisquer lugares sagrados, desde um bosque até uma sala especial para meditação.

Nos séculos passados, a casa 12 era fatalmente relacionada à autodestruição e aos inimigos ocultos; ai de quem tivesse algum planeta aqui. Hoje em dia a astrologia mais psicológica vê esta casa como um lugar onde diferentes tipos de refúgio se fazem disponíveis quando necessário, reconhecendo ao mesmo tempo que algumas experiências da casa 12 não têm soluções instantâneas. No entanto, o potencial está sempre presente para encontrar algo na vida que nos inspire e fortaleça.

Netuno na 12 está domiciliado. Sua imaginação e possivelmente seu poder criativo de atração são coisas fortes. A necessidade de se recolher também pode ser muito forte, no entanto. Permanecer estável pode ser um desafio.

Lua na 12 não revela suas necessidades emocionais com facilidade e não confidencia aos outros seus sentimentos interiores. É naturalmente compassiva e sai da rotina para ajudar ou oferecer apoio. Às vezes, viver em seu próprio mundo é mais fácil do que encarar a vida.

TAREFA

a. Olhe seu mapa e veja quais casas contêm planetas e quais estão desocupadas. Você se identifica com as descrições das suas casas ocupadas?

b. Identifique, no mapa de estudo de Celeste, as outras casas onde há vários planetas em signos diferentes. Faça o mesmo com seu mapa para consolidar o entendimento.

c. Tente identificar as diferenças entre as cúspides das casas e as cúspides dos signos em todo o mapa de estudo e no seu próprio mapa.

d. Tente interpretar um dos seus planetas na casa onde está, mesmo que a interpretação seja bem básica. Faça o mesmo com outro planeta.

Capítulo **6**

Os Aspectos

as conexões entre os planetas

Alguns astrólogos veem os aspectos como o fator *mais importante* no processo de compreensão da essência do mapa. Os aspectos são relações angulares entre os planetas, ou entre eles e os ângulos, como foi dito no Capítulo 2. Os aspectos entre os diversos planetas e ângulos são os elos que juntam os elementos do mapa, dando-lhe uma estrutura coerente. Não há dúvida de que eles refinam a interpretação do mapa de forma significativa. Com esse último pilar da astrologia natal está formada a base da interpretação do mapa. Cada um dos pilares contribui para constituir o panorama geral da astrologia.

Os aspectos se formam quando dividimos o círculo de 360 graus do mapa por números inteiros de 1 a 12. Nem todos os números são usados habitualmente. Existem cinco aspectos maiores na astrologia, explicados a seguir:

A conjunção (☌), a oposição (☍), a quadratura (□), o trígono (△) e o sextil (✶)

Para servir como lembrete, a conjunção é neutra e divide o círculo por 1. Os outros quatro aspectos são de dois tipos: os aspectos difíceis (desafiadores) que dividem o mapa em 2 (oposição) ou 4 (quadratura);

e os suaves (harmônicos ou fáceis), que dividem o círculo em 3 (trígono) ou 6 (sextil).

OS NÚMEROS

Antigamente, certas pessoas consideravam que os números tinham um significado especial. Esse conceito é uma parte do que chamei de pensamento mágico – no qual se estabelecem correspondências entre ideias aparentemente desconexas. Para entender melhor a natureza dos aspectos astrológicos será útil dedicar um tempinho para estudar o significado dos números neles aplicados.

O número *um*, a conjunção, é obviamente o número da unidade, ou da junção de princípios. Também é a centelha que anima e propicia novos começos.

O número *dois*, a oposição. Nós vivemos num mundo de polaridades. Passamos por isso constantemente, e então acabamos não pensando no assunto: dia e noite, macho e fêmea, bem e mal – é assim que as coisas são. O número dois nesse sentido é um número de princípios e posições opostas.

O número *três*, o trígono, trata de unir dois princípios para criar um terceiro, que é uma energia harmônica e fluida. É associado à alegria, ao prazer e ao nascimento em seus sentidos mais abrangentes, sendo um número que representa a criatividade e as capacidades inatas.

O número *quatro*, a quadratura, é composto de 2 × 2. O símbolo da Terra é uma cruz regular dentro de um círculo: ⊕ – o espírito manifestado. Reveja o Capítulo 3 que aborda os planetas, na parte sobre os símbolos planetários (página 73), para uma explicação mais completa. Quatro é o número da realidade concreta, que costuma se manifestar como uma tensão interior. Essa energia dinâmica nos leva a confrontar dificuldades e tentar aproximar fatores contrastantes.

O número *seis*, o sextil, é composto de 2 × 3. É uma combinação das qualidades dos dois números, e simboliza tanto o esforço quanto a harmonia. Mesmo considerado um aspecto harmonioso, necessita de um pouco mais de esforço do que o trígono para ser ativado.

A tabela abaixo resume o que foi dito. O termo "orbe" será explicado na página seguinte.

OS ASPECTOS MAIORES: ORBES					
Aspecto	Divide o círculo por	Graus de separação	Símbolo	Tipo de aspecto	Orbe
Conjunção	Um	0°	☌	Neutro	8°
Oposição	Dois	180°	☍	Difícil	8°
Trígono	Três	120°	△	Fácil	8°
Quadratura	Quatro	90°	□	Difícil	8°
Sextil	Seis	60°	✶	Fácil	4°

Para identificar um aspecto contam-se os graus entre um planeta e outro, ou entre um planeta e o Ascendente ou o MC. Antes de os programas de computador tornarem esse processo obsoleto, era assim que os astrólogos calculavam os aspectos. Existem truques para fazer isso mais rápido, como contar a distância entre dois planetas usando os signos, coisa que facilita o processo. Por exemplo, se um planeta está em Áries e o outro está em Câncer, eles estão em quadratura um com o outro. Dessa forma, os graus entre os planetas podem ser facilmente calculados. A conjunção, obviamente, é fácil de identificar, assim como a oposição.

Os planetas envolvidos num(a):

- *conjunção* estarão no mesmo signo;
- *oposição* estarão em signos opostos na mesma polaridade;
- *quadratura* terão uma distância de três signos entre si e estarão no mesmo modo;
- *trígono* terão quatro signos de distância entre si e terão o mesmo elemento;
- *sextil* estarão a dois signos um do outro e na mesma polaridade.

Existem exceções ocasionais a essa regra.

Os principais aspectos difíceis do mapa indicam os desafios e o potencial que os mesmos oferecem para o desenvolvimento pessoal. Esses aspectos são normalmente desenhados em vermelho ou em preto. Os principais aspectos fáceis mostram as maneiras pelas quais as pessoas se divertem e desenvolvem suas capacidades. Esses aspectos são desenhados em azul.

OS ASPECTOS MENORES

Existem outros aspectos usados na astrologia. Em geral, eles são chamados de aspectos menores, embora nem todos os astrólogos os definam como tais. Os aspectos menores mais importantes são:

a *semiquadratura*
a *sesquiquadratura*
o *quincunce*
o *semissextil*

Alguns desses aspectos estão presentes no mapa de Celeste, e pode ser que estejam no seu mapa também. Nesse caso, você os verá na sua tabela de aspectos; eles serão estudados com mais atenção no Capítulo 12.

OS ORBES

Ao calcular os aspectos, os astrólogos trabalham com certa margem, pois os aspectos nem sempre se formam entre dois planetas que estão *exatamente* no mesmo grau e minuto. Um aspecto só é considerado exato se há um grau ou menos de distância entre os dois planetas ou entre o planeta e o ângulo. Isso se aplica a todos os tipos de aspecto.

Orbe é o nome dado à variação aceitável de graus em relação ao aspecto exato. Diferentes astrólogos admitem orbes diferentes. Aqui, admitiremos um orbe de oito graus para as conjunções, oposições, quadraturas e trígonos, e de quatro graus para os sextis. Os sextis têm apenas dois signos de separação; por isso, o orbe deve ser menor.

Quanto mais exato é um aspecto, mais importante ele é no mapa e, por consequência, no significado relativo ao caráter da pessoa. Se dois planetas estão em aspecto, mas o orbe é grande, ainda há um efeito no significado do mapa, mas menos intenso. Os tipos de aspecto também variam em força. Uma conjunção, principalmente exata ou com orbe muito pequeno, será mais perceptível no caráter da pessoa do que um trígono ou uma quadratura. Perceber quanto os aspectos maiores são exatos é um grande passo no processo de compreender o equilíbrio do mapa: o que é importante e o que não é.

Os aspectos são arrolados na tabela de aspectos e também em forma de linhas que cruzam o mapa. Um detalhe sobre a tabela de aspectos: os números apresentados debaixo do símbolo do aspecto são os graus e minutos do orbe. Entre os graus e minutos há uma letra – ou "A" ou "S". Isto simplesmente diz se os dois planetas estão se aplicando (se aproximando do aspecto exato) ou se separando. Você pode ignorar essa regra, já que esse detalhe não é muito importante neste momento.

Por exemplo, o Sol em conjunção com Júpiter: se o Sol estiver a dez graus de Aquário e Júpiter estiver a oito graus do Sol em qualquer direção – de 2 a 18 graus de Aquário –, os dois planetas estarão em conjunção. Os orbes funcionam assim com todos os aspectos. Dessa forma, quando falamos sobre qualquer aspecto é comum mencionar os planetas na sua ordem natural. Para recapitular, a ordem natural dos planetas é a seguinte:

Sol, Lua, Mercúrio, Vênus, Marte, Júpiter, Saturno, Quíron, Urano, Netuno, Plutão.

Então, não diríamos que o Júpiter está em conjunção com o Sol – não é errado, mas apenas uma convenção.

No mapa de estudo há várias conjunções. Mas, tenha cuidado: você precisa olhar os graus e minutos para ter certeza de que os planetas estão realmente conjuntos. Visualmente, num mapa gerado por computador, pode parecer que os planetas estão em conjunção. Um bom exemplo disso é a aparente conjunção tripla na casa 6, entre Saturno, Urano e Netuno. Saturno em conjunção com Urano em Sagitário é um aspecto exato, porque há menos de um grau entre os dois planetas. Netuno, contudo, está muito longe para se envolver numa conjunção, e permanece sozinho. Isso se vê também na tabela de aspectos. Além disso, Netuno está no signo seguinte, Capricórnio. Isso costuma acontecer em mapas computadorizados, quando há muitos planetas numa casa só e o programa não consegue desenhá-los todos no espaço disponível, tendo que espremê-los, fazendo parecer que há uma conjunção. Nos mapas desenhados à mão, ou num mapa computadorizado copiado à mão, o astrólogo pode alterar o tamanho dos símbolos planetários para tornar o mapa mais claro.

ASPECTOS DISSOCIADOS

Às vezes acontece que um dos aspectos maiores entre planetas, ou entre planetas e ângulos, se forma entre dois signos que, em outra situação, não seriam conectados por aspectos no mapa. Isso ocorre quando um planeta cai no fim de um signo, e o outro planeta, que forma um aspecto com o planeta anterior, cai no começo de um signo. Esse fenômeno é conhecido como *aspecto dissociado* e pode se aplicar a qualquer aspecto.

Usando o mapa de Celeste novamente como exemplo: há alguns aspectos dissociados no mapa, sendo alguns deles as conjunções mencionadas antes. Dê uma olhada no mapa e na tabela de aspectos para identificá-los e repare na quantidade de graus entre os planetas considerados participantes de um aspecto. Você perceberá que os signos não são compatíveis com o aspecto em questão. Por exemplo, a conjunção de dois planetas entre Gêmeos e Touro não é muito confortável. Os aspectos dissociados desse mapa são:

Lua em Gêmeos em conjunção com Júpiter em Touro (☽ ♊ ☌ ♃ ♉)
Mercúrio em Gêmeos em conjunção com Quíron em Câncer (☿ ♊ ☌ ⚷ ♋)
Marte em Peixes em quadratura com Quíron em Câncer (♂ ♓ □ ⚷ ♋)
Saturno em conjunção com Urano em Sagitário em oposição a Quíron em Câncer (♄ ☌ ♅ ♐ ☍ ⚷ ♋)

Além disso, há não menos do que cinco aspectos dissociados em relação ao MC, resultando num total de dez aspectos dissociados. Essa quantidade de aspectos dissociados é bastante incomum num mapa. Isso acontece porque esse mapa tem vários planetas perto do fim ou do começo dos signos, e que estão dentro do orbe de certos aspectos, e o MC a 0° de Áries. Se o aspecto em questão estiver dentro do orbe permitido, ainda é considerado um aspecto.

Seu impacto é mais fraco do que o de um aspecto normal, por causa da dissonância da conexão. Isso traz mais um ângulo para a interpretação. Mas, mesmo quando um aspecto maior é dissociado, ele ainda é importante – principalmente se for dissociado por muito pouco, como no caso de Marte em quadratura com Quíron anteriormente. Uma coisa que pode ser mais complicada, principalmente quando você está começando, é perceber esses aspectos!

OS ASPECTOS MAIORES

Abaixo da descrição de cada aspecto darei dois exemplos diferentes. Os exemplos são apenas tópicos para dar uma ideia de como se interpretam os aspectos.

A maioria dos mapas tem todos ou grande parte dos tipos de aspectos descritos a seguir. Todas as referências aos aspectos entre planetas também se aplicam da mesma forma a qualquer tipo de aspecto entre planetas e ângulos, e será simplesmente referido como um aspecto entre planetas. Todos os aspectos podem envolver mais do que dois planetas, dependendo da situação, como Saturno em conjunção com Urano em Sagitário em oposição a Quíron em Câncer no mapa de estudo. Parece complicado misturar três – ou até quatro, se incluirmos Mercúrio – planetas diferentes, mas isso não é tão difícil de interpretar; não se deixe deter por esse motivo. Uma interpretação que inclui os aspectos importantes do mapa de estudo será dada no Capítulo 13.

Você vai notar que em cada um dos diagramas nas seções a seguir há um pequeno círculo em branco no centro. Isso é o que eu desenharia ao fazer o mapa à mão, mas os programas astrológicos não são capazes de fazer isso. Então, você não verá esse tipo de coisa em mapas computadorizados. Esse círculo está incluso somente como lembrete de que, por mais sábia que seja a astrologia, ela não tem respostas para tudo, e sempre há "algo mais" nas pessoas.

A conjunção: ♂
- Divisão do círculo por um: sem divisão
- Dois planetas com 0° de separação
- Orbe de 8°

Unidade:

Conjunção: 0°

Os princípios ou características dos planetas envolvidos se misturam e não podem ser separados, pois são experimentados pela pessoa como uma só característica. A conjunção é o aspecto mais poderoso do mapa natal e sempre se sobressai, principalmente se o orbe for mínimo. Até mesmo quando o orbe é largo, a conjunção deve ser interpretada como uma unidade, já que normalmente ocorre no mesmo signo e na mesma casa. Essa área da vida da pessoa será muito subjetiva. As conjunções estão presentes em muitos mapas. Uma observação: às vezes dois planetas muito diferentes estão em conjunção, como Vênus em conjunção com Marte. A experiência de uma conjunção desse tipo pode ser tensa, a menos que as duas energias contrastantes encontrem uma base comum na personalidade.

Planetas ascendentes e angulares

Um planeta em conjunção com o Ascendente, esteja ele na casa 1 ou na casa 12, é de importância particular e é chamado *planeta ascendente*. Esse planeta modifica a interpretação do signo ascendente, acrescentando-lhe profundidade ou sutileza, dependendo do planeta em questão. Se o planeta ascendente for forte como Saturno ou Plutão, pode modificar o tom do mapa inteiro. Repare que o mapa de estudo tem o Sol como planeta ascendente.

O planeta ascendente também é automaticamente *angular*. Isso apenas significa que o planeta está a 8 graus ou menos para qualquer lado dos quatro ângulos, e é importante no mapa. O planeta angular pode estar em conjunção com o Ascendente, com o MC, com o Descendente ou com o IC (uma conjunção com o Descendente ou com o IC também pode ser vista como uma oposição com o Ascendente ou com o MC, respectivamente – é a mesma coisa).

Sol em conjunção com Saturno ☉ ♂ ♄
- Quer brilhar, mas não se sente merecedor; noção de identidade fraca ou negada
- Forte autodisciplina e autocontrole
- Atitude séria, quer construir algo na vida

Lua em conjunção com Mercúrio ☽ ♂ ☿
- Pensamento racional combinado inextricavelmente com a emoção e a intuição
- Falador, humor variável
- Boa memória, piadista/contador de histórias, tem as respostas sempre na ponta da língua

A oposição: ☍
- Divisão do círculo por dois
- Dois planetas com 180° de separação
- Inclui planetas em oposição com o MC ou o Ascendente
- Orbe de 8°

Dualidade:

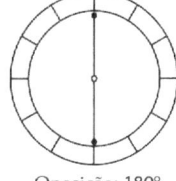

Oposição: 180°

Os planetas participantes estão em signos opostos, contrastando-se, mas complementando-se. A experiência da oposição é uma sensação de estar dividido em dois, como se você pudesse ver tanto a porta da frente quanto a porta de trás da sua casa e não conseguisse decidir por qual das duas sair. Indecisão, descoordenação ou falta de reação são características comuns. Mesmo assim, sempre há um impulso para unir as escolhas ou os pontos de vista divergentes, apesar da dificuldade. Pode ser que você "encontre o seu oposto" nos seus relacionamentos. O que você não reconhece como parte de si mesmo é encontrado em outras pessoas, um fenômeno muito comum! Pode ser que os opostos se atraiam – ou o contrário –, circunstância que é conhecida na psicologia como *projeção*.

Nem sempre é ruim colocar-se abertamente em oposição a outra pessoa, embora às vezes seja difícil reconhecer o valor de tal situação. Se, por exemplo, você tem um amigo que sempre o decepciona, cedo ou tarde você terá de confrontar o problema, aprendendo a discordar ou cortando os laços. Certas pessoas podem bancar "o advogado do diabo" deliberadamente, assumindo o ponto de vista contrário e levando você a perceber os pontos fracos da sua posição. A dinâmica desse aspecto o levará cedo ou tarde a tentar reconciliar os impulsos opostos, tanto dentro de você quanto com as outras pessoas.

Nota: Os eixos naturais entre Ascendente/Descendente, MC/IC e entre os nodos lunares não contam como oposições, a menos que haja planetas em conjunção com uma ou com as duas extremidades do eixo.

Sol em oposição com a Lua ☉ ☍ ☽
- Dividido entre o que quer e o que precisa, entre a autoafirmação e a submissão
- Os pais são divorciados ou cada um deles tinha expectativas diferentes quanto à pessoa na infância
- Os relacionamentos próximos trazem oportunidades para que os pontos de vista dos outros contribuam para formar o ponto de vista da pessoa

Marte em oposição com Netuno ♂ ☍ ♆
- Tem dificuldade para defender a si mesmo ou os seus pontos de vista, permitindo que os outros assumam a liderança
- Tem dificuldade para realizar os sonhos, sente que o mundo conspira contra você
- Defensor dos menos capazes, vontade de ajudar o próximo

O trígono: △

- Divisão do círculo por três
- Dois planetas com 120° de separação, no mesmo elemento
- Orbe de 8°

Harmonia:

Trígono: 120°

Os trígonos do mapa revelam as capacidades e talentos inatos, os traços ou habilidades intrínsecos, em que a pessoa é naturalmente boa. Desde o talento para consertar objetos mecânicos ou o dom de uma voz harmoniosa até a habilidade inata de escutar as pessoas ou de amar os nossos semelhantes, os trígonos ilustram os nossos dons. A experiência e a prática podem refinar essas capacidades, mas mesmo assim não é necessário muito esforço. As formas pelas quais encontramos a simples felicidade na vida são representadas por esses aspectos.

É extremamente útil ver os trígonos como aspectos que mostram nos quais estão a harmonia, a facilidade de expressão e o fluxo positivo de energia, principalmente quando um mapa tem muitos aspectos difíceis.

Um mapa com muitos trígonos e relativamente poucos aspectos difíceis pode indicar um indivíduo sortudo ou que parece ter muitos talentos sem fazer muito esforço. Essa configuração pode, contudo, levar o indivíduo a se acostumar com a vida fácil ou a ter pouca motivação. Muitos preferem não trabalhar a menos que precisem! À medida que uma pessoa dessas cresce e muda durante a vida, pode adquirir mais autoconsciência e mais motivação.

Saturno em trígono com o MC ♄ △ MC
- Saturno, sendo regente natural do MC, é atraído pela obtenção de sucesso no mundo durante a maturidade
- Esforça-se bastante nos estudos ou na carreira para alcançar um objetivo, paciente e estável
- Sente felicidade e satisfação ao ver os resultados do trabalho

Júpiter em trígono com Urano ♃△♅
- Mente aberta, receptivo a novas ideias
- Pode ser pessoalmente criativo e pioneiro
- Adora liberdade e independência, não gosta de restrições

A quadratura: ☐

- Divisão do círculo por quatro
- Dois planetas com 90° de separação no mesmo modo, mas em elementos diferentes
- Orbe de 8°

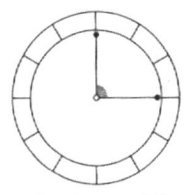

Desafio:

Quadratura: 90°

Como a oposição, a quadratura é um aspecto difícil no mapa natal, com planetas em ângulos retos uns em relação aos outros em elementos diferentes. Enquanto as oposições são polarizadas e costumam ser projetadas nas outras pessoas, as quadraturas tendem a ser sentidas como conflitos entre partes diferentes de nós mesmos. As quadraturas, entretanto, também se manifestam como bloqueios e obstáculos no mundo. Os princípios ou as características dos planetas envolvidos competem entre si.

Conflitos, tensão, estresse e resistência interna geralmente caracterizam as quadraturas. Mas nem todas elas se revelam dessa forma. Por exemplo, as quadraturas envolvendo Netuno e um planeta pessoal costumam ser vivenciadas como ideais surreais, vulnerabilidade ou confusão. As quadraturas que envolvem Júpiter se apresentam normalmente na forma de expectativas exageradas.

As quadraturas nos testam como indivíduos, mas também apresentam oportunidades para o crescimento e para o aprendizado através de circunstâncias frustrantes ou estressantes; e nos ensinam a obter satisfação ao alcançar nossos objetivos. As pessoas buscam *resultados* com as suas quadraturas; a determinação diante dos obstáculos, ou a capacidade de trazer à tona nossas forças interiores, nem sempre surgem em resposta a estímulos mais suaves. As incertezas pessoais e os problemas da vida nos permitem desenvolver nossa compreensão e tomar medidas para nos aproximarmos daquilo que queremos ser.

Lua em quadratura com Saturno ☽ □ ♄
- Emocionalmente reservado e controlado
- Pode sentir que não é digno de ser amado
- Dificuldade para expressar suas necessidades emocionais e perceber as necessidades emocionais dos outros

Vênus em quadratura com Plutão ♀ □ ♇
- O medo da rejeição resulta num comportamento manipulador para conquistar ou não perder a pessoa desejada
- Ama com intensidade, lealdade e paixão. Tem dificuldade para desapegar-se, se prende às memórias
- Dificuldade de se sentir seguro o suficiente para confiar no parceiro; propensão aos ciúmes ou à suspeita; necessidade constante de reafirmação

---

O sextil: ✶   **Recompensa dos esforços:**
- Divisão do círculo por seis
- Dois ou mais planetas com 60° de separação na mesma polaridade
- Orbe de 4°

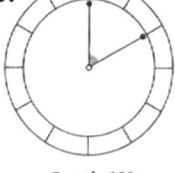

Sextil: 60°

O sextil combina a harmonia do três com a tensão do dois, e um certo esforço é necessário para perceber seu potencial. Os dois planetas estão ambos na mesma polaridade e em signos compatíveis. Dessa forma, suas energias fluem bem quando juntas, e é muito possível que o aspecto tenha efeitos práticos. O sextil normalmente mostra aqueles pontos onde tiramos satisfação de conquistas reais e tangíveis.

Alguns astrólogos não elencam o sextil no mesmo nível dos aspectos difíceis mais dinâmicos. Muitas vezes ele é visto como um aspecto secundário, que dá respaldo aos mais importantes. Embora isso seja verdade em certos casos, já que os aspectos ecoam uns aos outros às vezes, frequentemente é o sextil que, sem muito alarde, dá informações sobre o mapa que não podem ser obtidas de outra forma. Como o trígono, o sextil é um aspecto harmonioso, mas com um quê de dinâmico. Esse aspecto não costuma impor a sua presença ativamente, como a maioria dos aspectos difíceis, mas não deve ser esquecido.

Por exemplo, um sextil de Saturno com um planeta pessoal ou com Júpiter aumenta a autodisciplina ou sugere a capacidade de organizar ou estruturar a vida na área regida pelo planeta em questão. O sextil nos impõe saudáveis limites e nos auxilia a alcançar os nossos objetivos.

Mercúrio em sextil com Vênus ☿⚹♀
- Charme e facilidade de comunicação, sociabilidade e popularidade
- Pensa visualmente, as ideias costumam formar imagens mentais instantâneas
- Tendência a evitar situações desagradáveis quando possível

Marte em sextil com Urano ♂⚹♅
- Prefere agir independentemente, com base nas próprias ideias
- Incansável, gosta de se manter ocupado ou em movimento
- Tem coragem para abandonar as convenções

OS PADRÕES DE ASPECTOS

Há vários padrões ou formas reconhecíveis que podem se formar nos mapas natais de acordo com a disposição dos aspectos. Os importantes serão mostrados aqui, mas existem outros. Os desenhos dos padrões de aspectos atraem o nosso olhar. Muitos mapas têm um ou mais padrões, mas alguns são mais comuns que outros. Todos esses padrões contêm no mínimo três planetas, ou dois planetas mais o Ascendente ou o MC. Os aspectos que ocasionalmente ocorrem entre o Ascendente e o MC não são levados em consideração.

Uma pista para entender os padrões de aspectos são os elementos – fogo, terra, ar e água – ou os modos – cardinal, fixo e mutável – do padrão todo. Repare nisso, observando os signos em que caem os planetas e a quais elementos e modos pertencem esses signos. Por exemplo, um padrão composto por um planeta em Áries, um em Leão e um terceiro em Sagitário terá a natureza do fogo. Esse padrão de aspecto é de fato um Grande Trígono de fogo (ver página 174) e dá a esse mapa uma harmonia natural com o elemento fogo: vontade de explorar, tendência dramática e um entusiasmo pelo novo, dependendo dos planetas envolvidos.

Um aspecto dissociado que faça parte de um padrão inclui neste outro elemento ou modo. Isso significa que, embora a natureza do padrão seja predominantemente composta de um elemento ou modo, haverá outro fator a se considerar. O foco deve ser o tipo "principal", mas precisamos ter em mente qual é o elemento/modo secundário.

Se um mapa não tem padrões de aspectos, não se deve tirar nenhuma conclusão a partir disso! Todo mapa tem fatores que formam pontes entre suas diversas partes, e o trabalho do astrólogo é identificar as diferentes maneiras como isso ocorre. Os padrões dos aspectos são só uma forma útil de se visualizar as combinações de aspectos planetários.

Stellium

Este é um tipo especial de padrão de aspecto. O *stellium* não é um padrão propriamente dito, mas um amontoado de planetas numa só parte do mapa.

Qualquer combinação de três ou mais planetas no mesmo signo ou casa é conhecida como *stellium*. Os planetas não precisam estar em conjunção para formar um *stellium*. Se estiverem, o padrão é muito mais forte. Há, obviamente, um foco poderoso naquele signo ou casa, e a pessoa tem a capacidade de ser extremamente concentrada naquela área da vida, até mesmo obsessiva de vez em quando, dependendo dos planetas envolvidos. Muitas coisas podem ser conquistadas de acordo com o signo e a casa do *stellium*, e as outras pessoas podem ser influenciadas pelo ponto de vista ou pelo tipo de energia do indivíduo que tem o *stellium*. Essa pessoa pode ser bastante subjetiva e convicta de suas próprias opiniões; pode ser imensamente criativa, enérgica e decidida e costuma ter dificuldade para manter a objetividade.

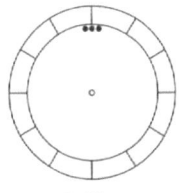

Stellium

O mapa de estudo tem um *stellium* num signo – três planetas em Gêmeos – e três *stellia* em casas, direcionando claramente nossa atenção para as casas 6, 11 e 12.

- O cantor Mick Jagger tem um *stellium* de cinco planetas em Leão.

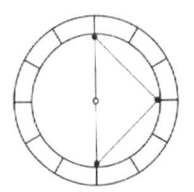

Quadratura em T

A quadratura em T compreende no mínimo três planetas: dois deles em oposição, fazendo ambos quadratura com o terceiro no *vértice*. Isso cria um triângulo isósceles cuja base (a oposição) divide o mapa ao meio, ao passo que o vértice superior pode estar voltado para um ou outro lado da base. A maneira de desenhar esse padrão à mão não é idêntica ao desenho ilustrado no diagrama. O planeta no vértice é o ponto que une os outros dois por meio de duas quadraturas, independentemente da direção para a qual o padrão esteja apontando. O padrão inteiro normalmente é desenhado em vermelho, mas essa convenção varia. Trata-se de um padrão difícil, que cria uma tensão perceptível.

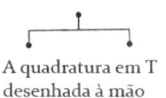

A livre expressão de cada um dos três planetas é bloqueada pelos demais, resultando num conflito interno. A Quadratura em T não é passiva, mas dinâmica, estimulando a pessoa a agir para resolver esse conflito.

Quando essas áreas sensíveis são ativadas na vida, a resposta natural pode ser tanto recuar quanto reagir com violência. O planeta do vértice, onde as duas quadraturas se encontram, representa o impulso de buscar uma saída. Se Urano estiver no vértice, a pessoa pode ser caracterizada pela intolerância, pela destrutividade ou por discursos radicais. A experiência de vida revela à pessoa o potencial de dar a volta por cima e de se tornar, por exemplo, uma força para mudar a sociedade – embora o radicalismo possa sempre fazer parte da personalidade. Com Vênus no vértice, dependendo dos outros planetas envolvidos, o que mais se evidencia na pessoa é o seu carisma ou noção de harmonia, mas os outros planetas na quadratura em T podem afetar essas características. E assim por diante.

A combinação de três planetas num aspecto difícil cria oportunidades para a aquisição de autoconhecimento através de duras experiências e ensina a pessoa a encontrar a forma mais criativa e dinâmica de usar sua energia. Esse padrão de aspectos ocorre com certa frequência, em aproximadamente 40% dos mapas. Se você tem uma quadratura em T em seu mapa, com certeza está em boa companhia.

A menos que um dos planetas seja dissociado, esse padrão terá todos os planetas num só modo. Será uma quadratura em T cardinal, fixa ou mutável e, dessa forma, ressaltará o significado e a energia do modo. Esse é um bom ponto de partida para a interpretação. Se você sabe que o padrão é basicamente iniciativo, estável ou flexível, sabe qual é o "tom" dentro do qual o significado de cada um dos planetas poderá ser incluído passo a passo.

- O mapa de estudo tem várias quadraturas em T mutáveis/cardinais que se sobrepõem, envolvendo não menos que seis planetas (Quíron, Mercúrio, Marte, Urano, Saturno e Netuno) e o MC. Veja o Capítulo 13.

Grande Cruz

A Grande Cruz envolve no mínimo quatro planetas. Esse padrão incomum preenche o mapa inteiro com quatro quadraturas cujos vértices também definem duas oposições, criando um losango ou um quadrado,

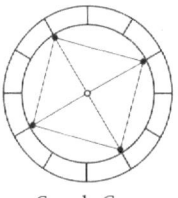

Grande Cruz

um padrão fechado que prende energia dentro de si. Este padrão não é fácil, já que é mais fechado do que uma quadratura em T, e indica muitos desafios na vida.

Um ponto importante da Grande Cruz são as oposições, que podem trazer situações e relacionamentos complicados. Suas oportunidades de autoconhecimento virão através de encontros importantes com os outros. Durante o caminho, você será tomado por sentimentos de pressão e de incapacidade, ou ainda de vitimização – ou, inversamente, será você que fará os outros de vítimas. Ainda assim, as epifanias de compreensão, quando acontecerem, serão inspiradoras. Esse padrão pode desenvolver a força de caráter, mesmo que isso custe caro. Nenhum mapa consiste unicamente numa Grande Cruz, e alguns desses mapas também contêm um Grande Trígono, por exemplo.

Os planetas na Grande Cruz estarão, como na quadratura em T, num dos três modos, um dado que lança luz sobre a natureza desse padrão. A cruz cardinal indica um excesso de energia e de atividade dinâmica, e uma dificuldade para relaxar. O desafio aqui é desenvolver o autocontrole, a paciência e a persistência. A cruz fixa tem o potencial de trazer grandes conquistas através da determinação e da teimosia, mas o desafio aqui é a necessidade de aprender a transigir e a buscar formas novas e criativas de autoexpressão. Na cruz mutável, há uma tendência de desperdiçar e dispersar a energia, de ser muito influenciado pelos outros. Trabalhar a capacidade de concentrar a mente e as ações ajudará a conter melhor essas energias.

- O jogador de tênis Björn Borg tem uma Grande Cruz mutável/fixa.

O Grande Trígono

Um Grande Trígono é formado quando três trígonos se juntam formando um triângulo equilátero, normalmente desenhado em azul. Os três planetas que formam esse padrão estão no mesmo elemento, exceto quando um dos trígonos é dissociado; dessa forma, o mapa terá um Grande Trígono de fogo, de terra, de água ou de ar. Obviamente, isso dá uma ênfase àquele elemento, coisa que pode ser aparente desde a infância. Como o trígono é um aspecto harmonioso que indica uma área de facilidade, talento ou felicidade, pode-se dizer que o Grande Trígono mostra uma área de "superfelicidade". Esse padrão certamente indica uma harmonia natural com a combinação dos planetas envolvidos, em seus signos e casas.

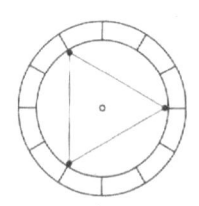

O Grande Trígono

Mas, do jeito que os mapas são, toda concentração num único elemento significa uma falta dos outros elementos. Por isso, é necessário certo esforço para aproveitar o Grande Trígono ao máximo. Se a capacidade por ele demonstrada for alimentada e encorajada, pode se tornar uma fonte de felicidade. Se não, ela ainda pode florescer mais tarde na vida. Os talentos e as capacidades podem ser inatos, mas seu verdadeiro potencial pode levar muitos anos para se desenvolver caso sejam deixados de lado em favor do que parece ser problemas mais imediatos.

Apesar disso tudo, esse padrão, quando bem aproveitado, pode trazer muita satisfação para você e para as pessoas próximas.

- O músico de *jazz* Miles Davis tem um Grande Trígono de água no seu mapa.

O Grande Trígono Menor

Esse padrão é conhecido como o Grande Trígono Menor porque é uma variação do Grande Trígono. Precisa de um pouco mais de esforço para ser ativado e utilizado do que o Grande Trígono, mas traz tantas recompensas e satisfações quanto ele.

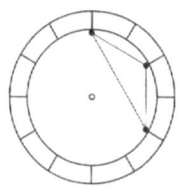

O Grande Trígono Menor é formado por três planetas: dois em sextil com um mesmo planeta no vértice e conectados por um trígono. Isso forma um triângulo de base bem maior que a altura, normalmente desenhado em azul. Os sextis incentivam a ativação do trígono e, em certos casos, o Grande Trígono Menor pode ter resultados melhores que os do seu primo maior. Os três pontos estão normalmente na mesma polaridade, levando em conta que os orbes dos sextis são menores. A interpretação, da mesma forma que nos outros padrões, se baseia em combinar o posicionamento dos planetas em questão nos signos e nas casas. Normalmente, os três planetas estão cada um num modo. O planeta do vértice dá o foco do padrão.

O Grande Trígono Menor

- O ator Michael Douglas tem um Grande Trígono Menor.

A Pipa

A Pipa é a combinação visual do Grande Trígono e do Grande Trígono Menor, formando a imagem de uma pipa. Tem uma oposição de um dos vértices do trígono com a base do mapa, com dois sextis se encontrando nesse ponto, formando a base da Pipa. Costuma ser desenhado em azul, com a oposição em vermelho. O planeta base, no ponto de união dos dois sextis, é chamado de "ponto de escape" – o lugar onde a energia dessa configuração se manifesta mais ativamente no mundo.

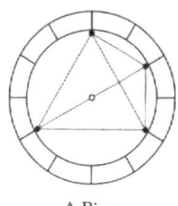

A Pipa

Os dois padrões de trígono indicam como a energia flui e o tipo de talento inato de que se trata; o elemento do Grande Trígono sugere em que área da vida essa energia e esse talento atuarão. No entanto, ainda mais do que no Grande Trígono, a oposição aqui presente dá ao padrão um tom dinâmico que pode estimular o esforço e a vontade de confrontar os obstáculos. Se o planeta de base, por exemplo, for o Sol, e o Grande Trígono for de ar, os talentos se voltarão para a comunicação. O Sol nessa posição sugere que a pessoa brilhará naturalmente nas situações em que as ideias são valorizadas, mas a oposição pode despertar a resistência inicial da parte dos que a ouvem.

A Pipa é um padrão positivo – às vezes complicado – no mapa, dependendo dos planetas envolvidos. Combinando a satisfação da conquista com o esforço necessário para alcançá-la.

- O mapa da atriz Julia Roberts tem duas Pipas.

TAREFA

Os aspectos maiores do seu mapa e do mapa de estudo.

a. Observe os graus dos planetas e dos ângulos em aspecto no seu mapa e encontre suas oposições, quadraturas, trígonos e sextis.

b. Repare no orbe de todos os seus aspectos, incluindo as conjunções, para poder ver os aspectos mais próximos e mais distantes. Algum deles é exato de acordo com a definição dada?

c. Veja quantos aspectos de cada tipo estão presentes no seu mapa. Qual aspecto ocorre com mais frequência?

d. Você consegue ver os aspectos dissociados com o MC no mapa de estudo? O seu mapa tem algum aspecto dissociado?

e. Há algum padrão de aspectos no seu mapa?

Capítulo **7**

Olhando para Trás e Seguindo em Frente

resumindo, desenhando juntos e progredindo

A esta altura, uma revisão do que já foi tratado pode ser útil para contextualizar as informações anteriores. Agora, você já está bem avançado no processo de estudar sozinho a astrologia. Se você ainda está "envolvido com a leitura" e não jogou este livro pela janela, provavelmente tem uma afinidade natural com a astrologia.

Dos Capítulos 3 a 6, os fundamentos da astrologia foram apresentados. Explicaram-se os quatro pilares do trabalho com mapas natais (os planetas, os signos, as casas e os ângulos, e os aspectos). As tarefas práticas no fim de cada capítulo são úteis para consolidar o conhecimento. As informações que ainda estão por vir refinarão a sua compreensão, começando com o Capítulo 8, na Parte III, no qual examinaremos com mais detalhes as maneiras de combinar os fatores do mapa apresentados até então. Assim, você pode começar a formar o seu trabalho interpretativo, usando o seu mapa e o de estudo.

Na Parte II, dedicamos um capítulo a cada pilar para explorar suas características em profundidade e separar os seus papéis. É claro que o desafio e a diversão do aprendizado da astrologia não é apenas se familiarizar com esses novos conceitos e com os símbolos astrológicos, mas também é desenvolver a habilidade de combiná-los. Esse é um processo que não acaba. Nos capítulos dedicados aos signos, casas e aspectos, foram dados alguns exemplos para iniciar você na combinação dos diferentes fatores.

Se você quiser experimentar com mapas diferentes, coloque os detalhes de nascimento dos membros da sua família no *site*, em inglês, dado na Introdução, e imprima os mapas deles para estudá-los à luz das explicações deste livro. Talvez você descubra quanto é interessante examinar outros mapas dessa forma; trata-se certamente de uma atividade que aguça a curiosidade daqueles que têm planetas pessoais ou o Ascendente em Gêmeos, ou que têm outras combinações no mapa que indicam o desejo de buscar uma expansão rápida de seu conhecimento...! Mas se você acha que é melhor continuar só com o seu próprio mapa e com o mapa de estudo, tudo bem. Algumas pessoas sentem dificuldade quando estudam muitos mapas durante o aprendizado. Isso depende completamente de você, e você pode mudar de opinião no futuro.

Olhando para trás

Desde os primórdios, quando simples observações do céu noturno pareciam corresponder a determinados eventos terrenos, a astrologia evoluiu muito. Chegou ao ponto onde estamos agora: um sistema dinâmico, baseado na astronomia matemática e na compreensão moderna da psique humana. A astrologia ainda evolui à medida que documentos e livros astrológicos antigos são traduzidos. Muitos deles contêm informações e técnicas do passado que podem ser incorporadas no pensamento do século XXI. A singularidade da astrologia está nas formas pelas quais ela combina sua base astronômica e matemática com um sistema sofisticado de simbolismo, desenvolvido ao longo dos séculos. Até onde sei, nenhum outro sistema de pensamento é baseado na mesma premissa.

Nossa compreensão dos padrões cíclicos complexos do Sistema Solar e da galáxia vai se tornando cada vez mais detalhada e profunda, e a astrologia de hoje vai também se detalhando e se aprofundando. Ainda assim, os significados dos planetas, dos signos, das casas e dos aspectos maiores formam a base da astrologia natal, que, é claro, começa com o mapa natal.

Para ter o panorama completo, é necessário primeiro reduzir o todo a seus componentes básicos – como foi descrito na primeira parte deste livro. Familiarizar-se com todos os signos do zodíaco, por exemplo, é a próxima etapa natural depois de estudar o significado dos planetas, e assim por diante.

Ao passo que todos os quatro pilares são muito importantes na astrologia natal, o pilar-chave do mapa são os planetas em si. Sem os planetas do Sistema Solar, o mapa natal não teria base. Todo o resto – os signos, as casas, os aspectos – é baseado nas posições dos "andarilhos", como os planetas eram chamados antigamente. Os planetas simbolizam os impulsos e as energias essenciais – os arquétipos – da nossa existência. O significado básico de cada planeta é modificado pelo signo (forma pela qual o planeta se expressa), pela casa (qual área da vida é influenciada) e pelos aspectos (como o seu significado é afetado pela interação com os outros planetas). A história da dança dos planetas é escrita pelos aspectos, através dos signos e das casas onde caem os planetas.

Então, mesmo que nenhum fator do mapa se manifeste com a sua essência pura, sempre há algo reconhecível. Por exemplo, Mercúrio sempre tem as características de Mercúrio, independentemente do signo e da casa onde se encontra e dos aspectos que forma. Continua representando a nossa mentalidade e a nossa forma de nos comunicar. Todos os fatores do mapa, que podem ou não ser compatíveis uns com os outros, influenciam uns aos outros, resultando em contradições nos mapas. As pessoas também se comportam de formas diferentes em situações diferentes durante os vários períodos da vida. Sempre somos um amontoado de contradições – fato que se reflete no mapa.

Antes de "olhar adiante" para os próximos passos, devemos considerar mais algumas coisas. Voltemos à pequena seção no Capítulo 2, página 58, que discute aquilo que chamo de pensamento mágico. Esse tipo de pensamento também poderia ser chamado de "lógica do inconsciente", uma lógica que não segue as regras lineares da mente consciente racional. Pense, por exemplo, em como um sonho pode conter memórias do passado, eventos presentes ou projeções do futuro, numa sequência diferente da real. Mesmo assim, uma espécie de narrativa se forma, mesmo que não faça sentido para a sua mente e para as suas emoções despertas e racionais. Essa é a linguagem do inconsciente, em que coexistem coisas aparentemente desconexas. O pensamento mágico também funciona por meio da linguagem do inconsciente.

A astrologia demanda uma mente aberta que permita a associação de conceitos aparentemente não relacionados entre si, para que você alcance uma compreensão significativa. Sob esse aspecto, a astrologia é um sistema divinatório usado para o crescimento interior ou para explorar um determinado período de tempo, como o tarô, as runas e outras coisas do tipo. Contudo, a astrologia não é só um sistema divinatório; é também em parte uma ciência, em parte uma arte criativa, em parte simbolismo puro.

Não tenho uma explicação de por que ou como a astrologia funciona com tanta exatidão. Limito-me a sugerir que você continue permitindo que o conceito do pensamento mágico permeie o seu aprendizado enquanto passamos aos níveis a seguir.

Seguindo em frente

Para se conhecer um mapa natal há ainda muitos passos que eu ou ainda não mencionei ou gostaria de explicar melhor para dar uma ideia mais detalhada dos componentes do mapa. Mas o primeiro passo que eu gostaria que você desse, antes de absorver mais informações, é desenvolver a ideia de *como* começar a interpretar um planeta num signo, numa casa e em aspectos com outros planetas; por isso, a Parte III é dedicada a esse processo. Esses capítulos não esgotam o assunto, já que o tempo, a prática e a familiaridade também são necessários para o progresso no estudo; mas essas regras básicas o iniciarão no assunto.

A prática da arte da astrologia envolve aprender a diferenciar, pesar e equilibrar as várias partes do mapa para chegar a uma interpretação. Adiante, há mais informações sobre como selecionar os elementos principais e perceber o equilíbrio do mapa. Depois de ter estudado cada pilar, a sua próxima tarefa é aprender a combiná-los, para que a sua capacidade de interpretar o mapa natal comece a se formar. Assim que você começar a entender como combinar as diferentes partes e, por fim, a definir os temas do mapa (que lhe darão uma base para a interpretação), verá que os estágios preparatórios de combinar os planetas nos signos e nas casas, e com seus aspectos, facilitaram em muito o seu caminho. O desafio para o astrólogo é criar um todo coerente, decidindo quais partes do mapa são as mais importantes através da análise e da seletividade: isso é chamado de ponderar o mapa.

Apesar dos diversos fatores a serem combinados, é possível identificar os temas principais do mapa a fim de definir quais são os principais traços da personalidade do indivíduo. A identificação dos temas forma a base da interpretação do mapa. Mais para o fim do livro, o mapa de estudo, que foi usado como referência em diversos pontos, será empregado para ilustrar como se determinam os temas principais do mapa. Cada mapa tem um número de temas em si, que revelam os componentes principais do caráter da pessoa. Depois de identificados, será dada uma breve interpretação do mapa de Celeste, não com a intenção de analisar *todos os detalhes* do mapa (o que, de qualquer modo, é impossível, já que há tantas informações em potencial!), mas com o propósito de demonstrar como isso pode ser feito. Não é necessário incluir cada detalhezinho quando interpretamos um mapa. Uma vez que cada mapa é diferente, a melhor estrutura de interpretação são as sugestões, e não as regras. Para praticar a astrologia, não é necessária uma fórmula, mas sim usar o seu conhecimento de maneira criativa. É possível encontrar certa felicidade nesse exercício de criatividade. Assim que você tiver captado o significado essencial das diferentes partes do mapa, você pode trabalhar nos detalhes.

Nos capítulos a seguir, incluí alguns refinamentos posteriores e novas técnicas de aprendizado, que acrescentarão um novo colorido aos pilares básicos. Sempre existem mais técnicas para se estudar na astrologia, mas os limites saturninos do tempo e do espaço ditam que nunca seremos capazes de aprender todas... Porém, as técnicas apresentadas nos capítulos a seguir acrescentarão informações novas e significativas à sua interpretação.

Outra característica fascinante de se entrelaçarem os fatores astrológicos do mapa é ver a singularidade de cada pessoa. Marte em quadratura com Saturno, por exemplo, não necessariamente se revela da mesma maneira em todos os mapas. Tudo depende de muitas variáveis como, por exemplo, os outros aspectos que podem entrar em contradição com o primeiro ou exagerar a sua expressão, ou quanto o indivíduo foi capaz de integrar a sua energia, dependendo da sua idade, experiência de vida ou estágio de desenvolvimento. O significado básico do aspecto permanece o mesmo, mas a sua manifestação, não. É aí que a habilidade de praticar a astrologia entra em jogo.

Por coincidência, Marte em quadratura com Saturno consiste essencialmente num bloqueio saturnino à livre expressão de Marte, restringindo o potencial de ação ou autoafirmação. Isso quase sempre gera desânimo ou ansiedade, ou a tendência de guardar a raiva ou a frustração. Mas, mesmo que você tenha esse aspecto no seu mapa, nem sempre ele terá os mesmos efeitos. À medida que as pessoas crescem, muitas aprendem a controlar as suas experiências. Esse aspecto também testa a sua coragem e incentiva a sua força interior para se manter ativo mesmo quando a vida está difícil.

Pode ser que você empaque no significado de alguns planetas, ou das suas posições nos signos, nas casas ou nos aspectos, enquanto aprende os outros com facilidade. Muitos estudantes de astrologia se sentem assim. Se isso acontecer, não se preocupe. O estudo da astrologia é uma viagem contínua de descobertas sobre si mesmo e sobre os outros que pode durar uma vida inteira.

Resumindo

Se você gostou de estudar os pilares, gostará de aprofundar o seu conhecimento com a Parte III. Algumas informações podem até surpreendê-lo...

---- TAREFA ----

Olhando para trás

a. Se você ainda não se lembra dos símbolos dos planetas, dos signos e dos aspectos, pratique: desenhe-os e nomeie-os para que o processo de reconhecê-los se torne natural.

No fim do livro você encontrará Guias de Referência Rápida (GRR), nos quais pode facilmente buscar significados esquecidos.

b. Releia as partes que você deseja lembrar com mais detalhes – os GRR são apenas um lembrete.

c. Tome nota de qualquer coisa que o surpreender quando você fizer o processo de revisão. Talvez valha a pena ter um caderno ou algo parecido só para os seus estudos.

Parte III

CONSTRUINDO SOBRE OS FUNDAMENTOS

Capítulo **8**

Os Planetas nos Signos e nas Casas

como começar a unir os fatores do mapa

Neste capítulo entenderemos como abordar o processo de combinar os planetas nos signos e nas casas. Já tínhamos começado a ver como combiná-los, com os exemplos de interpretação dados após a descrição de cada signo e de cada casa nos Capítulos 4 e 5; mas naquelas ocasiões demos apenas a interpretação, sem nenhuma explicação do processo. Como lembrete:

O signo no qual está o planeta indica como o significado essencial do mesmo se expressa.

Algumas informações são imediatamente visíveis em alguns mapas. Por exemplo, num mapa que tem três ou mais planetas num signo ou numa casa, principalmente em se tratando de planetas pessoais ou sociais, é possível saber imediatamente que o mapa carrega a forte marca daquele signo. No mapa de Celeste, os três planetas pessoais em Gêmeos indicam que esse signo é muito importante para ela. Por outro lado, é evidentemente importante considerar as posições dos outros planetas para saber como eles influenciam o equilíbrio do mapa como um todo.

Continuaremos enfocando o mapa de Celeste, mas alguns dos exemplos serão tirados do mapa de Robin, apresentado no início do livro, na página 11. Como sempre, usar o seu próprio mapa é uma maneira excelente de aprender também. Citarei outros exemplos, alguns tirados de mapas de gente famosa. Uma observação sobre as posições planetárias ilustradas pelos mapas das celebridades: a intenção não é interpretar o mapa completo, apenas as posições planetárias em questão. Além disso, nem todas as interpretações que apresentarei se aplicam a outras pessoas, famosas ou não!

OS PLANETAS NOS SIGNOS

Aqui explicarei as três maneiras diferentes de combinar o significado dos planetas com o dos signos; cada uma desenvolve o resultado da combinação anterior. Mas isso não significa que é necessário usar os três métodos o tempo todo. A primeira forma é apenas uma sugestão de como começar, enquanto as outras duas são abordagens mais estruturadas.

Aprender a combinar o significado dos planetas e dos signos em palavras que façam sentido é um exercício mental que envolve processos importantes, como a análise e a comunicação. Porém, outras partes do seu ser serão usadas. Nesse processo, utilizamos os quatro elementos presentes em nós. Os quatro elementos já foram explicados brevemente no Capítulo 4, página 99, e uma descrição mais detalhada deles será dada no Capítulo 10. Por enquanto, comecemos a relacionar as características básicas dos quatro elementos com qualidades humanas específicas.

Para encontrar ou escolher as palavras ao descrever um planeta num signo, precisamos usar a nossa *memória* para lembrar do significado essencial do planeta e do signo (água); a nossa *praticidade* para expressá-los com coerência (terra); e a nossa *criatividade* para sermos inventivos quando necessário (fogo). No processo de descrever o signo e o planeta em palavras, combinamos as palavras *mentalmente* (ar).

Só por diversão, para ajudar você a relacionar os planetas e os signos num só significado, experimente este joguinho:

- Escolha um planeta do Sol a Saturno e depois um dos 12 signos.
- Depois disso, escolha uma palavra ou qualidade associada com o planeta e outra associada com o signo.

- Tente fazer isso de memória, para ver se você consegue lembrar-se de alguns dos significados dos planetas dos signos.

Dessa maneira, você pode começar a ter uma ideia básica das posições planetárias nos signos antes de considerar formas mais metódicas de trabalho.

A seguir, alguns exemplos do significado do mesmo planeta em signos diferentes, para que você possa comparar suas variações:

Mercúrio – o pensamento; Câncer – carinho = pensamentos de carinho
Mercúrio – comunicação; Libra – harmonia = comunicação harmoniosa

Vênus – relacionar-se; Leão – drama = relacionamentos dramáticos
Vênus – amor; Escorpião – paixão = amor apaixonado

Júpiter – crescimento; Touro – corpo = crescimento corporal
Júpiter – exploração; Capricórnio – responsabilidade = exploração responsável

Sugiro que você tente o mesmo com as duas combinações a seguir. Ambas serão interpretadas mais adiante:

Lua em Peixes
Marte em Virgem

Seguindo o método acima, veja o que pode dizer sobre esses dois planetas nesses dois signos, antes de olhar as interpretações abaixo.

Apresentarei duas formas mais estruturadas de fazer esse processo, sendo a primeira apenas uma expansão da brincadeira acima, mas fazendo uso do material apresentado anteriormente no livro.

Ao brincar com conceitos como estes acima, talvez se surpreenda com a quantidade de informações que você já absorveu, talvez sem o perceber.

Aqui apresentarei duas outras maneiras de trabalhar com os planetas e com os signos de maneira mais sistemática. Estas não são as únicas formas de se combinarem os planetas com os signos, mas ambas são úteis e não muito complicadas. O primeiro método é usar *palavras-chave*. O segundo, *frases-chave*. Você pode usar um deles ou os dois, como achar mais útil: experimente os dois para ver com qual se sente mais à vontade. Os dois serão explicados abaixo. Você talvez prefira começar com as palavras-chave e depois passar para as frases-chave, ou pular direto para estas – mas, para isso, será necessário um certo esforço mental ou intuitivo.

Método 1: usar palavras-chave

Depois de experimentar um pouco a brincadeira com palavras aleatórias, escolha um mapa específico para usá-las. Pegue a posição de algum planeta do seu próprio mapa, ou use o de Robin (ver página 11), ou qualquer outro mapa, como algum dos mapas de "celebridades" que podem ser encontrados na internet. Se você usar o mapa de alguém famoso, sugiro que verifique as informações em vários *sites*, já que pela internet nem sempre circulam informações corretas.

Estude as *palavras-chave* do planeta e escolha uma ou duas. Faça o mesmo com as palavras-chave do signo. Elas estão presentes no início da descrição de cada planeta e de cada signo nos Capítulos 3 e 4. Tente criar uma expressão de duas ou três palavras, mesmo que ela pareça estranha. Pode ser que você tenha que adaptar a expressão para que ela faça sentido: o processo pode ser comparado a colocar duas ou três palavras presas por um ímã como aqueles de geladeira num quadro magnético, exceto que ele não é totalmente aleatório, uma vez que as palavras estão associadas a cada planeta e signo.

Quanto menos palavras, melhor. Seja seletivo e tente escolher aquelas que parecem conter mais significado. Uma alternativa é fazer o maior número de combinações possíveis e depois selecionar as melhores. No fim, combinações de três ou quatro palavras serão o suficiente.

Abaixo, seguem as interpretações dos dois planetas nos dois signos que sugeri que você interpretasse antes de ler esta parte. Você pode formar outras combinações a partir das listas de palavras-chave apresentadas.

Palavras-chave: Lua em Peixes (☽♓)
- *Lua* – instintos, necessidades, emoções, respostas, cuidado e proteção, memórias, o passado, família, a mãe.
- *Peixes* – compassivo, idealista, sonhador, confuso, sensível, crédulo, paranormal, inspirado.

Significados para Lua em Peixes em palavras-chave:
Emoções compassivas; proteção sensível; lembrança de sonhos; ideal de mãe; respostas confusas; instintos inspirados.

Palavras-chave: Marte em Virgem (♂♍)
- *Marte* – vontade, impulso e impulsividade, desejo, coragem, sobrevivência, iniciativa, autoafirmação/raiva, mordacidade, luta e defesa.
- *Virgem* – organizado de maneira prática, mentalmente criativo, benigno, humilde, busca resultados, observador silencioso, crítico, arguto, aprecia a regularidade.

Significados para Marte em Virgem em palavras-chave:
Sobrevivência organizada; raiva/autoafirmação crítica; luta arguta; benignidade impulsiva; observação mordaz.

Método 2: criar frases-chave

Procure as *frases-chave* dos planetas e dos signos nos Guias de Referência Rápida (tabelas GRR) nas páginas 319-327, e forme expressões curtas da maneira demonstrada abaixo.

Usar simples palavras-chave pode ser mais fácil, mas utilizar as expressões dá muito mais profundidade ao processo.

Frases-chave: Lua em Peixes (☽♓)
- *Lua* – vida emocional interior, memórias, noção de lar ou de segurança; respostas instintivas ou atitudes subconscientes; necessidade de segurança emocional, capacidade de adaptação, capacidade de cuidar e proteger; influência familiar e influência de experiências emocionais passadas.
- *Peixes* – muito sensível e compassivo, emociona-se com facilidade; intuitivo, pode ter capacidades paranormais; pode ser enganado; tendência ao escapismo, busca um ideal; romântico, artístico; sábio e inspirador, busca a espiritualidade; precisa de limites claros.

Frases-chave para Lua em Peixes
- instintivamente responde aos outros de modo sensível;
- a mãe ou a família podem ser vistas de forma idealizada;
- sua adaptabilidade e compaixão podem fazer com que os outros se aproveitem dele;
- a criação de limites pessoais pode lhe dar segurança emocional;
- busca segurança em crenças espirituais ou no romance.

Pessoa famosa com Lua em Peixes: Coco Chanel, designer de moda e perfumista (19 de agosto de 1883, 16h00, Saumur, França).

Frases-chave: Marte em Virgem (♂♍)
- *Marte* – instinto de sobrevivência e consciência corporal; desejos ou sexualidade; energia física; força de vontade, coragem; autoafirmação, raiva; competitividade, disposição para lutar e defender, mordacidade, vai direto ao ponto; ações impulsivas.
- *Virgem* – discriminativo e analítico; prestativo, benigno, vontade de servir; pés no chão, organizado e eficiente; observador, não perde nenhum detalhe; pode ser muito crítico com os outros ou consigo mesmo; perfeccionista; tímido, evita o palco; consciente de sua saúde.

Frases-chave para Marte em Virgem:
- sexualmente discriminativo;
- mantém a energia física através de atividades saudáveis;

- benigno e prestativo em assuntos práticos, mas pode ser competitivo de forma eficiente quando necessário;
- o perfeccionismo pode resultar numa rigorosa autocrítica;
- vontade forte e discreta.

Pessoa famosa com Marte em Virgem: Amelia Earhart, aviadora pioneira, a primeira mulher a cruzar sozinha o Atlântico pelo ar (24 de julho de 1897, 23h30, Atchison, Kansas, EUA).

É claro que você pode usar as descrições dadas nos capítulos anteriores, mas se a lista se tornar muito grande você terá de usar de discernimento para não acabar se sentindo sobrecarregado de informações ao interpretar um mapa inteiro, já que essas frases são apenas algumas das informações que você deve reunir em vista da interpretação.

Um planeta pode se manifestar de diferentes maneiras, mas estas nunca escapam ao significado básico do planeta ou do signo. Os significados dados na Parte II não esgotam de forma alguma o assunto, e você mesmo pode criar outros. Você pode até combinar palavras-chave e frases-chave. Fazendo isso, descobrirá muitos outros significados.

Sempre que achar necessário, volte a este capítulo e ao próximo para aprender a preparar notas com vista a interpretar um mapa completo.

OS PLANETAS NAS CASAS

O próximo passo é aprender a interpretar os planetas em determinadas casas. Lembre-se de que as casas astrológicas nos dizem *em quais áreas* da vida os planetas se expressam. Essa é uma boa maneira de revisar os significados das 12 casas.

Se o mapa que você está usando tem três ou mais planetas numa só casa, como o mapa de Celeste, é certo que há uma ênfase naquela casa, o que o ajudará a avaliar a importância dela no mapa. As áreas da vida representadas por essas casas serão de maior importância, sendo ainda mais relevantes se abrigarem planetas pessoais.

Você pode usar a mesma abordagem dos planetas nos signos para interpretar os planetas nas casas: aprendendo a combinar os seus significados. Depois, você pode criar pequenas afirmações ou sentenças que contenham um dos significados do planeta e da casa.

Método 1: usar palavras-chave

Escolha uma ou duas palavras da lista de palavras-chave do planeta e depois faça o mesmo com as palavras-chave da casa. Você as encontrará no começo de cada descrição nos Capítulos 3 e 5. Crie duas ou três frases curtas com essas palavras. Incluí dois exemplos de planetas em casas. O primeiro é do mapa de Robin:

Palavras-chave: Sol na 2 (☉2)
- *Sol* – noção de identidade, o ego, autoconsciência, centro criativo, o pai.
- *Casa 2* – valores pessoais, segurança material; bens e dinheiro; consciência corporal; capacidades práticas; desejos e apegos.

Significados para Sol na 2 em palavras-chave:
Criatividade com o dinheiro; identifica-se com o corpo; consciente da sua segurança material; fortes desejos do ego.

Palavras-chave: Mercúrio na 8 (☿8)
- *Mercúrio* – jeito de se comunicar, de pensar, de aprender; mentalidade, conexões.
- *Casa 8* – conexões profundas, sexualidade; poder e controle, morte e nascimento; segredos, assuntos ocultos, pesquisas; finanças em conjunto, heranças.

Significados para Mercúrio na 8 em palavras-chave:
Pensamentos secretos ou ocultos; fala/escreve sobre situações relacionadas à morte; comunicação poderosa; aprende sobre sua herança; conexões sexuais.

Nota: Se você levar essas afirmações um passo à frente, "fala/escreve sobre situações relacionadas à morte" poderia descrever situações envolvendo um investigador de homicídios, um médico legista ou um escritor de romances policiais, sendo esses apenas alguns exemplos de muitas outras experiências possíveis; "conexões sexuais" poderia ser o significado literal, ou sugerir uma consulta médica relacionada ao assunto. Você pode soltar a sua imaginação nesse processo, mas, se estiver lidando com um mapa que tenha esses posicionamentos, tome cuidado para não achar que essas interpretações se aplicam automaticamente! As palavras-chave são uma brincadeira com as manifestações das combinações.

Método 2: criar sentenças com as frases-chave

Consulte as descrições abreviadas dos planetas e das casas nos Guias de Referência Rápida no fim do livro. Tente criar sentenças mais compridas combinando as frases, como você fez com os planetas nos signos.

Frases-chave: Sol na 2 (☉2)
- *Sol* – noção de identidade, a individualidade; força vital, vitalidade e energia, aquilo que o anima; consciência, vivacidade; propósito de vida; experiência do pai.
- *Casa 2* – bens materiais, atitude quanto ao papel do dinheiro na vida; experiências que passam uma sensação de valor; desejo e noção de segurança material; recursos pessoais, incluindo os talentos e as experiências que aprecia; a relação com o corpo físico; apegos às coisas e às pessoas.

Frases-chave para Sol na 2:
Perceber o seu valor melhora a noção de propósito na vida; sua energia se volta para o desejo de segurança material; identifica-se com os seus próprios valores; o impulso para ser criativo o inspira a desenvolver os talentos pessoais; sabe que seu corpo físico é um recurso na vida.

Pessoa famosa com Sol na 2: Elvis Presley, astro do rock (8 de janeiro de 1935, 04h35, Tupelo, Mississippi, EUA).

Frases-chave: Mercúrio na 8 (☿8)
- *Mercúrio* – processos de pensamento, mentalidade, forma de comunicação e aprendizado; conhecer outras pessoas e criar laços com elas, conexões; movimentar-se, transportes.

- *Casa 8* – experiência de transformação através de conexões emocionais profundas, psicologia; poder, controle, sexualidade ou morte; problemas não solucionados, purificação e renovação; segredos e assuntos ocultos, ocultismo; dinheiro e recursos compartilhados, como heranças e finanças; *insights* profundos.

Frases-chave para Mercúrio na 8:
Discussões sobre assuntos profundos; leitura de livros de ocultismo; estudo de psicologia; criar uma conta conjunta com outra pessoa; relações com as autoridades; ir além das aparências superficiais e buscar *insights*.

Pessoa famosa com Mercúrio na 8: Anthony Burgess, crítico literário e escritor, autor de *Laranja Mecânica* (25 de fevereiro de 1917, 12h00, Manchester, Inglaterra).

OS PLANETAS NOS SIGNOS E NAS CASAS

O processo de levar em conta tanto os signos quanto as casas na interpretação do significado de um planeta pode ser meio assustador à primeira vista. Não incluí palavras-chave nessa seção para mantê-la o mais simples possível, usando apenas um método. É claro que nada o impede de fazer isso, talvez com a ajuda dos exemplos oferecidos. Se você mantiver o foco nos princípios do planeta, do signo e da casa em questão, e procurar fazer interpretações simples a princípio, perceberá que com a prática suas interpretações se tornarão mais fluentes.

Usaremos somente os GRR para as casas e signos em combinação. Assim, faça o favor de consultar as frases-chave para os signos, como fez antes; depois, faça o mesmo com as casas. É claro que a qualquer momento você pode retomar as descrições mais abrangentes dos Capítulos 3, 4 e 5.

Assim que se sentir confiante criando essas frases, tente brincar e ser criativo com elas. Saia das frases dadas e use a sua imaginação. Mas não se afaste muito dos significados essenciais de cada planeta, signo e casa, senão você perderá o fio da meada e a sua interpretação não significará nada para o dono do mapa. A expansão jupiteriana é boa, mas é necessário que Saturno o contenha!

Abaixo seguem dois exemplos de planetas nas casas e nos signos para você usar como base.

Frases-chave: Júpiter em Aquário na 10 (♃ ♒ 10)

- *Júpiter* – capacidade de crescimento e expansão, confiança, fé, felicidade e sensação de propósito; oportunismo e "sorte"; adotar o ponto de vista maior; a busca por conhecimento e por significado na vida.
- *Aquário* – bastante independente, pode ser rebelde; senso social apurado, gosta de melhorar as situações; opiniões fortes, pode ser até verbalmente agressivo; inventivo, gosta de planejar o futuro; racional, desapegado, objetivo.
- *Casa 10* – tipo de trabalho, ocupação, direção da vida ou carreira; experiência do genitor com quem teve mais contato, geralmente a mãe; modo de abordar as conquistas e as ambições; *status* social, imagem pública, reputação; atitude diante das autoridades, da lei ou da polícia; responsabilidades.

Frases-chave para Júpiter em Aquário na 10:
- encontrar seu propósito em trabalhos que envolvam melhorias sociais;
- a expansividade em combinação com a rebeldia pode colocá-lo em confronto com as autoridades;
- é conhecido como alguém que aproveita as oportunidades para o crescimento independente;
- pode ter aprendido com a mãe a assumir o ponto de vista mais abrangente e planejar o futuro;
- a inventividade e o conhecimento extensivos podem levar a conquistas de renome mundial.

Pessoa famosa com Júpiter em Aquário: Meryl Streep, atriz (22 de junho de 1949, 08h05, Summit, Nova Jersey, EUA).

Pessoa famosa com Júpiter na 10: George Bernard Shaw, dramaturgo (26 de julho de 1856, 00h40, Dublin, Irlanda).

Se olharmos para a combinação inteira, com base apenas nessas três posições de planeta, signo e casa, já poderemos saber que essa pessoa pode se dar bem com o trabalho de *freelancer* ou num lugar onde há muita liberdade. Como se pode ver, sempre há muitas formas de se combinarem os fatores do mapa. Qual delas é válida depende do restante do mapa e da fase da vida da pessoa.

Os Planetas Exteriores e as Casas

Com os planetas exteriores e, até certo ponto, com Quíron, as posições das casas são mais importantes em seu significado pessoal do que os signos nos quais esses planetas caem. Para relembrá-lo, isso ocorre porque os signos em que esses corpos lentos estão localizados permanecem os mesmos durante uma geração inteira ou parte dela.

Para ajudar você a ver como isso funciona na prática, veja abaixo a interpretação de um dos planetas exteriores num signo e numa casa – que figura no mapa de Robin. Repare que eu adaptei o significado de Sagitário para que ele fique menos pessoal e descreva mais a experiência da geração que tem esse posicionamento de Netuno. Nessa interpretação considerei as descrições dos planetas, dos signos e das casas nos seus respectivos capítulos, e também as interpretações concisas do GRR, para mostrar como você pode expandir as suas interpretações quando se sentir preparado. Quando começar, entretanto, sugiro que faça interpretações simples e trabalhe somente com as frases-chave.

> **Frases-chave: Netuno em Sagitário na 5 (♆♐5)**
> - *Netuno* – dissolução de limites, união, inexistência do ego; imaginação, fantasias românticas, paranormalidade; escapismo, confusão, traição; compaixão, amor incondicional e universal; espiritualidade, deus, o inconsciente coletivo.
> - *Sagitário* – busca o sentido da vida nas viagens, filosofia, estudos; imaginativo e visionário; não se compromete com facilidade, ama a liberdade; mente aberta, incansável, corre riscos.

- *A geração com Netuno em Sagitário* (nascidos entre 1970 e 1984) é uma geração de idealistas espirituais. Muitos nascidos nessa geração em países ocidentais expandiram seus horizontes religiosos em viagens para o Oriente em busca de respostas. Como resultados dessa troca de pontos de vista culturais, os limites do mundo em geral se expandiram. A noção de que a liberdade é importante, a disposição para correr riscos e um espírito incansável são as características desse período.
- *Casa 5* – como você se diverte – ou seja, casos amorosos, lugares de entretenimento, atividades prazerosas; filhos; autoexpressão, a sua criatividade pessoal; crença em si mesmo, confiança.

Frases-chave para Netuno em Sagitário na 5:
- as maneiras de obtenção de felicidade terão as qualidades de Netuno/Sagitário (também porque Sagitário está na cúspide da casa 5 – ver Regências, Capítulo 11), e podem ser muito diversas, incluindo o cinema, a equitação, o estudo da filosofia e o desenvolvimento de capacidades paranormais;
- as crianças podem dar significado à sua vida e podem despertar seu amor incondicional;
- a falta de compromisso significa que existe uma liberdade de diversão, mas os outros podem traí-lo ou talvez você não saiba ao certo qual é o seu objetivo final;
- motivado por fantasias românticas, corre riscos em casos amorosos.

No geral, *Netuno na 5* é altamente imaginativo, inclinado à arte de alguma maneira e é provavelmente um sonhador. Isso pode significar certa fraqueza em se deixar levar por companheiros amorosos ou pela má sorte. Desenvolver um pouco mais de discernimento ajudaria esse Netuno compassivo a se proteger.

Usando a energia da sua própria casa 5, a casa das atividades prazerosas, encorajo o leitor a continuar brincando com as ideias e interpretações possíveis. Usar a mente pode ser uma atividade agradável, mas a sua intuição e suas emoções também representam um papel importante no desenvolvimento das suas habilidades astrológicas.

Não preparei uma tarefa para este capítulo, já que nas descrições acima foi sugerido que você teste esses métodos com o seu próprio mapa, com o mapa de algum amigo ou de qualquer outra pessoa que você conhece.

Capítulo **9**

Combinações

juntando os planetas, os signos, as casas e os aspectos

Quando interpretamos os aspectos de um mapa, a parte mais importante são os significados dos planetas, independentemente da natureza dos aspectos que os conectam. (Quando faço referência a "dois planetas", considere que essa descrição também inclui um planeta e um ângulo.) Mas é óbvio que o tipo de elo, seja ele uma quadratura, um trígono ou outro aspecto, também é relevante: o tipo de aspecto altera a facilidade com que aquela ligação se expressa na vida de uma pessoa. Mas o crucial, quando falamos dos mapas como imagens simbólicas das pessoas, é observar se cada um dos planetas está conectado com outro de alguma maneira.

Para entender o que quero dizer, volte ao Capítulo 7. No fim, na página 182, dei o exemplo de Marte em quadratura com Saturno, aspecto em que, basicamente, "Saturno bloqueia a livre expressão de Marte", fato que dá a esse posicionamento uma qualidade altamente conflituosa. Se o aspecto fosse um trígono, Saturno ainda faria alguma pressão sobre Marte para que a pessoa alcance conquistas, já que Saturno busca resultados tangíveis. Marte em trígono com Saturno, no entanto, indica uma capacidade, até mesmo um gosto, pelo trabalho duro ou pelo investimento de energia (Marte) num projeto para se alcançar o objetivo final (Saturno). Mesmo conectados por aspectos, os planetas ainda mantêm seu significado essencial.

Um *planeta sem aspectos* – ou seja, um planeta que não tem nenhum aspecto principal com outros planetas – fica isolado do resto do mapa e é difícil de se integrar. Um exemplo é o Sol no mapa de Celeste. Se você der uma nova olhada na tabela de aspectos do mapa dela, verá que não há nenhum aspecto importante dos outros planetas com o Sol: essa é a definição de um planeta sem aspectos. Os aspectos com os ângulos não contam quando definimos se um planeta tem aspectos ou não. O significado dos planetas sem aspectos no mapa será explicado no Capítulo 10.

Para visualizar o processo de interpretação dos aspectos, retomei alguns exemplos dados no Capítulo 6. Peguei primeiro os significados fundamentais de cada planeta nas suas frases-chave e depois fiz o mesmo com os aspectos, para ver que tipo de ligação os planetas aspectados tinham uns com os outros. Também darei um exemplo de outro aspecto planetário. O próximo passo é combinar os aspectos com os signos e com as casas. Os aspectos já levam em si um pouco de informação, e o signo e a casa em que caem os planetas em aspecto refinam essa informação.

Aspectos entre os planetas exteriores

Os aspectos entre os planetas exteriores não são pessoais, mas coletivos, e podem durar décadas em alguns casos. Não devem ser considerados num nível pessoal no processo da interpretação. Alguns exemplos comuns de aspectos entre planetas exteriores para muitas pessoas nascidas na segunda metade do século XX são:

- Netuno em sextil com Plutão (♆⚹♇). Esse aspecto esteve ativo desde a década de 1940 até o fim dos anos 1990, e se repete em partes do século XXI.
- Urano em oposição a Quíron (♅☍⚷). Esse aspecto pode ser considerado um semiaspecto, mesmo porque Quíron não é exatamente um planeta exterior; ocorreu do começo da década de 1950 até o fim dos anos 1980.

Nenhum dos aspectos acima permaneceu formado por todo o período, então não estarão nos mapas de todos os nascidos nessa época, mas nos da maioria. Além disso, em certos pontos Urano estava em conjunção com Plutão ou com Saturno, em oposição a Quíron.

A oposição de Urano com Quíron só se torna pessoal quando o aspecto também envolve um planeta pessoal – como Mercúrio no mapa de Celeste – ou Júpiter. Saturno, sendo um planeta social, também deve ser considerado quando em aspecto com Urano, Netuno ou Plutão no mapa, uma vez que Saturno o traz para o campo mais pessoal.

No caso particular do sextil entre Netuno e Plutão, porém, pode-se ignorar o aspecto completamente.

Unindo os aspectos

■ **Palavras-chave**

Usaremos o mesmo método básico sugerido para combinar os planetas e os signos, ou os planetas e as casas, para nos familiarizarmos com os aspectos, mas faremos um importante acréscimo. A natureza do aspecto em si há de ser considerada também, e aqui as palavras-chave dos aspectos também podem ser usadas antes de tudo.

Escolha dois planetas de um mapa qualquer, ou simplesmente escolha dois planetas. Depois pense em alguma palavra que você associa a cada um dos planetas (sem olhar na lista, se possível). Tente unir os dois planetas desse modo apenas lembrando-se dos seus significados essenciais. Depois de ter visto esse processo no capítulo anterior, pode ser que você não encontre muita dificuldade! Junte as duas palavras e faça uma frase que resuma a associação. Nos exemplos abaixo, usando cada planeta e ângulo, destaco apenas um dos significados de cada, mesmo havendo muitos outros:

Marte – guerra; Júpiter – deus = guerra santa = lutar pelas crenças.
Sol – identidade; Mercúrio – comunicação = identifica-se com a comunicação = conversador.
Lua – família; Urano – independência = família independente = desenvolver a individualidade.
Mercúrio – fala; Quíron – ferida = fala ferida = dificuldades com a fala

Saturno – disciplina; Plutão – intensidade = disciplina intensa = perseverança.

Vênus – amor; Netuno – ideais = amor idealista = idealismo romântico.

Lua – carinho; Ascendente – primeiras impressões = é visto pelos outros como uma pessoa carinhosa.

Sol – o eu essencial; MC – caminho da vida = o caminho da vida como parte do eu essencial.

Agora tente incluir uma breve "descrição do aspecto". Se você não consegue se lembrar, apresento a seguir algumas palavras-chave para os aspectos principais. Nestes exemplos uso as mesmas descrições planetárias apresentadas acima para algumas das combinações:

Marte em quadratura com Júpiter (♂□♃)

Marte – guerra; quadratura – desafios; Júpiter – deus = batalhas difíceis em prol da crença.

Marte em trígono com Júpiter (♂△♃)

Marte – guerra; trígono – harmonia; Júpiter – deus = persuadir os outros a adotar a sua crença.

Vênus em conjunção com Netuno (♀☌♆)

Vênus – amor; conjunção – unidade; Netuno – ideais = amor pelo mundo, amor por todos = compaixão.

Vênus em oposição a Netuno (♀☍♆)

Vênus – amor; oposição – dualidade; Netuno – ideais = divisão entre o amor e os ideais, idealizar os outros = amor pelo ideal.

Lua em sextil com Urano (☽⚹♅)

Lua – família; sextil – recompensa dos esforços; Urano – independência = atitudes independentes da família = a autossuficiência lhe cai bem.

Lua em conjunção com Urano (☽☌♅)

Lua – família; conjunção – unidade; Urano – independência = independência prematura da família ou dentro dela = a liberdade emocional é importante.

Se expandirmos essas ideias, que são frases um tanto limitadas, e usarmos as **palavras-chave** das descrições dos planetas no Capítulo 3, da mesma forma que fizemos com os planetas nos signos e nas casas, poderemos ampliar nosso vocabulário astrológico. Com as **frases-chave** dos planetas e dos aspectos nos Guias de Referência Rápida, desenvolveremos um entendimento mais profundo do significado dos aspectos. Do mesmo modo que você fez com os planetas nos signos e nas casas, é aconselhável escolher as frases que acha que contêm mais significado. O desenvolvimento da capacidade de identificá-las leva tempo e prática, mas se você realmente praticar – talvez com os mapas dos seus amigos –, a sua capacidade e a sua compreensão crescerão naturalmente.

Como você já sabe, os quatro pilares do mapa podem ser compreendidos de uma maneira muito mais profunda do que com apenas uma ou duas palavras-chave, mas mesmo assim elas são um bom começo. Os aspectos planetários em particular dão complexidade e profundidade ao mapa e ajudam a definir a pessoa por dentro. Existem três partes para compreender os aspectos: cada um dos dois planetas e, por fim, o aspecto entre eles. Isso significa que os aspectos têm algumas facetas a mais do que os planetas nos signos e nas casas. Para combiná-los de forma habilidosa é necessário um salto mental um pouco maior, desde o processo de juntar palavras-chave até transformar essas palavras em percepções profundas. Separá-las da forma descrita neste capítulo e depois formar frases é uma ilustração desse método de interpretação dos aspectos.

Frases-chave

Para encontrar interpretações mais profundas, podemos usar os Guias de Referência Rápida para uma visão geral, como sugerido no Capítulo 8, e, se necessário, consultar os capítulos anteriores. Agora daremos mais um passo no processo de combinar informações diferentes, de afiar nossas habilidades. No primeiro exemplo, Mercúrio em quadratura com Plutão, as frases-chave já foram incluídas.

Frases-chave: Mercúrio em quadratura com Plutão (☿□♇)
- *Mercúrio* – processos de pensamento, mentalidade, forma de comunicação e aprendizado; conhecer outras pessoas e criar laços com elas, conexões; movimentar-se, transportes.
- *Plutão* – colapso e transformação, término e inovação; compulsão, uso ou abuso de poder e de controle, obsessões; o poder da sexualidade, intensidade, morte e renascimento – simbólicos ou literais; problemas esquecidos ou secretos vindo à tona, purificação profunda.
- *Quadratura* – conflitos internos, tensão, resistência, defensividade; falta de realismo, exageros; busca de resultados; as quadraturas nos forçam a crescer, a aprender e a encontrar nossa força interior.

Significados para Mercúrio em quadratura com Plutão:
- muita cautela ao comunicar os pensamentos aos outros (tendência a revidar), guarda segredos quando necessário;
- aprender sobre o poder exercitando o próprio poder;
- pode se tornar obcecado por outras pessoas ou por uma ideia e agir com brutalidade;
- comunicação intensa, quer sempre chegar na raiz das coisas, profunda visão de si mesmo.

Pessoa famosa com Mercúrio em quadratura com Plutão: Lewis Carroll, autor de *Alice no País das Maravilhas* (27 de janeiro de 1832, 03h45, Daresbury, Inglaterra). Carroll escreveu (Mercúrio) sobre um mundo subterrâneo (Plutão) cheio de desafios (quadratura).

Abaixo seguem mais três exemplos tirados do Capítulo 6: Os Aspectos, divididos em suas partes básicas para demonstrar como as interpretações foram alcançadas. Continuando com a filosofia de treinar lentamente suas habilidades interpretativas, passo a passo, a princípio exploraremos somente os aspectos planetários. Os signos e as casas em que caem os aspectos naturalmente os situarão num contexto mais amplo, enriquecendo seus significados. Mais à frente neste capítulo você encontrará outros exemplos ilustrativos.

Os Guias de Referência Rápida não foram reproduzidos abaixo, mas você pode consultá-los no fim do livro. Uma tarefa que sugiro para este capítulo é que você tente criar por si mesmo algumas formas diferentes de expressar os significados-chave dos planetas. Para ajudá-lo, o significado de cada aspecto usado será dado com cada interpretação.

As breves interpretações do Capítulo 6 se repetem aqui, com o número da página para facilitar sua identificação:

Lua em conjunção com Mercúrio (☽ ☌ ☿) [da página 165]
1. Pensamento racional combinado inextricavelmente com a emoção e a intuição.
2. Falador, humor variável.
3. Boa memória, piadista/contador de histórias, tem as respostas sempre na ponta da língua.

- Conjunção – os dois planetas agem como um só, seus significados se fundem; de todos os aspectos, a conjunção é o mais poderoso do mapa natal.

O processo da interpretação:
1. Por causa da conjunção, a razão pura de Mercúrio se combina com as reações emocionais da Lua. Isso significa que os processos de pensamento naturais não são completamente lógicos, mas têm um tom de emoção. Ao mesmo tempo, as reações emocionais lunares são moderadas pela habilidade mercuriana de se comunicar com relativa clareza. Isso indica que em certas ocasiões a pessoa é capaz de analisar suas emoções, de não se envolver em experiências emocionais estressantes e de comunicar aos outros exatamente como se sente.
2. A tagarelice e a instabilidade emocional são intensificadas pela agilidade de Mercúrio aliada à adaptabilidade da Lua. Então, quando surgem ideias ou pensamentos na cabeça de alguém com esse aspecto, ele tem a tendência instintiva de comunicá-los aos outros, o que quer que seja. Como essa tendência é muito forte, resulta em extrema tagarelice – dependendo do humor da pessoa.

3. Como a Lua é associada à memória e Mercúrio à velocidade, histórias e piadas são memorizadas e repetidas com facilidade. Essa combinação pode dar à pessoa um talento para entreter os outros. Pode também indicar que a pessoa aprecia uma boa fofoca!

Pessoa famosa com Lua em conjunção com Mercúrio: Whoopi Goldberg, atriz e comediante (13 de novembro de 1955, 12h48, Nova York).

Marte em sextil com Urano (♂ ⚹ ♅) [da página 170]
1. Prefere agir independentemente, com base nas próprias ideias.
2. Incansável, gosta de se manter ocupado ou em movimento.
3. Tem coragem para abandonar as convenções.

- Sextil – bom fluxo de energia, aprecia desafios; um certo esforço é necessário para alcançar o máximo do seu potencial; aspecto harmonioso com um quê de dinâmico; indica onde se podem alcançar conquistas efetivas.

O processo da interpretação:
1. A energia e a força de vontade de Marte fluem bem com a independência de Urano, resultando em ideias e atitudes originais, se não radicais. Pode ser agradável colocar todas essas características em ação.
2. Tanto Marte quanto Urano têm qualidades de velocidade e energia. Marte pode ser impulsivo; Urano pode agir de maneiras inesperadas. Há a necessidade de se colocar essa energia em ação para continuar reinventando a roda e se divertindo no processo.
3. Ambos também podem demonstrar coragem – a coragem da convicção ou de "ser diferente". Comportando-se de uma maneira que surpreende os outros e quebra algumas regras sociais, e seguindo seu próprio caminho, essa pessoa chama a atenção.

Pessoa famosa com Marte em sextil com Urano: Agatha Christie, dramaturga e escritora de romances policiais, autora de 67 obras (15 de setembro de 1890, 04h00, Torquay, Inglaterra).

Marte em oposição com Netuno (♂☍♆) [da página 166]

Esse posicionamento foi incluído para ilustrar como um planeta (neste caso, Marte), quando influenciado por outros fatores no mapa, pode se revelar de formas diferentes.

1. Tem dificuldade para defender a si mesmo ou a seus pontos de vista, permitindo que os outros assumam a liderança.
2. Dificuldade para realizar os sonhos, sente que o mundo conspira contra você.
3. Defensor dos menos capazes, vontade de ajudar os outros.

- Oposição – sensação de estar dividido em dois, tentando unir as duas partes; projeta essa sensação em seus relacionamentos; a falta de coordenação ou a incapacidade de solucionar seus conflitos dá a impressão de uma divisão no caráter.

O processo da interpretação:

1. Marte no mapa tem uma energia incomum quando opera de maneira pura, faz parte do ego (juntamente com o Sol) e defende a si mesmo. Netuno é o oposto, pois enfoca o ilimitado e a perda do ego. Com essa oposição, a "energia marciana" da pessoa é projetada nas outras, fazendo-as parecerem mais fortes. O resultado é a dificuldade de acreditar em si mesmo, que se manifesta como baixa autoconfiança ou autoestima.
2. Essa pessoa sonha e imagina com facilidade, mas até ficar mais segura de si é possível que passe por períodos de falta de coragem e de energia, coisa que não ajuda na realização dos sonhos. O indivíduo tem a imaginação forte e pode ser atraído pela arte e pela beleza.
3. Um ponto positivo é que há compaixão e um desejo de servir; quando o indivíduo adquire uma noção mais clara dos limites (talvez com treinamento), pode ter muita satisfação em cuidar dos outros e apoiá-los.

Pessoa famosa com Marte em oposição com Netuno: Elizabeth Taylor, atriz e estrela de cinema, foi um ícone de Hollywood. Também aderiu a causas humanitárias (27 de fevereiro de 1932, 02h00, Londres, Inglaterra).

Combinando os pilares: os planetas, os signos, as casas e os aspectos

Já começamos a explorar como combinar os planetas com os signos e casas. Recapitularemos tudo isso com mais um exemplo tirado do mapa de Robin e depois incluiremos os aspectos. Dessa forma, veremos como a interpretação é construída a partir dos fatores básicos; veremos também como cada fator modifica o significado básico do planeta sem mudar a sua essência. Isso pode parecer um tanto complexo na teoria, então incluí um exemplo para lhe dar um modelo para seguir: o Sol no mapa de Robin.

Desenvolver a sua compreensão passo a passo é como seguir uma receita. No início você tende a colocar os ingredientes da forma exata que a receita dita, mas você pode – com a repetição, com o tempo e com a experimentação – testar variações dos métodos por si mesmo.

As frases-chave dos GRR serão usadas somente com o signo solar e com a casa neste exemplo. No mais, observarei o posicionamento completo e explicarei com pequenas sentenças como se combinam as partes diferentes. O signo ou a casa de todos os planetas envolvidos nos aspectos com o Sol não precisam ser incluídos separadamente, mas os mencionarei quando for preciso. Como há um grande número de aspectos com o Sol, manteremos o foco apenas nos aspectos maiores.

Robin

Sol em Libra, casa 2. (☉♎2)
5 x aspectos maiores: **Sol em trígono com a Lua em conjunção com Quíron; Sol em sextil com Júpiter em conjunção com Urano; Sol em quadratura com Netuno** (☉△☽☌⚷; ☉⚹♃☌♅; ☉□♆)

Primeiras impressões

Observando o Sol no mapa para tirar as primeiras impressões, parece que Robin o tem bem posicionado e com bons aspectos, sugerindo que ele tem uma boa noção da sua identidade pessoal. Ele é de Libra, com a sua própria combinação única de aspectos e da casa.

O aspecto mais difícil com o Sol de Robin talvez seja a quadratura com Netuno, pois Netuno é nebuloso e dissolve o ego (Sol). Esse aspecto pode certas vezes minar sua confiança. É possível perceber também que o orbe da quadratura de Sol com Netuno é largo, tornando o aspecto dissociado – isso significa que o aspecto não é muito poderoso, mas, por existir, fará algum efeito. Esse aspecto também é modificado pelos trígonos e pelos sextis. O Sol em trígono com Quíron é o aspecto mais exato com o Sol, com um orbe de menos de 1 grau; então, é considerado exato. A Lua em conjunção com Quíron também é um aspecto dissociado, mas pode ser amplificado pela exatidão do trígono de Sol com Quíron.

A habilidade astrológica entra em cena na avaliação de quanto a quadratura de Netuno com o Sol pode influenciar os outros aspectos mais harmoniosos. Se observarmos cada parte com mais atenção, poderemos ter um entendimento mais claro. Para dar uma ideia de como combinar os dois aspectos "múltiplos" com o Sol – Sol em sextil com Júpiter em conjunção com Urano e Sol em trígono com a Lua em conjunção com Quíron –, incluí uma interpretação das duas conjunções. Nas situações em que um planeta tem o mesmo aspecto com dois ou mais planetas numa conjunção, é normalmente melhor, em prol da integridade da interpretação, lidar com os aspectos duplicados como se fossem apenas um. No começo, contudo, isso pode parecer muito complicado. Por isso, separei a interpretação em pequenas partes abreviadas.

Signo e casa: frases-chave dos GRRs
- *Libra* – adora a harmonia, a beleza, a paz e o equilíbrio; pode ser uma pessoa desapegada; pessoa justa e generosa; não gosta de solidão nem de conflitos; tem dificuldade para tomar decisões claras; aprecia a beleza, amigável.
- *Casa 2* – bens materiais, atitude quanto ao papel do dinheiro na vida; experiências que passam uma sensação de valor; desejo e noção de segurança material; recursos pessoais, incluindo os talentos e as experiências que aprecia; a relação com o corpo físico; apegos às coisas e às pessoas.

Frases-chave para o Sol em Libra na casa 2 de Robin:
- Valoriza as circunstâncias harmoniosas e gosta dos amigos.
- Sente-se confortável quando tem segurança material e compartilha seus recursos.
- Sente-se inseguro ou indigno quando não há ninguém íntimo em sua vida por muito tempo.
- Guarda para si próprio os bens que são belos.
- Fecha-se emocionalmente em situações de conflito.

Avaliando os aspectos com o Sol
Sol em trígono com a Lua ☉△☽
(Trígono – harmonia, facilidade de expressão, bom fluxo de energia; talentos e habilidades naturais.)

- A mente e o coração naturalmente funcionam bem juntos, e existe a capacidade de encontrar soluções harmoniosas para conflitos, sejam eles interiores ou exteriores.
- O equilíbrio emocional ajuda a aceitar aquilo que você não pode mudar, principalmente as experiências do passado.
- Suas experiências da infância desenvolveram uma visão da vida que o estabiliza, e os outros valorizam nessa característica.

Sol em trígono com Quíron ☉△⚷
(Quíron – o estrangeiro e o diferente; o curandeiro ferido da alma e do corpo; o sábio guia ou professor; encontrar seu próprio caminho.)

- Busca seu próprio caminho na vida, desenvolvendo a força interior com os desafios emocionais.
- Demonstra o potencial de ajudar, curar ou guiar os outros usando a própria experiência.
- Sente que é diferente dos outros de alguma forma, individualista e discreto.

Lua em conjunção com Quíron ☽☌⚷
- Sensível e vulnerável, provavelmente aprendeu durante a juventude a se proteger emocionalmente.

- Pode ser defensivo e se esconder até certo ponto, mas é muito provável que defenda aqueles que ama.
- Intuitivo, paranormal em certas ocasiões, uma presença forte do passado e da família próxima, principalmente da mãe.

Agora, juntando todas as partes do aspecto múltiplo: *Sol em trígono com a Lua em conjunção com Quíron* ☉△☽☌⚷

- Mesmo tendo tido uma infância estável, também sofreu provações emocionais, mas tem um bom potencial para aceitar seu passado.
- É muito provável que tenha sido próximo dos pais durante a infância, mesmo havendo algumas circunstâncias difíceis; tem forte desejo de seguir seu próprio caminho.
- Poderia pôr em prática uma capacidade intuitiva de cura baseada em suas experiências, tanto na vida pessoal quanto na carreira.

Sol em sextil com Júpiter ☉⚹♃

- A abordagem otimista de Robin quanto à vida pode dar a impressão de que ele é sortudo; mas é sua atitude positiva e extrovertida que costuma trazer resultados positivos.
- O interesse pelo aprendizado sugere que ele gosta de cursos e viagens.

Sol em sextil com Urano ☉⚹♅

- Sua abertura à inovação e seu possível interesse por assuntos ou métodos incomuns pode levá-lo a desenvolver algum tipo de habilidade técnica.
- Gosta de ser livre para encontrar o próprio estilo; é muito provável que apresente resistência a ser liderado, a menos que veja algum sentido na liderança.

Júpiter em conjunção com Urano ♃☌♅

- Aceita o novo; pode ter muito prazer em situações que tornam a vida excitante; os horizontes longínquos o atraem, tanto mental quanto fisicamente.

- A tendência jupiteriana de intensificar tudo aquilo que se relaciona com esse planeta pode produzir situações nas quais ele assume compromissos demais ou transgride muitas regras (Urano).

Assim que você tiver uma noção de cada aspecto individual envolvido, dividindo dessa forma o aspecto múltiplo, combinar as interpretações já é mais que meio caminho andado. É necessário um pequeno salto de compreensão para juntar tudo, coisa que vem com a prática. (Sei que eu já disse isso, mas... experimente!)

Sol em sextil com Júpiter em conjunção com Urano ☉⚹♃☌♅
- Extrovertido, otimista e inventivo; disposto a investir seu tempo no aprendizado de habilidades que lhe serão úteis; pode encontrar seus talentos individuais explorando novas possibilidades.
- Criatividade e entusiasmo pela experimentação.
- Dá o melhor de si (e sabe disso – o Sol) quando tem a liberdade de ir atrás das próprias ideias ou de desenvolver as dos outros; aventureiro, independente, precisa se manter consciente dos limites, quando necessário, para aproveitar ao máximo suas capacidades.

Sol em quadratura com Netuno ☉□♆
- Pode duvidar de si mesmo e isso pode enfraquecer sua noção de si mesmo, fazendo-o sentir-se inadequado ou inferior, principalmente durante a juventude; capaz de enganar e de ser enganado;
- Sensível, caloroso e compassivo, pode ser um tanto ingênuo, coisa que torna fácil que os outros tirem vantagem dele; pode ser muito influenciado pelos outros.
- Idealista e sonhador, nem sempre tem os pés no chão; mesmo quando o realismo é necessário, mantém a capacidade de ver o panorama geral, capacidade essa que pode inspirar-lhe a criatividade.

O Sol no mapa de Robin
- Provavelmente prefere estar acompanhado a estar sozinho, mas também é muito provável que tenha um círculo de amizades que

se importam com ele e valorizam quem ele é (Sol em Libra na 2); em troca, se importa com eles e com a família.
- Também prefere ter segurança material e está disposto a trabalhar para conquistá-la (casa 2).
- Sua vocação para o conhecimento técnico ou por aconselhar e curar (aspectos do Sol com Urano e Quíron) pode ser desenvolvida na sua carreira e fará parte do desenvolvimento da sua autoconfiança e do seu estilo próprio (Lua em conjunção com Quíron na 10).
- Pode gostar de viajar, e também pode buscar expandir o próprio conhecimento de outras formas através de diversos cursos; gosta da diversão e da aventura tanto quanto da vida estável (aspectos do Sol com Júpiter e Urano, Sol na 2).
- Valoriza a honestidade, mas pode sentir-se tentado a mentir em algumas situações – um dilema interno; é importante tornar os limites pessoais bem claros (Sol em quadratura com Netuno).
- É visto como uma pessoa calma, sensível e estável, com um tom de independência, alguém que não costuma se sobrecarregar com uma vida cheia de compromissos.

Levando adiante

Esta análise detalhada do Sol reflete um método de combinação dos diversos fatores astrológicos para chegar a uma interpretação significativa. É claro que este não é o único sistema de leitura do mapa. O método descrito acima é bastante completo e pode servir para alguns, mas não para outros. Aplicando-se essa maneira razoavelmente estruturada de juntar o material, contudo, é improvável que se percam fatores importantes do mapa. O fato de um astrólogo ser capaz de, com uma simples olhada no mapa, fazer uma interpretação inicial pode ser surpreendente; no entanto, sem uma estrutura clara, certos detalhes *significativos* podem passar despercebidos. ("Significativo" é um termo geral usado para cada fator do mapa nas interpretações.)

Depois de analisar as diversas combinações de informação no mapa, há outra parte da astrologia natal: aprender *como selecionar os fatores mais importantes*. É evidente que a quantidade de informação no mapa é grande demais para que se possa usar cada detalhezinho. Isso seria demais, até mesmo para o astrólogo mais habilidoso com muitos planetas em Virgem! Considerando o tempo necessário para listar e analisar tudo, tanto o astrólogo quanto o seu cliente morreriam de tédio durante o processo...

O discernimento é uma habilidade crucial no trabalho astrológico. Discutiremos isso de modo mais detalhado no Capítulo 13: As Anotações e os Temas dos Mapas.

Uma última coisa – a interpretação de padrões de aspectos, como o Grande Trígono ou a Pipa, segue as mesmas regras descritas acima: dividir cada fator em partes isoladas. As interpretações de padrões de aspectos costumam enfocar mais os aspectos em si e menos os signos e as casas envolvidas, mas isso não significa que estes não sejam pertinentes. (Tudo é pertinente na astrologia, sendo este um dos pontos que obriga os astrólogos a estudarem constantemente – sempre há mais para se aprender e mais discernimento a se adquirir.) Os elementos e os modos são úteis na compreensão de muitos padrões de aspectos: ver os Capítulos 6 e 13.

Nos dois mapas de estudo, tanto no de Celeste quanto no de Robin, estão presentes padrões de aspectos. O limite de espaço não permite que interpretemos todos, mas a Quadratura em T de Celeste será analisada nos Capítulos 13 e 14.

A tarefa deste capítulo foi incluída nos exercícios sugeridos acima.

Os próximos três capítulos apresentam alguns fatores relevantes do mapa e compilam de modo mais detalhado alguns elementos que foram mencionados nos capítulos anteriores e precisam ser reforçados.

Capítulo **10**

Desequilíbrios

cada pessoa é única

É fato que nenhum mapa tem o equilíbrio perfeito, com todos os fatores em harmonia. Todo mapa tem um desequilíbrio: excesso de fatores numa parte, falta de fatores em outra. Esse é um dos fatos que fazem com que cada mapa natal revele a individualidade de cada um: como a pessoa se distingue das outras. Os desequilíbrios de nossos mapas nos incentivam a "tapar os buracos" e nos fazem querer alcançar a perfeição no seu nível mais profundo. No processo da interpretação, o astrólogo identifica o que falta e o que se destaca no mapa.

Agora consideraremos a distribuição de uma variedade de fatores do mapa e darei sugestões de como avaliá-los. Esta é uma parte importante de começar a ponderar o mapa – isto é, definir qual a sua orientação principal. **Ponderar** o mapa é uma forma de selecionar as partes mais importantes para fazer a interpretação. As áreas com possíveis desequilíbrios perceptíveis são:

- Os elementos, os modos e as polaridades.
- Planetas sem aspectos ou com muitos aspectos.
- O posicionamento dos planetas no mapa.

As faltas e excessos contam uma história. Um elemento ou um modo que não tem nenhum planeta, ou apenas um, ou só um ângulo, é o que os astrólogos costumam chamar de "fraco". Esta é uma das maneiras pelas quais é possível acessar facilmente o amontoado de informações presentes no mapa. Os desequilíbrios podem de fato indicar desafios, mas também podem abrir caminho para conquistas extraordinárias. Pode ser que a pessoa não encontre o equilíbrio perfeito, mas pode colocar tanta energia numa área particular da vida a ponto de se tornar conhecida por isso – até se tornar um especialista.

Cada parte do mapa contribui com o todo, até o que parece ser fraco. Na verdade, as partes fracas ou negligenciadas têm um efeito forte sobre nós, gerando energia e impulso. É muito comum que aquilo que falta no mapa seja o que motiva a pessoa a escalar montanhas, criar obras de arte, literatura ou música, demonstrar coragem, ter sucesso nos negócios ou em algum esporte – a lista não tem fim. Isso pode se tornar uma obsessão, que pode, por sua vez, produzir resultados positivos decorrentes do esforço.

Os desequilíbrios mais óbvios do caráter são, na minha experiência, os dos **elementos** e dos **modos**. Essa informação dá ao astrólogo uma noção imediata do equilíbrio do mapa. **Os planetas sem aspectos**, se houver, também são evidentes. A distribuição desequilibrada dos planetas nos setores diferentes do mapa pode ser menos óbvia em termos de comportamento compensador ou desconexo.

Ao ler este capítulo, lembre-se do princípio "assim em cima como embaixo", incorporado no pensamento mágico. Relacionei fenômenos físicos, como as descrições dos elementos, aos estados psicológicos que os refletem dentro de nós.

Se um mapa tem uma área dominante, as características dessa área serão expressadas de alguma forma no caráter da pessoa e nas circunstâncias ao seu redor. A energia aqui demonstrada normalmente fluirá e parecerá natural à pessoa. Acima de tudo, será uma parte dominante da experiência que o indivíduo tem de si mesmo.

Se um mapa dá muita ênfase a certos fatores, outros estarão negligenciados. Essa área menos dominante também é uma parte forte da personalidade. Aí surge uma questão – se uma área em falta é enfatizada junto com a área dominante, como o astrólogo consegue distinguir entre o que é dominante e o que está ausente? Essa ausência pode se revelar de muitas formas, mas as três principais são:

- uma desconexão da área em questão com o resto do mapa
- uma compulsão para dominar a área da vida em questão
- uma tendência de ser dominado pela parte ausente

Uma qualidade que a pessoa rejeita ou despreza nos outros, ou nega que ela mesma a possui, pode estar enterrada nas profundezas da parte "ausente" do mapa. As pessoas importantes na vida dessa pessoa podem atuar como uma espécie de compensação. A chave para reconhecer, com a prática e com a experiência, como distinguir as partes abundantes das escassas está nos padrões comportamentais da pessoa. Onde há uma diferença significativa no mapa, o nível de compensação excessiva, a preocupação obsessiva, ou forte negação podem ser marcantes. Há a tendência de passar dos limites em tudo o que se refere ao fator em questão.

Um exemplo bem direto: você talvez saiba (e, em segredo, talvez não goste disso) que não é um "intelectual", mas é bom em executar as "ideias dos outros". Você talvez se case com alguém que tem muitas ideias, mas tem dificuldade em levá-las adiante. Isso significa que muitas ideias brilhantes do seu parceiro nunca terão visto a luz do dia até o momento em que ele o conhecer. Uma representação dessa configuração no mapa é uma falta do elemento ar, mas uma abundância de terra. (Existem outras possibilidades, esta é apenas uma delas.)

Revendo os elementos, os modos e as polaridades

A observação dos desequilíbrios dos elementos, dos modos e das polaridades no mapa forma uma boa base para a interpretação. Por isso, expandiremos aqui as breves informações fornecidas nos capítulos anteriores. Para analisar o equilíbrio, contamos quantos planetas estão em cada elemento: fogo, terra, ar e água; e em cada um dos modos: cardinal, fixo e mutável. Contamos, por fim, as polaridades.

Ao contarmos os planetas, usamos somente **os sete planetas tradicionais de Sol a Saturno, mais o Ascendente e o MC**. Não contamos os nodos, Quíron, Urano, Netuno e Plutão. "Fazemos isso devido aos longos períodos orbitais e à lenta mudança de signo dos planetas exteriores." Como os nodos não são planetas, não os contamos. Os planetas pessoais e sociais e os ângulos mudam de signo relativamente rápido, então os contamos.

Há certa discordância sobre o número de pontos a serem contados para cada planeta e ângulo. Alguns astrólogos, reconhecendo a importância do Sol e da Lua, lhes atribuem dois pontos para as posições dos luminares. Alguns dão menos para Júpiter e Saturno. Para evitar essas complicações, sugiro que nessa fase consideremos que cada um dos sete planetas e dos dois ângulos vale um ponto, totalizando nove pontos tanto no equilíbrio do elemento quanto do modo. Se o elemento ou o modo não tem nenhum planeta ou nenhum ângulo, ou apenas um, o consideramos fraco. Um determinado número de planetas no mesmo elemento ou modo, normalmente no mínimo três, o torna forte. Você verá que é mais fácil somar os pontos dos modos e dos elementos separadamente. A maneira normal de verificar o equilíbrio do mapa dessa forma é combinar o elemento mais forte com o modo mais forte. Veja o equilíbrio de Robin na página seguinte.

	Fogo	Água	Ar	Terra
CARDINAL	Áries ♈	Câncer ♋	Libra ♎	Capricórnio ♑
FIXO	Leão ♌	Escorpião ♏	Aquário ♒	Touro ♉
MUTÁVEL	Sagitário ♐	Peixes ♓	Gêmeos ♊	Virgem ♍
	Masculino	Feminino	Masculino	Feminino

A tabela acima foi reproduzida do Capítulo 4 – Os Signos do Zodíaco –, para facilitar a referência.

A polaridade do mapa, que descobriremos verificando o equilíbrio entre elementos masculinos e femininos, pode ser facilmente verificada depois de se contarem os elementos do mapa que está sendo analisado.

O número de planetas em fogo e ar é combinado para verificar a polaridade positiva. Fazemos o mesmo com os planetas em água e terra, para verificar a polaridade negativa. A polaridade dá somente uma indicação inicial de receptividade/passividade (feminino) ou de extroversão ativa (masculino). Em alguns casos a polaridade é equilibrada em 5:4, e não tem muito significado.

- **Contando os planetas: os elementos, modos e a polaridade de Robin**

Elementos:
Fogo = 5 (Vênus, Marte, Júpiter, + Ascendente, MC)
Terra = 2 (Lua, Mercúrio)
Ar = 1 (Sol)
Água = 1 (Saturno)

Modos:
Cardinal = 2 (Sol + MC)
Fixo = 5 (Lua, Vênus, Marte, Saturno + Ascendente)
Mutável = 2 (Mercúrio, Júpiter)

Polaridade:
Positivo 6; Negativo 3

No geral, o mapa de Robin é predominantemente de fogo e fixo, o elemento e o modo dominantes, respectivamente. Tem falta de água e ar, com apenas um planeta em cada um. Isso significa que o mapa leva a assinatura de Leão, o que está certo, já que Robin tem o Ascendente em Leão e dois planetas pessoais no signo. Em alguns casos o mapa leva a assinatura de um signo que não é evidente à primeira vista, o que é digno de nota.

Os elementos: fogo, terra, ar e água

Em tempos antigos e mais místicos, considerava-se que os quatro elementos compunham tudo o que existia na Terra. A maior parte dos astrólogos hoje em dia faz adaptações desse ponto de vista abrangente, mas mesmo assim muitos concordam que os elementos são uma potente ferramenta de interpretação para analisar o equilíbrio dos mapas. Mesmo literalmente, todos os elementos são essenciais para a vida na Terra.

Os elementos também são imensamente poderosos e nos impõem respeito. Pense na força bruta da água de um tsunami ou no poder de uma cachoeira; no impacto de um deslizamento de terra; nas fissuras flamejantes e na lava de um vulcão; nos ventos espiralantes de um furacão. É claro que esses exemplos são extremos, mas servem para ilustrar quão pequenos somos diante dos quatro elementos entendidos literalmente. As emoções também podem ter uma força equivalente dentro de nós, na nossa escala.

Na astrologia, os elementos têm um significado simbólico psicológico ou mágico, mas também podem ter níveis físicos de significado. Os que seguem outros sistemas de pensamento, como as bruxas modernas, os pagãos ou aqueles que trabalham com tarô, também levam muito em conta os elementos.

Os símbolos dos quatro elementos são todos triângulos. A estrela de seis pontas formada pela junção dos quatro símbolos dos elementos é um símbolo mágico antigo que significa o equilíbrio, ou "tudo em um". Essa estrela também é o símbolo do judaísmo, a estrela de davi.

■ Fogo

Para sobreviver, as pessoas precisam de luz e calor, quer seja de nossa estrela flamejante, o Sol, ou de alguma fonte artificial, seja ela o aquecimento central ou lâmpadas elétricas. O fogo providencia essa energia crucial, que, em todas as suas formas, precisa ser controlada. Se pensarmos em algumas formas do fogo, veremos como esse significado literal pode ilustrar algumas emoções, características ou estados psicológicos. (Isso também se aplica aos outros elementos.) Pense em quantos puder – mas a seguir incluí alguns exemplos:

- uma vela para iluminar ou modificar a ambientação

- uma lareira brilhante, acolhedora numa noite de inverno
- um incêndio violento na floresta, que destrói mas abre caminho para uma nova geração de plantas
- um raio caindo

O fogo é uma energia pura e natural e uma força que anima a vida. Os signos de fogo são todos, de diferentes formas, personificações da energia e compartilham qualidades de generosidade, paixão (o calor da emoção!) e de desejo de viver. O fogo pode ser dramático e imprevisível, como os raios. Isso tem a ver com a impulsividade e espontaneidade de Áries, Leão e Sagitário, características que podem perturbar almas mais sensíveis.

Dominância

Do mesmo modo que um incêndio com o tempo acaba se consumindo, um mapa com fogo dominante pode também se consumir se levado a extremos. A energia selvagem e criativa das pessoas com muitos planetas em fogo não é muito estável, mas seu entusiasmo, sua profundidade e a sua pura e simples alegria de viver costumam atrair os indivíduos mais práticos, que por sua vez dão forma a toda essa inspiração. Se alguém com fogo dominante aprender a conter suas paixões e a conservar sua energia, é possível que sua autoconfiança natural, sua fé na vida e seus pensamentos criativos fluam de maneira positiva e inspirem os outros. Como uma lareira, a forte presença de signos de fogo no mapa é uma energia acolhedora e jovial.

Ausência

O fogo, quando fraco (com um único ponto ou nenhum), pode se revelar de muitas maneiras. Algumas possibilidades são: falta de confiança, timidez ou períodos de pouca energia. Uma pessoa com essa fraqueza pode ter problemas com a fé ou, da mesma forma, passar muito tempo ponderando sobre o assunto. Por outro lado, podem ocorrer explosões aparentemente dramáticas, como se houvesse uma brasa oculta queimando por muito tempo até se revelar em chamas. Como forma de compensação, essa pessoa pode se sentir atraída por uma carreira que necessite de muita criatividade, ou por atividades como os jogos de azar ou outras empreitadas arriscadas que podem acabar virando um vício/compulsão. Certo envolvimento exagerado em causas que dominam a vida em alguns períodos é possível. Aqueles com pouco fogo tendem a formar relações com pessoas de temperamento equilibrado.

▪ Terra

Esse é o elemento sobre o qual todos nós literalmente nos apoiamos e do qual tiramos nosso sustento. A terra tem uma harmonia natural com os ritmos da vida e entra naturalmente nas rotinas que nos dão segurança. Esse é o elemento que melhor compreende a necessidade de ganhar a vida, de nos alimentarmos e cuidarmos do corpo, de sobrevivermos e de nos adaptarmos ao mundo real. A terra é predominantemente pragmática, e os signos terrosos de Touro, Virgem e Capricórnio costumam desenvolver uma combinação de valores pessoais que incluem uma boa dose de senso comum.

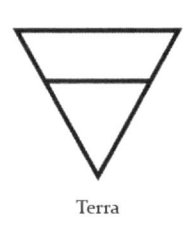

Esse elemento assume formas tangíveis em tudo o que nos cerca e em todos os bens materiais necessários para a vida. Algumas das suas formas são:

- o mundo natural
- estruturas artificiais, como prédios e cidades
- dinheiro e objetos de valor
- o corpo físico, atividade física, alimentação

A terra é necessária para nos conter, da mesma forma que o corpo abriga o nosso espírito.

Dominância

Um mapa dominado por planetas de terra indica uma pessoa que se concentra muito nas praticidades da vida. Pode ter a tendência de aceitar a vida do jeito que ela é ou de adotar uma visão de mundo materialista. Costuma ser bom em encontrar soluções práticas e viáveis para quase todos os problemas, já que essa pessoa tende a não valorizar a imaginação abstrata. As pessoas com terra dominante costumam cuidar muito bem do seu dinheiro e dos seus bens e detestam gastar demais ou ficar sem comida em casa. São generosas e bondosas, pacíficas e confiáveis. Sua tendência a confiar somente naquilo que pode ser provado ou que é seguro pode resultar numa cautela desnecessária, possessividade ou teimosia. A terra se sente atraída pelos tipos elementais que são capazes de aliviar suas atitudes e ampliar seus horizontes.

Ausência

Uma pessoa sem muita terra, com somente um ou nenhum planeta nesse elemento, às vezes é um tanto flutuante ou instável. Isso pode assumir muitas formas, como a falta de atenção a necessidades físicas como a fome, esquecendo-se de se alimentar por horas quando envolvida em outras atividades, mesmo que goste de comer. Essa pessoa pode não se interessar muito pelo seu trabalho ou não se satisfazer com a sua carreira, e pode acabar com problemas financeiros. A flutuação pode tornar a pessoa indigna de confiança ou minar sua noção temporal – coisa que pode não ser levada a sério nem passar despercebida. Para compensar, pode haver um impulso de dedicar uma quantidade extraordinária de energia para alcançar as suas ambições, coisa que pode se tornar obsessão.

Alguns dos indivíduos com pouca terra podem fazer muito sucesso, já que são impulsionados por sua compulsão, talvez com uma sensação de que nunca têm o suficiente. Contudo, esse indivíduo nem sempre é capaz de instituir rotinas e de cuidar de todas as suas necessidades práticas. O ideal para esse tipo de pessoa é encontrar alguém que seja capaz de lidar com isso. A vida será um desafio até essa pessoa aprender a valorizar suas necessidades físicas e a incorporar rotinas na vida.

■ Ar

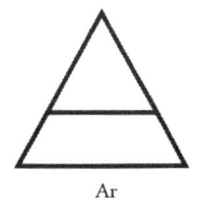

As montanhas e as colinas, lugares onde o ar é mais límpido e fresco, costumam ser valorizadas pelos signos de Gêmeos, Libra e Aquário. Eles gostam também de dormir com a janela aberta – os signos de ar gostam de ar! Todos nós compartilhamos o Ar, já que esse é o elemento que conecta a todos enquanto circula pelo mundo. A temperatura do ar pode variar bastante, desde o frio intenso até o calor escaldante; e temperaturas extremas, quentes e frias, podem dificultar a respiração – a mesma dificuldade de respiração acontece ao escalar montanhas onde o ar é menos denso. Esse elemento pode assumir muitas formas concretas, algumas refrescantes, outras destrutivas. Pense em algumas formas do ar por si mesmo e veja os exemplos contrastantes a seguir:

- aquela brisinha de verão – um dia perfeito
- uma lufada violenta de vento que quase nos joga para o alto

Dominância

Quando um indivíduo tem muitos planetas nos signos de ar, costuma ser intelectual, ter uma mente veloz ou tender ao desapego e à neutralidade nos seus pensamentos. O ar é um elemento positivo e masculino e costuma raciocinar, manter a calma e a objetividade e ser capaz de acabar com situações emocionais instáveis. O pensamento abstrato e lógico é natural para esses signos, e as ideias os fascinam. Rodear-se de pessoas com quem pode compartilhar suas ideias é importante para quem tem o elemento ar. Embora os bate-papos, as fofocas e encontros sociais ocorram geralmente com facilidade para ela, é necessário que haja uma conversa séria, uma união de mentes para que essa pessoa se sinta realmente realizada. Um dos maiores talentos do ar é a capacidade de unir, conectar as pessoas entre si. O ar constrói pontes de comunicação, gosta de línguas variadas, é capaz de fazer muitas coisas ao mesmo tempo e pode ter talento para o comércio de serviços e bens. Planejar o futuro e solucionar problemas é um verdadeiro prazer para esse elemento. Os tipos mais emocionais às vezes veem o ar como alguém frio e distante, pois ele costuma racionalizar os sentimentos.

Mas buscar compreender as pessoas é um interesse genuíno para o tipo aéreo, que costuma também ser amigável e acolhedor. A capacidade objetiva de vislumbrar o panorama geral e distanciar-se está presente nele, capacidade que é muito útil para preparar reformas de grande escala, mas pode ser menos prática em situações pessoais. Entretanto, as pessoas aéreas frequentemente formam relações com as pessoas mais calorosas. Essa pessoa tem dificuldade para realmente sentir as suas emoções em vez de analisá-las.

Ausência

A falta de planetas em signos de ar dificulta a clareza e a objetividade. As pessoas com pouco ar não olham para dentro de si mesmas com facilidade, nem analisam as situações com calma antes de chegar a conclusões. Pode haver uma falta de interesse pelos assuntos abstratos, puramente técnicos ou acadêmicos, ou até um sentimento de ameaça. Por outro lado, mergulhar em um desses assuntos pode ser uma atitude altamente compensadora num esforço de dominar a ansiedade. Professores universitários e equivalentes às vezes não têm nada de ar em seus mapas.

■ Água

Mais do que qualquer outro elemento, a água pode mudar radicalmente de forma: pode ser líquida, sólida ou gasosa. Correlaciona-se com a nossa vida emocional e com os signos de Câncer, Escorpião e Peixes. Os estados emocionais humanos são complexos, diversos e variados. As formas abaixo são só uma parte daquelas que essa substância misteriosa pode assumir:

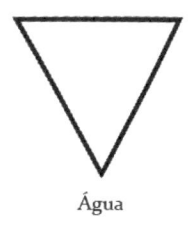

- os oceanos, os lagos
- rios, cachoeiras, chuva
- vapor, nuvens
- gelo, neve

Tenho certeza de que você é capaz, com um pouco de reflexão, de pensar em muitas outras formas que a água pode assumir; e é divertido imaginar a qual emoção a forma corresponde. Por exemplo, seria a raiva como um gêiser, espirrando a água para o alto – ou mais como as corredeiras de um rio, borbulhando furiosamente nas pedras? A raiva é, na verdade, provavelmente uma combinação de água e fogo. Seria o amor refletido pela profundidade do mar, seria a felicidade como uma cachoeira exuberante ou um lago profundo?

Naturalmente, a água flui desviando dos obstáculos no seu caminho e está em constante mudança. É impossível segurá-la, e, como o fogo, precisa ser controlada e contida. A água e as emoções, quando fora de controle, podem nos afogar. Da mesma forma que ela é necessária para a vida, é capaz de destruí-la. As emoções nos levam às alturas do êxtase, nos derrubam às profundezas, nos fazem cair em lágrimas e nos conectam uns aos outros fisicamente com a empatia e a compaixão. A água é receptiva e, como as profundezas ocultas do oceano, é capaz de guardar sentimentos e segredos.

Dominância
Quem tem a maioria dos planetas em signos de água pode ter emoções instáveis e reagir a todas as situações da vida principalmente com seus sentimentos. Preocupa-se com os problemas do mundo ou com os sentimentos de seus amigos. Outras almas menos emocionais, como os tipos aéreos, podem se sentir sufocadas pela pessoa de água dominante – ironicamente, esses tipos costumam ser encontrados em relacionamentos uns com os outros. Mesmo assim, enterrada nas profundezas do ser dos tipos aquáticos há uma imensa força de caráter. Sua lealdade faz suas amizades progredirem rápido; é uma pessoa que oferece apoio e um ouvido amigo.

Ausência
Ausência de água costuma indicar uma desconexão involuntária com os sentimentos, até mesmo uma frieza e distância, ou a simples incapacidade de expressar claramente os sentimentos. A pessoa pode ser alheia à profundidade dos seus sentimentos ou incapaz de reconhecer a origem deles. Isso pode resultar em escapismo: uma forma ou outra de comportamento de fuga, como vícios ou problemas alimentares, atividades ilícitas ou negação. Em certos momentos, esse problema se revela: períodos em que a pessoa é totalmente sobrecarregada pelas emoções e incapaz de aceitar a realidade. Explosões súbitas de raiva ou de choro ou até mesmo de felicidade podem parecer extremas; alternativamente, os sentimentos desconhecidos podem ser contidos internamente e se manifestar como depressão. A pessoa tem a forte tendência de se afastar de

tudo e de todos enquanto está nesse estado mental, já que pode sentir que nada a comove. São os estados emocionais periódicos compulsivos e aparentemente incontroláveis que distinguem a forma de expressão da ausência de água da facilidade de expressar as emoções da água dominante.

Os modos: cardinal, fixo, mutável

Se um mapa tem modos equilibrados, ou seja, três pontos em cada um, a pessoa se sente à vontade com todos os três e este fator do mapa não tem muita importância.

Os signos **cardinais** de Áries, Câncer, Libra e Capricórnio são aqueles que dão início às coisas, que mergulham de cabeça quando atiçados emocionalmente, mas que têm dificuldades em dar continuidade ao impulso inicial. Cada um desses quatro signos tem relação com cada estação do ano. No Hemisfério Sul, a passagem do Sol por Áries marca o outono; por Câncer, o inverno; por Libra, a primavera; e por Capricórnio, o verão. No Hemisfério Norte é o contrário: o Sol em Áries anuncia a primavera, em Câncer o verão, em Libra o outono e em Capricórnio o inverno. O início de cada estação costuma, nos termos da qualidade cardinal, trazer uma energia renovada e uma prefiguração das experiências novas e diferentes que estão por vir. Esse é o caso até para a estação do inverno, independentemente do que você acha dele. Todos os signos cardinais são portadores dessa energia, expressada pelo seu elemento.

Dominância

A presença de muitos signos cardinais indica a tendência de iniciar projetos e de animar as outras pessoas, sempre com muita energia e impulso. Começar não é um problema, mas é difícil terminar o que foi iniciado a menos que alguns planetas também estejam em signos fixos.

Ausência

Essa pessoa pode não buscar uma posição de liderança, preferindo ficar em segundo plano ou seguir a liderança de outra pessoa. Mas mesmo assim, durante a vida, podem ocorrer oportunidades e circunstâncias com a possibilidade de colocá-la em posições de liderança.

Os signos **fixos** são Touro, Leão, Escorpião e Aquário – os signos correspondentes ao meio de cada estação, quando tudo já foi começado, estabelecido e progride estavelmente. Quer seja durante a fertilidade do outono, a dormência do inverno, a vivacidade da primavera ou o crescimento do verão, todos os signos fixos têm a qualidade de manter as coisas em movimento. Às vezes tal persistência parece ir além do que deveria e passa a sensação de que nunca vai parar. Pense no efeito de condições climáticas severas, como um calor prolongado, uma chuva que não para ou nevascas persistentes.

Dominância
A presença de muitos signos fixos indica que a pessoa, através da determinação ou da responsabilidade, consegue levar um projeto a cabo. Tal pessoa tende a ser vista como confiável e suas opiniões podem ser valorizadas. É capaz de se comprometer num relacionamento. No entanto pode ser lenta para tomar decisões, pode ser obstinada ou pode ter dificuldade de mudar de ideia uma vez que esta esteja estabelecida.

Ausência
A ausência de signos fixos indica uma pessoa naturalmente aberta e adaptável, mas que tem a reputação de esquecer seus compromissos ou de mudar de ideia com muita frequência. Mais dia, menos dia surgirão situações para as quais essa pessoa não poderá inventar desculpas e será desafiada a assumir a responsabilidade e a se comprometer.

Os signos **mutáveis** mudam o que está estabelecido. Simbolizam o movimento das coisas que estão para acabar e a troca de marchas antes do próximo passo. Todos os signos mutáveis têm essa qualidade. Gêmeos, Virgem, Sagitário e Peixes são todos signos "fluidos", com certa inquietude, posicionados num período de mudanças, logo no fim das estações e antes do começo da estação seguinte. Há um tom tanto de velho quanto de novo nos signos mutáveis. Parecem estar sempre em cima do muro. Todos os signos mutáveis são flexíveis, adaptáveis e abertos à mudança, mas podem ser distraídos ou, de vez em quando, um tanto inconstantes, ou podem se comprometer com coisas além da sua capacidade.

Dominância

A presença de muitos signos mutáveis no mapa indica a capacidade de seguir o fluxo, de permitir que a vida nos leve para qualquer direção. Tranquilo e de atitude aberta, o indivíduo costuma ser popular exatamente por causa dessa adaptabilidade e do seu modo tranquilo de viver. A tendência de encarar com certa leviandade as responsabilidades e compromissos pode fazer com que os outros, talvez os que possuem autoridade, sintam que a pessoa é ligeiramente indigna de confiança.

Ausência

A falta de signos mutáveis pode indicar que a pessoa tem dificuldade de mudar sua visão ou sua opinião ou de iniciar novos projetos. Haverá ocasiões em que a capacidade de se adaptar às circunstâncias será importante. Ela terá também de aprender a se abrir.

Planetas sem aspectos

Se um planeta não está ligado a outros planetas por aspectos maiores, ele é considerado um planeta sem aspectos. O planeta sem aspectos não se integra com o resto do mapa. Isso costuma se manifestar de duas formas – tanto numa quanto na outra, o planeta merece atenção. As pessoas que têm planetas sem aspectos sentem falta da energia dos planetas em questão; então se sentem desligadas dessa parte de si mesmas, quase como se não a possuíssem; ou, alternativamente, a pessoa sente o forte impulso de enfocar intensamente essa área. O planeta sem aspectos é portador de uma energia poderosa que pode dominar a personalidade e pode se revelar em qualquer uma das duas formas – a desconexão ou o foco intenso – em períodos diferentes, ou até ao mesmo tempo.

Um exemplo nos ajudará a entender melhor essa situação: Marte, o planeta do guerreiro, tem a ver com a autodefesa, a luta, nosso nível de energia física e as expressões de paixão, desejo e raiva. Se você não tem aspectos no seu Marte, uma das formas pelas quais isso pode se manifestar é a sensação de incapacidade de expressar esse planeta, talvez somente até certa altura da vida. Criar limites claros e não permitir que os outros invadam ou dominem seu espaço é muito difícil. Isso pode fazer com que os outros levem vantagem sobre você ou apenas o desconsiderem, coisa que nem sempre você percebe e à qual nem sempre reage. A sensação de raiva pelos abusos pode levar dias – ou muito mais, de vez em quando – para aparecer. Mesmo assim, quando você percebe o que está acontecendo, pode explodir em raiva, surpreendendo os outros – ou ficar perturbado, mas manter os sentimentos represados.

Outra forma pela qual o Marte sem aspectos pode se manifestar é, por exemplo, uma pessoa sempre ocupada, sempre ativa e que parece ter uma reserva de energia para seguir sempre em frente, comportamento que pode às vezes evoluir para uma compulsão. Os outros podem ver esse indivíduo como uma pessoa raivosa que parece estar sempre de mau humor; a maneira de evitar isso é reconhecer o próprio comportamento e aprender a controlá-lo.

Na busca pelo entendimento dos planetas sem aspectos, uma coisa que nos ajuda é levar em consideração o seu signo e a sua casa para encontrar as áreas da vida em que o planeta pode se manifestar.

O planeta sem aspectos pode se comportar de muitas maneiras, mas os princípios são sempre os mesmos. Ele opera separadamente do resto do mapa até o ponto em que a pessoa reconhece seus padrões de comportamento e começa a fazer esforços para mudar. A pessoa pode se sentir atraída por outras que incorporam as qualidades ausentes.

Planetas com múltiplos aspectos

Por outro lado, alguns mapas têm um ou mais planetas que formam aspectos com quase todos os outros planetas e ângulos. Isso, é claro, coloca bastante ênfase no planeta, que passa a atuar como um ponto focal. Os aspectos com o planeta quase sempre serão variados, com alguns trígonos e sextis harmoniosos e outras oposições e quadraturas difíceis. De certo modo, não importa quais são os aspectos – no geral, essa configuração indica apenas que a pessoa tem muita consciência da sua conexão com as características do planeta em questão. Um *stellium*, principalmente quando forma uma conjunção múltipla, é um exemplo de um conjunto poderoso de aspectos, muito evidente no mapa.

Se Marte, ao contrário do que foi descrito antes, tiver muitos aspectos com os outros planetas, é bem possível que a pessoa tenha muitos traços marciais, como o impulso de atividade e o de defender a si mesma, tanto psicológica quanto fisicamente. Principalmente na juventude, os esportes ou outras atividades que precisam de esforço serão objeto de interesse.

Distribuição planetária

■ Os hemisférios e os quadrantes

A roda do mapa pode ser dividida em quatro *hemisférios* diferentes. O Hemisfério Norte está abaixo do horizonte e o sul, acima. Dividir o mapa na vertical nas cúspides das casas 4 e 10 nos dá o hemisfério oriental à esquerda e o ocidental à direita. A divisão do mapa por quatro nos dá os *quadrantes*. Estes são as casas 1-3, 4-6, 7-9 e 10-12, os quadrantes 1-4 respectivamente.

Para verificar a distribuição de todos os planetas, conte-os reparando nas suas posições. Neste exercício devem-se usar todos os dez planetas, mas não os nodos ou Quíron. Contam-se só os sete planetas tradicionais do Sol a Saturno, por motivos que serão explicados nesta seção, unicamente quando tratarmos dos elementos e dos modos. Quando olhamos o mapa, a distribuição planetária é óbvia, como foi mencionado no Capítulo 2. Às vezes, um hemisfério inteiro ou um ou mais quadrantes estarão completamente vagos. Se for esse o caso, o mapa terá mais peso nos setores ocupados e, consequentemente, uma ausência nas partes vagas.

Os planetas sociais e pessoais têm geralmente um pouco mais de importância do que os planetas exteriores no equilíbrio do mapa. Pode ser o caso também que os planetas sejam distribuídos igualmente, sem uma ênfase clara.

Essas distribuições nos dão uma visão panorâmica da orientação da vida da pessoa, que pode ser modificada pelas posições mais específicas dos planetas. É uma boa forma de começar a captar as primeiras impressões sobre o mapa.

- **Hemisférios norte/sul**

Se a maioria dos planetas se encontra abaixo do horizonte, nas casas 1-6, a pessoa será essencialmente introvertida. Essas seis casas do Hemisfério Norte tratam do desenvolvimento pessoal, então o foco estará na vida pessoal e no eu. Para essa pessoa, o mundo exterior das casas 7-12 será menos importante. Isso não significa que o indivíduo é incapaz de encontrar o seu lugar no mundo, mas sua orientação é naturalmente subjetiva. É muito possível que surjam desafios exteriores que precisem de solução, mas a pessoa prefere levar uma vida discreta.

Quando há ênfase nas casas 7-12, no Hemisfério Sul, acima do horizonte a pessoa terá uma tendência natural para se envolver com o resto do mundo. Problemas sociais e outras circunstâncias do tipo preocupam a sua mente. Ela não tem a tendência de refletir e examinar a si mesma, coisa que pode trazer dificuldades, já que muitas situações pedem exatamente isso.

- **Hemisférios oriental/ocidental**

Quando a maior parte dos planetas cai no setor oriental do mapa, nas casas 10-3, a pessoa será altamente reflexiva, com uma tendência natural de analisar as experiências de acordo com suas reações pessoais. Durante a vida, poderá ver-se reiteradamente sozinha, contando apenas consigo mesma. O hemisfério ocidental das casas 4-9 desocupado costuma causar problemas de relacionamento, já que essa área é menos confortável.

Se a maior parte dos planetas está no oeste, muitas situações importantes na vida da pessoa vêm à tona através dos outros. Os relacionamentos são parte natural da vida. Contudo, a capacidade de perceber suas reações internas com clareza ou de perceber como os outros os veem está menos presente naqueles com poucos ou nenhum planeta no leste. Muitos desafios os esperam na área da autoconfiança.

Os quadrantes

- **O primeiro quadrante: casas 1-3**

O foco deste quadrante é a própria pessoa. Um indivíduo com muitos planetas aqui tem uma facilidade natural para refletir sobre as experiências que o afetam pessoalmente, física ou mentalmente. A busca pela identidade, para encontrar seus valores pessoais e aguçar a mente – a busca pelo autodesenvolvimento – atrai essa pessoa.

Se este quadrante não tiver nenhum planeta, a pessoa pode pensar muito nos outros ou no desenvolvimento da sua energia criativa, mas não refletirá muito sobre ela mesma. A sua imaginação será ativa, e ir atrás dos seus desejos e valores na vida pode ser preocupante.

▪ O segundo quadrante: casas 4-6

Aqui o foco está em desenvolver formas de expressão. Com uma consciência do passado, da família e da história pessoal, a pessoa com muitos planetas entre as casas 4-6 busca expressar seus talentos criativos pessoais. Esforçar-se para aprimorar essas capacidades costuma ser um dos objetivos.

A pessoa sem planetas no segundo quadrante tem dificuldade para identificar em quais áreas da sua vida está sua criatividade pessoal. Pode buscar por pistas no passado, na família ou em suas heranças genéticas. Uma vez que as identificar, será um desafio encontrar a melhor forma de expressar seus talentos criativos. Ela terá uma tendência ao perfeccionismo.

▪ O terceiro quadrante: casas 7-9

A pessoa com a maioria dos planetas no terceiro quadrante busca expandir sua consciência por meio de relacionamentos, principalmente os mais pessoais. Dessa forma, muitas relações serão formadas no decorrer da vida. Aprender a entender as diferentes realidades das outras pessoas é um processo fascinante para esse indivíduo, já que ele sabe instintivamente que, fazendo isso, aprimorará seu próprio conhecimento.

Não ter planetas nas casas 7-9 indica que se relacionar com os outros e encontrar uma filosofia de vida pessoal são áreas que precisam de esforço. Pode haver períodos na vida em que essa pessoa terá poucos relacionamentos significativos ou só encontrará amigos por intermédio de outras pessoas. Podem surgir desafios na busca pelo verdadeiro valor da amizade.

▪ O quarto quadrante: casas 10-12

As casas 10-12 tratam do lugar que a pessoa ocupa no mundo, dos problemas sociais ou da atitude quanto à espiritualidade, no entanto isso é perceptível. Aqueles com muitos planetas aqui se envolverão mais com causas maiores do que eles mesmos. A consciência da sociedade, da comunidade e das crenças dará um tom específico ao ponto de vista dessa pessoa e poderá trazer oportunidades de contribuir com alguma causa ou movimento.

Com um quarto quadrante vazio, podem surgir situações em que a pessoa é levada a questionar o seu envolvimento com os problemas mundanos ou sociais. Pode se encontrar inadvertidamente no meio de alguma causa humanitária, social ou espiritual que não buscara.

A distribuição planetária no mapa de Robin

Os hemisférios: 1 planeta acima do horizonte, 9 abaixo = uma ênfase clara no **Hemisfério Norte**, abaixo do horizonte; 7 planetas orientais, 3 ocidentais = influência oriental.

Esse mapa demonstra uma tendência óbvia para a vida interior, levando em conta todos os planetas abaixo do horizonte. Também há certa orientação para as experiências e o aprendizado pessoais, já que a maior parte dos planetas está no leste. A Lua solitária acima do horizonte sugere uma natureza particularmente sensível.

Quadrantes: primeiro = 6 planetas; segundo = 3 planetas; terceiro = nenhum planeta; quarto = 1 planeta.

A ênfase está claramente no **primeiro** quadrante, com certo foco no segundo. Isso cria um eco na parte de cima ao considerar a ênfase nos hemisférios. Pelo fato de o terceiro quadrante estar desocupado e de o quarto ter somente um planeta, o foco do mapa é o autoconhecimento, com uma inclinação para ponderar as experiências internamente. A vida de Robin no mundo exterior é de menor importância no geral. Isso não significa que ele prefira ficar em casa ou que não se envolva com o mundo. Sugere apenas que ele provavelmente tende a ser pensativo em vez de encher sua vida de atividades.

TAREFA

Usando o seu mapa e o mapa de Celeste, anote as informações a seguir contando um ponto para cada fator:

a. Conte a distribuição dos planetas, com exceção de Quíron, em cada hemisfério e em cada quadrante: um total de dez pontos.

Conte as polaridades, os elementos e os modos dando um ponto para cada um deles; depois disso, veja quais são os mais fortes e quais são os mais fracos. Conte apenas do Sol a Saturno e dê um ponto para o Ascendente e o MC: um total de nove pontos. Você pode verificar os resultados de Celeste no Capítulo 13.

b. Analise o resultado do seu mapa. Ele faz algum sentido para você? Guarde o resultado de Celeste – nós o usaremos mais tarde.

c. Tome nota dos planetas que têm muitos aspectos ou que não têm nenhum.

Capítulo **11**

A Importância das Regências

vida longa aos regentes!

O conceito de regentes planetários já foi mencionado muitas vezes nos capítulos anteriores. Agora recapitularemos e explicaremos melhor as regências, revendo seu significado e os métodos de abordar essa parte crucial da astrologia natal. Como sabemos, todos os planetas – menos Quíron, o planetoide – regem um, às vezes dois, signo(s) do zodíaco, portanto cada signo tem um planeta regente. Cada planeta é compatível com o signo (ou signos) que rege e fica particularmente "forte" quando cai nele (ou num deles). Quando um planeta está no seu próprio signo, tem seu impacto no mapa intensificado e merece atenção no processo de pesar o mapa para a interpretação. Por exemplo, se Júpiter cai em Sagitário ou em Peixes, dizemos que está no seu próprio signo. Tradicionalmente, há todo um sistema de signos compatíveis ou incompatíveis com os planetas, principalmente com os sete planetas clássicos ou tradicionais (Sol, Lua, Mercúrio, Vênus, Marte, Júpiter, Saturno), mas enfocaremos somente a regência planetária de cada signo, já que seu significado tem uma importância particular.

Desde a formulação desse sistema, há muito tempo, o Sol e a Lua, por serem os planetas mais importantes, regem somente um signo cada. São os signos do verão do Hemisfério Norte, e obviamente do inverno do Hemisfério Sul. A Lua rege Câncer e o Sol rege Leão. Os outros cinco planetas clássicos regem dois signos cada. De certa forma esse sistema foi quebrado com a descoberta dos três planetas exteriores. Urano, Netuno e Plutão foram ganhando suas regências gradualmente, ao passo que seus significados eram descobertos. Esses três planetas se tornaram os *corregentes* de Aquário, Peixes e Escorpião, respectivamente. Os regentes tradicionais desses signos são Saturno, Júpiter e Marte, nesta ordem; veja a tabela abaixo para entender a questão com mais clareza.

TABELA DE REGÊNCIAS DOS SIGNOS DO ZODÍACO	
Regente planetário	**Signo/símbolo**
Sol ☉	Leão ♌
Lua ☽	Câncer ♋
Mercúrio ☿	Gêmeos ♊ / Virgem ♍
Vênus ♀	Touro ♉ / Libra ♎
Marte ♂	Áries ♈ / Escorpião ♏
Júpiter ♃	Sagitário ♐ / Peixes ♓
Saturno ♄	Capricórnio ♑ / Aquário ♒
Urano ♅	Aquário ♒
Netuno ♆	Peixes ♓
Plutão ♇	Escorpião ♏

Alguns signos têm um regente tradicional e um moderno, porque o sistema mais antigo já estava completamente assimilado no pensamento astrológico. Alguns astrólogos usam apenas um dos sistemas de regência – o tradicional ou o moderno. Mas acho que considerar os dois nos dá uma visão mais abrangente, que honra a tradição do passado e aceita a abordagem moderna. A astrologia é uma ciência que se adapta e se expande, sempre levando em conta seu passado.

Os planetas regentes são um fundamento importante da interpretação do mapa e nos dão informações vitais. Cada signo na cúspide de cada casa tem um planeta regente, e é nessa área que os regentes são particularmente importantes, como veremos abaixo. Os regentes planetários dos signos serão interpretados resumidamente abaixo e, ao ler, você adquirirá uma ideia dos tipos de conexões que existem entre eles.

As regências dos signos do zodíaco

O Sol rege Leão: o Sol é a nossa estrela central que nos dá luz e calor, nos sustenta e é a fonte primária da vida. Ele sustenta a criação contínua de novas formas de vida aqui na Terra. Leão é o signo que mais gosta de estar no centro, visível. A forma leonina de autoexpressão costuma ser individualista e criativa, mas o leonino pode exagerar na autoconfiança ou no orgulho. O espírito tenaz do Leão regido pelo Sol é afetivo e nos aquece, deixando todos ao seu redor de alto astral. Os arquétipos do tutor e do Pai também são associados ao Sol.

A Lua rege Câncer: a Lua ilumina o céu noturno com a sua luz romântica e misteriosa durante a maior parte de cada mês, e tem um efeito gravitacional direto nas marés. O signo aquático de Câncer, com as suas variações emocionais e de humor, costuma se sentir afetado pelas fases lunares, principalmente pela Lua cheia, que pode aumentar sua sensibilidade. A tradição também diz que o romance costuma florescer à luz da Lua. A natureza feminina de Câncer e a da Lua conectam-se ambas ao passado, com a memória e com a vida familiar e, principalmente, com o cuidado, a proteção e o princípio arquetípico de Mãe.

Mercúrio rege Gêmeos e Virgem: o papel de regente desses dois signos cai bem para o veloz deus Mercúrio. Na qualidade de mensageiro inventivo e astuto que se adapta perfeitamente às circunstâncias, Mercúrio se comunica muito bem.

Gêmeos adora criar pontes entre as pessoas, percebendo as maneiras pelas quais cada um poderia aprender ou se beneficiar com os outros. A mente geminiana é ativa, cheia de ideias e raramente esquece as palavras.

Virgem é o lado mais estruturado da natureza flexível de Mercúrio. Prático e terra a terra, ainda assim é capaz de se adaptar a circunstâncias diferentes e de repensar suas estratégias quando necessário.

Vênus rege Touro e Libra: o amor sustenta a deusa Vênus – amor entre as pessoas, pela beleza, pela arte, pela natureza, pela música. Vênus é uma influência sensível, ciente das necessidades físicas, que protege os recursos materiais e busca a harmonia nos relacionamentos. Vênus precisa tanto de amor quanto de segurança, coisas que nem sempre são compatíveis.

Touro aprecia o fato de que a deusa da beleza cuida das criaturas e das plantas do mundo natural. A necessidade taurina de segurança é suprida pelo conforto, pelos recursos práticos e por um conjunto de valores fortes.

Libra prefere uma existência pacífica, na qual seus relacionamentos sejam harmoniosos e em que seja possível manter um equilíbrio entre as diferentes áreas da vida. Vênus nem sempre conseguia isso por si só, e tendia à inveja quando contrariada. Do mesmo modo, a "guerra" pode surgir nos relacionamentos amorosos quando Libra se sente ameaçado.

Marte rege Áries e Escorpião: Marte, o deus da guerra, tem como propósito principal defender, lutar e sobreviver. A força que o caracteriza também é expressada pela energia sexual e pela capacidade de semear a vida.

Áries e o deus Marte compartilham a mesma energia ativa. Os nativos desse signo demonstram uma coragem e um entusiasmo pela vida parecidos com os do deus, mas, por serem seres humanos, às vezes exageram e se tornam arrogantes e insensíveis. Contudo, não há dúvida sobre a capacidade ariana de se defender e liderar.

A conexão de *Escorpião* com Marte é mais sutil, combinando profundidade e poder às características do deus, estabilizando e mantendo a energia ativa. O poder interior simbolizado por Marte, quando combinado com Escorpião, muda do heroísmo para um desejo oculto e mortal pela batalha. A tenacidade de Escorpião dá perseverança a Marte e fortalece sua vontade de sobreviver.

Júpiter rege Sagitário e Peixes: Júpiter, o líder dos deuses nos mitos clássicos, era uma figura quase surreal, cheia de energia expansiva e de benevolência. Mesmo assim, o deus também costumava agir como se tivesse mais poder do que tinha e tendia a manipular as regras quando elas não correspondiam à sua vontade... O planeta Júpiter tem qualidades de generosidade e de sabedoria e o desejo de viajar pelo mundo e de explorar as crenças e as filosofias.

Sagitário se alinha bem com o impulso magnânimo que caracteriza Júpiter: busca abranger uma grande variedade de experiências, mas, ao mesmo tempo, é inclinado ao exagero. Pode ser sábio e irresponsável ao mesmo tempo, um tanto fantasioso sobre o que é capaz de alcançar, mas é sempre alegre e expansivo.

Peixes reflete mais o lado espiritual de Júpiter. Enquanto Sagitário explora as ideias religiosas sem necessariamente assumir compromissos, Peixes tem uma percepção inata das outras realidades, nem sempre conscientemente. Sua tendência a se retrair, seja pela autoproteção ou pela fuga, pode gerar desentendimentos, mas pode também trazer grandes *insights*.

Saturno rege Capricórnio e Aquário: rígido, porém justo, autoritário e metódico, Saturno compreende e impõe limites onde a estrutura é necessária. O deus Saturno era chamado de Velho Pai Tempo, representando a passagem dos anos e dos séculos. Saturno é paciente e se dispõe a crescer vagarosamente quando necessário. Este é um planeta prático, de terra, que não é dado a grandes manifestações de emoção.

Capricórnio combina com o seu regente, tendo muitas qualidades saturninas. Este signo feminino aceita a necessidade de esperar o crescimento, principalmente o material. A natureza rigorosa de Capricórnio, que cria e segue regras, pode na verdade vir de uma atitude profundamente carinhosa. Contudo, raros são os momentos em que Capricórnio exagera nas emoções e, às vezes, pode até mesmo parecer distante – é como se esse signo realmente não gostasse de demonstrar suas emoções.

À primeira vista *Aquário* parece combinar menos com seu regente tradicional, talvez combinando mais com seu regente moderno, Urano. Mesmo assim, apesar das suas atitudes radicais, Aquário pode ser bem firme e resoluto nos seus pontos de vista. Nesse ponto, Aquário tem uma afinidade com Saturno, ainda mais quando se leva em conta a sua capacidade de se desapegar e se distanciar das situações.

Urano correge Aquário: o deus do céu, o criador, é um personagem poderoso e distante, sempre contemplando o panorama terrestre do seu lugar nas alturas. Urano se importa mais com mudanças de princípios, formas de pensamento e mudanças sociais do que com os indivíduos em si. É inovador e radicalmente mutável; dado às rupturas, pode ser um tanto insensível.

Aquário, por outro lado, embora tenha ideias firmes sobre o progresso social como ele o vê, é geralmente amigável e valoriza o indivíduo. Mas o signo "coletivo" de ar de Aquário pode ser muito frio pessoalmente, pois sempre visa o bem da maioria. Pode também ser amigo das mudanças bruscas e excessivamente racional, embora seja muito mais fixo em suas atitudes do que Urano. Aquário parece de fato sintetizar as qualidades de seus dois regentes – Saturno, o tradicional, e Urano, o moderno, embora de maneiras diversas.

Netuno correge Peixes: do mesmo modo que as gotas de água se juntam para formar os enormes oceanos da Terra, Netuno é poderoso e ao mesmo tempo moldável. Psicologicamente, Netuno controla o inconsciente não apenas dos indivíduos, mas o vasto inconsciente coletivo de todos os seres. Escondidas nas profundezas do reino marítimo de Netuno existem criaturas belas e aterrorizantes, como os pensamentos e as emoções obscuras e as visões inspiradoras dos seres humanos.

Peixes é um signo que vive nas suas profundezas internas ocultas, talvez mais do que qualquer outro signo. Isso pode sujeitá-lo a dificuldades, como confusões periódicas, ilusões ou decepções à medida que se esforça para equilibrar sua orientação interior com as realidades do complexo mundo exterior. Mesmo assim, Peixes sempre dá vida a criações versáteis que podem despertar as emoções dos outros. De certo modo, Netuno é um regente mais compatível com esse signo do que o regente tradicional, Júpiter, embora seja verdade que ambos os planetas representam certos aspectos da fé no universo. Peixes tem essa espiritualidade como a base da vida, mesmo que a chame por outros nomes.

Plutão correge Escorpião: o planeta Plutão é personificado pelo deus do mundo subterrâneo porque é um dos planetas mais remotos do Sistema Solar. Certamente há uma profundidade e uma intensidade no significado deste planeta que ameaça dominar aqueles que não estão em harmonia com essa energia. Como os outros planetas exteriores, Plutão é impessoal, influenciando longos períodos do tempo humano nos quais mudanças irrevogáveis acontecem. Rege tudo quanto é oculto e secreto, como os grandes mistérios da morte e da reprodução sexual.

Escorpião combina muito bem com o seu regente moderno. A regência tradicional de Marte tem seus méritos, representando o espírito guerreiro deste signo profundamente emocional; contudo, Plutão alcança as profundezas ocultas de Escorpião, com um desejo incansável de sair em busca de respostas. Do mesmo modo que o seu moderno planeta regente, Plutão, Escorpião não aceita as aparências superficiais. Ambos conhecem a necessidade de desenterrar os mistérios e levá-los à luz.

Quais regentes planetários?

Agora que vimos que a inclusão dos planetas regentes na interpretação é uma parte importante do processo de descobrir as conexões do mapa, surge uma questão: quais são os mais importantes? É necessário tomar decisões para delimitar a interpretação do mapa natal, que poderia não ter fim. Uma boa regra para se seguir é incluir as regências mencionadas na página seguinte, e até outras se, no mapa, há uma ênfase nas áreas da vida que podem ser relevantes. Por enquanto, sugiro que você fique só com estas quatro: **Ascendente**, **Sol**, **Lua** e **MC**.

Enquanto nos familiarizamos com as regências, precisamos ter em mente que cada planeta do mapa natal, por estar num determinado signo, tem também um planeta regente, que pode ser ele mesmo (se estiver em seu próprio signo) ou outro planeta (se estiver num signo regido por outro planeta). Por exemplo, no mapa de estudo, o regente do Ascendente e do Sol é a Lua em Gêmeos, já que a Lua rege Câncer. A Lua em Gêmeos é, por sua vez, regida por Mercúrio em Gêmeos – nesse caso específico ambos estão no mesmo signo, Gêmeos, mas como Mercúrio está em seu próprio signo, a sequência acaba aí.

Os regentes planetários em sequências de regências são chamados de *dispositores* – apenas outro nome para *regentes*. Então, o Mercúrio de Celeste é o dispositor da Lua, que é dispositora do Sol. Alguns mapas têm um *dispositor final*, quando todas as regências levam para o mesmo planeta, obviamente fortalecendo o mesmo. Isso não acontece em todos os mapas. Não há nenhum dispositor final nos mapas de estudo. Mais tarde neste capítulo estudaremos a relevância dos regentes que se encontram nas cúspides das casas. No início, isso pode parecer um labirinto infindável de conexões. É fácil se sentir um pouco perturbado quando se começa a seguir todas as partes que levam a outras partes do mapa! Os dispositores ou regentes planetários, entretanto, podem ser meios de unir planetas que não estariam unidos de outra forma.

Contudo, é possível selecionar as regências mais relevantes e importantes, que lhe darão informações valiosas e necessárias para a interpretação. Nem sempre é necessário analisar os regentes ou dispositores de todos os planetas do mapa. Na maioria das vezes basta entender os signos, as casas e os aspectos dos planetas – coisas que lhe darão muitas informações! – sem a necessidade de interpretar os regentes. Mas faça questão de tomar nota de onde estão os regentes dos planetas, pois isso revela informações muito úteis.

Os quatro regentes que têm uma importância especial no início da interpretação de qualquer mapa são os planetas que regem o Ascendente, o Sol, a Lua e o MC. Por enquanto, nos concentraremos nessas quatro regências. O signo e a casa do regente planetário também têm importância. Às vezes, vários fatores apontarão para o mesmo signo e casa em se tratando de regências, o que lhes dá uma ênfase. Por exemplo, se um mapa tem planetas ou ângulos em Gêmeos e em Virgem, o mapa também terá ênfase em Mercúrio, já que ele rege ambos os signos. Isso o ajudará a interpretar as partes mais importantes dos mapas.

Os regentes do Descendente e do IC assumirão certa importância ao se considerarem as áreas da vida representadas por esses ângulos.

O regente do mapa

O regente planetário do signo no **Ascendente** é particularmente importante no processo de identificação das regências. Esse planeta é chamado de *regente do mapa*. O signo ascendente representa as primeiras impressões que as pessoas transmitem, como já foi mencionado no Capítulo 5. O signo e a casa do regente do mapa são muito importantes e o planeta regente sempre precisa ser incluído na interpretação. O Ascendente e seu regente são partes cruciais da interpretação, junto aos signos do Sol e da Lua e seus regentes. É normal dizer que o mapa todo é "regido" pelo planeta que rege seu Ascendente. Se o signo ascendente é um dos que são regidos por dois planetas, então os dois planetas são os regentes do mapa e devem ser alvo de atenção.

Se Câncer é o Ascendente, como no mapa de estudo, obviamente o mapa é regido pela Lua. Se o Ascendente for Leão, como o caso de Robin, o regente é o Sol; para Gêmeos e Virgem, Mercúrio; e assim por diante.

- **Exemplo de regência de um só planeta:**
  - Ascendente em Sagitário, Júpiter em Touro na 6 como regente do mapa

As pessoas com Ascendente em Sagitário vivem animadas, têm a mente aberta e podem assumir muitos interesses diferentes. Têm uma natureza generosa, mas tendem à inquietude e às vezes têm dificuldade para direcionar o foco para apenas uma atividade ou ideia por vez, já que o mundo para elas é cheio de possibilidades interessantes, viagens e filosofias.

O fato de Júpiter, regente do mapa, estar em Touro modera a sua expansividade; este indivíduo viverá de maneira mais comedida do que faria outra pessoa de Ascendente Sagitário cujo Júpiter não estivesse situado num signo de terra. O posicionamento do regente na casa 6 traz ainda mais influência de terra e há a possibilidade de a pessoa ser organizada nas finanças, ou de planejar viagens com antecedência e em detalhes, ou outras praticidades do gênero.

- **Um exemplo de corregência:**
  - Ascendente em Escorpião, Marte em Peixes na 5 e Plutão em Escorpião na 12 como corregentes do mapa

Pessoa reservada no modo de viver e observadora arguta dos acontecimentos. Tende mais a buscar compreender os outros do que a revelar muito sobre a própria vida interior; é profundamente emocional e intensa e ao mesmo tempo capaz de controlar as emoções. O Ascendente Escorpião é discretamente forte, tende a guardar segredos e é uma pessoa capaz.

Marte como regente do mapa não está naturalmente em casa quando em Peixes e pode ter dificuldade para autoafirmar-se. Mesmo assim, a combinação sugere uma natureza bastante compassiva. (Nota: o Marte de Celeste está em Peixes, mas não na casa 5.) Na casa 5, Marte está mais no seu elemento. Isso pode indicar como o lado criativo desse indivíduo se manifesta – pode demonstrar qualidades tanto de sensibilidade quanto de talentos criativos, com dois pontos de água e um de fogo.

Com o regente moderno, Plutão, em seu próprio signo, há uma influência escorpiana ainda mais intensa, mesmo que Plutão seja geracional. Plutão na 12 contradiz a influência de Marte na 5; os corregentes nem sempre produzem os mesmos efeitos. A casa 12 sugere alguma forma de fuga do mundo. Em algum momento da vida, essa pessoa pode querer se abrigar do mundo em vista de sua autotransformação. Mas as fortes emoções marcianas podem explodir de tempos em tempos!

O regente do Sol

O regente planetário do **Sol** sempre tem importância, amplificando o significado desse planeta. Para esta e para as outras regências importantes, segue-se o mesmo procedimento apresentado acima.

Para ilustrar o regente do Sol, olharemos novamente o Sol de Robin, mas da perspectiva do regente. Isso traria ainda mais informações sobre o Sol se você estivesse interpretando o mapa dele.

- Sol em Libra na 2
- O regente do Sol é Vênus
- Vênus em Leão na 1
- Vênus forma muitos aspectos de vários tipos, entre os quais uma conjunção com Marte

Como não estamos interpretando os aspectos aqui, não os incluirei no processo, com uma exceção: a conjunção com Marte, pois é impossível separar Vênus completamente dessa conjunção. Esta, é claro, é a natureza geral das conjunções!

Vimos o Sol em Libra na casa 2 de Robin no Capítulo 10, então faremos somente uma recapitulação breve:

Prefere situações harmoniosas e gosta dos amigos (Libra na 2). Não gosta de conflitos e sempre tenta evitá-los. Busca a segurança material e se sente desconfortável ou inseguro ao vê-la ou senti-la ameaçada, coisa que possivelmente diminui a noção que ele tem de seu próprio valor como pessoa.

Vênus em conjunção com Marte em Leão na casa 1 é uma posição enérgica para o regente do Sol. Vênus em Leão ama a vida e, na casa 1, provavelmente gosta de estar no centro das atenções. Na verdade, Robin pode se sentir excluído se não estiver no centro do que quer que esteja acontecendo. Vênus em conjunção com Marte na 1, principalmente em Leão, o dramático signo de fogo, e na casa de fogo natural de Áries, é uma conjunção que traz tanto a guerra quanto a paz na vida da pessoa.

É possível que o pacífico signo de Libra seja arrastado para batalhas ou, no mínimo, desentendimentos por causa da influência de Marte sobre o seu Vênus, o regente do Sol. Mas também é possível que ele seja mais capaz de defender o seu ponto de vista do que normalmente seria. Com esse posicionamento do regente do Sol, a pessoa adquire o potencial de analisar a si mesma quando necessário. Vênus em conjunção com Marte nesse signo e nessa casa provavelmente lhe dá certo charme e calor, mesmo que ele seja às vezes um pouco brusco no modo de falar – coisa que os outros podem, aliás, achar encantadora.

Por acaso, parece que Vênus e Marte estão ambos no vértice de um padrão de aspectos (o vértice é o ponto culminante de uma Quadratura em T ou de um Grande Trígono Menor); mas, se observarmos os orbes, veremos que na verdade é só Marte que está no vértice da Quadratura em T, e que Vênus está fora do orbe e não forma aspecto com Urano e Júpiter.

Os regentes da Lua e do MC

Os princípios descritos antes se aplicam da mesma forma tanto para a **Lua** quanto para o **MC**. Na qualidade de segundo luminar, a Lua é importante no mapa, e por isso seu regente também deve ser considerado na interpretação. Chega-se nele da mesma forma que nas outras regências, e ele pode ser analisado tal e qual os regentes do mapa e do Sol. O mesmo se aplica ao regente do MC, o outro ângulo principal.

Um exemplo tirado de um mapa qualquer: se a Lua está em Libra, o regente dela será Vênus. Neste exemplo, Vênus está em Virgem na 7.

Se o MC está em Capricórnio, seu regente será Saturno. Neste exemplo, Saturno está em Aquário na 11.

(Nota: veja a tarefa no fim do capítulo.)

Os regentes das casas

Pelo fato de cada uma das casas ter um signo na sua cúspide, o regente do signo também se aplica à casa. As regências planetárias das casas são tão úteis para fornecer compreensão sobre os mapas que elas deveriam ser incluídas por regra no processo da interpretação. Elas têm particularmente mais importância no caso das casas desocupadas, providenciando informações vitais sobre as mesmas na ausência de planetas.

No Capítulo 5 – As Casas e os Ângulos, na página 132 –, há uma explicação para o fato de as casas frequentemente conterem mais de um signo.

Durante a interpretação das regências das casas, é melhor sempre usar o regente do signo na cúspide da casa. Nos níveis mais avançados, pode ser que você prefira considerar o "segundo" signo, mas isso é uma complicação desnecessária por enquanto. Se você seguir essa diretriz, o regente, ou os regentes, se tornarão mais claros.

Usaremos novamente o mapa de Robin para ilustrar as regências das casas. Esse mapa tem somente seis casas ocupadas. A seguir, incluí uma lista para facilitar a compreensão:

- O Ascendente em Leão marca a cúspide da casa 1 que, por sua vez, tem dois planetas, Vênus e Marte; nenhum deles está no Ascendente, pois o orbe é muito grande (Vênus está a 14 graus do Ascendente).
- As casas 1, 2, 3, 4, 5, 10 estão ocupadas.
- As casas 6, 7, 8, 9, 11 e 12 estão desocupadas.

Ao se considerar quais casas são ocupadas, contamos apenas os planetas, da mesma forma que fazemos ao contarmos a ocupação dos hemisférios. As casas ocupadas têm uma ênfase natural e atraem a atenção do interpretador. Todas as casas ocupadas contam uma história, quer contenham um único planeta, quer muitos. Naturalmente, a interpretação do(s) planeta(s) na casa faz parte da interpretação da própria casa, que, por sua vez, será mesclada com a interpretação do signo e do regente da casa.

Uma concentração de planetas numa casa chama a atenção quando damos a primeira olhada no mapa e, como seria de esperar, a área da vida controlada por aquela casa terá uma proeminência particular na experiência da pessoa. O indivíduo tende a ter experiências que se repetem, de formas diferentes, refletindo o significado da casa.

Por exemplo, se a casa 4 no mapa tiver uma variedade de planetas, haverá um foco na vida doméstica, nos relacionamentos familiares, talvez um interesse nos ancestrais familiares e assim por diante, dependendo dos planetas que ali estiverem. Nos diferentes períodos da vida da pessoa, diferentes formas dessa combinação poderão surgir. Se a casa tem Virgem na cúspide e se o seu regente, Mercúrio, estiver nela, mas em Libra, pode ser que os pais dessa pessoa, na infância dela, encorajavam-na a ler nas horas vagas e que houvesse várias estantes de livros na casa; ou um dos pais trabalhava com algo que necessitava do uso da mente (Virgem na cúspide/Mercúrio regente da casa 4); ou a pessoa pode trabalhar em casa como editor *freelancer*; pode gostar de receber os outros em casa – ou de participar de reuniões (Mercúrio em Libra na 4); estas são algumas das muitas possibilidades.

Casas desocupadas

Uma vez que todas as partes do mapa têm algum significado, como fazemos para interpretar as casas desocupadas? É importante lembrar que o fato de uma casa não ter planetas não significa que a área regida por ela não fará parte da vida do indivíduo! Significa apenas que a orientação principal da pessoa será voltada mais para as casas que têm planetas e que haverá menos ênfase nas casas desocupadas. Essas casas, sendo parte do mapa, contribuem para a visão geral e precisam fazer constar na interpretação, como veremos adiante.

Por exemplo, não é porque uma pessoa não tem planetas na casa 10 que ela não terá uma carreira ou alguma direção na vida. Mas pode significar que o trabalho esteja mais ligado à obtenção do sustento necessário do que a uma vocação; ou que algum outro interesse seja mais significativo que o trabalho; ou ainda que a pessoa possa passar um tempo – ou tempos – sem trabalhar por qualquer motivo; e pode haver muitas outras interpretações. É necessário levar o restante do mapa em consideração, principalmente o regente da casa 10. Para algumas pessoas com a casa 10 desocupada, é possível que existam alguns fatores compensadores, como o MC em Capricórnio, uma predominância de terra ou de outras casas de terra no mapa, ou Saturno em aspecto com o MC, que, até certo ponto, anulará a interpretação da casa 10 vazia acima.

As casas vazias, como se pode ver, adquirem significado com seus planetas regentes e com o signo e a casa onde se encontra o regente. Selecione uma das casas desocupadas de Robin, a casa 6, e seu regente, Saturno, em Escorpião na casa 3, e observe as combinações:

- Capricórnio na cúspide da casa 6: uma combinação de dois fatores de terra, que sugere que a casa das rotinas diárias, dos serviços e da consciência de saúde faz parte naturalmente da vida de Robin. Sugere a capacidade de gerenciar seus compromissos entre casa/trabalho e de cuidar de si mesmo no curso natural da vida.
- Saturno, o regente, em Escorpião na 6, dá uma certa intensidade à tendência de Robin de controlar seus níveis de energia (Capricórnio) para que não se sobrecarregue, assumindo muitos compromissos de uma vez só; ele também pode ser bastante dedicado (Escorpião) nos compromissos que assume (casa 6).
- Saturno, o regente da casa 6, na casa 3, indica que Robin se sente mais confortável quando planeja suas atividades. Ele talvez seja uma pessoa que costuma fazer listas, sempre tomando notas (casa 3). Provavelmente gosta de ver os resultados das suas atividades, e seu pensamento é bastante prático.

Esse é o começo do aprendizado de como combinar os diferentes fatores do mapa, e continuaremos praticando à medida que avançarmos. Os aspectos dos regentes não foram incluídos por enquanto e podem ser deixados de lado, já que os veremos mais adiante. Estudar os aspectos do regente pode nos dar informações demais, levando em conta que já estamos aprendendo um sistema complexo; mas há outra forma de encarar esse assunto. A melhor descrição da arte da prática astrológica é a de criar imagens com partes separadas, como um grande quebra-cabeça, até completar um todo coerente. Porém, ao contrário dos quebra-cabeças, o todo tem uma capacidade imensa de se expandir, e o que o astrólogo tenta fazer é criar uma imagem *clara o suficiente* para poder entender a pessoa e um pouco das suas capacidades e contradições.

No começo, cada fator incluído pode dar a impressão de só aumentar a confusão. No entanto, quanto mais trabalhamos a absorção dos fatores e a sua incorporação, mais conseguimos contemplar o panorama geral. Por isso, continue praticando! No próximo capítulo, apresentarei os significadores restantes antes de juntarmos tudo.

―――――――――――― TAREFA ――――――――――――

a. Qual(ais) planeta(s) rege(m) o seu mapa? Tente interpretar o(s) regente(s) do seu mapa no(s) signo(s) e na(s) casa(s).

b. Observe as regências das casas no seu mapa e tente identificar todas elas.

c. Escolha uma casa desocupada do seu mapa, tome nota do signo na sua cúspide e encontre o regente do signo e da casa. O regente o ajuda a entender essa casa de alguma forma?

d. Foram dados exemplos com a Lua e o MC, seus regentes e seus posicionamentos em signos/casas na página 249, na seção **Os regentes da Lua e do MC**. Tente interpretá-los no seu mapa. Use as frases-chave dos Guias de Referência Rápida nas páginas 319-327, se quiser.

Capítulo **12**

Outros Elementos Significativos

refinando a interpretação

O tipo de interpretação astrológica encontrado em *sites* de astrologia na internet, quer de graça, quer para *download* mediante pagamento, quase sempre inclui boa parte do material que vimos até aqui. Consiste, em regra, em curtas interpretações geradas por computador dos planetas nos signos, dos planetas nas casas e dos aspectos entre planetas. Algumas dessas interpretações, naturalmente, são melhores que as outras, e um pequeno número delas chega mesmo a tentar juntar as diferentes partes do mapa para fazer uma espécie de síntese. Essas interpretações astrológicas computadorizadas podem ser muito úteis para os principiantes, quer por simplesmente mostrarem quanto a astrologia é profunda, quer talvez por estimularem o entusiasmo pela astrologia.

No entanto, essas interpretações automatizadas muitas vezes carecem de sutileza, de profundidade ou de explicações a respeito de algumas influências gerais que situam o mapa dentro de um contexto de significado e elucidam seus detalhes. Quem está aprendendo a interpretar mapas, como você está fazendo agora, será capaz de produzir uma interpretação razoavelmente detalhada usando o material que vimos até aqui: os quatro pilares (planetas, signos, casas e ângulos, aspectos); as polaridades, os elementos e os modos; as áreas de ênfase e os desequilíbrios; e as regências. Alguns desses fatores quase nunca são levados em conta nas interpretações computadorizadas.

Suas interpretações vão melhorar muito se você incorporar nelas os elementos "extras" aqui explicados. Este capítulo fala sobre os seguintes fatores:

- Os nodos lunares – chamados de Caminho do Destino por alguns astrólogos.
- Os aspectos menores – há quatro outros aspectos comumente usados.
- O movimento retrógrado – uma explicação daqueles planetas que, no mapa, têm ao seu lado o símbolo ℞ – o símbolo usado para mostrar que o planeta está retrógrado.

Eu mencionei que esses fatores são "extras", mas, na realidade, cada um deles acrescenta uma nova camada de interpretação às energias e símbolos do mapa, proporcionando-nos importantes ideias. Muitos astrólogos profissionais usam todos esses fatores, ou a maioria deles, além daqueles que já foram mencionados. Deixei para tratar desses elementos "extras" só agora, para que você já tivesse algum conhecimento de astrologia – conhecimento que, a essa altura, deve ser surpreendentemente amplo – e já tivesse começado a desenvolver as habilidades necessárias para encontrar os traços mais importantes do mapa. Sempre existem novos métodos que podemos usar para avaliar o mapa, novas habilidades a aprender e novas técnicas para refinar – ou confundir – o nosso conhecimento. Selecionei os fatores suplementares arrolados acima porque um grande número de astrólogos os utiliza com muito proveito.

Os nodos lunares ☊ (Nodo Norte) ☋ (Nodo Sul)

Os antigos pensavam que havia um grande dragão espichado de um lado a outro do céu, com sua cabeça no ponto onde se encontra o Nodo Norte e a cauda no Nodo Sul (☊ – Nodo Norte, ☋ – Nodo Sul). A cada seis meses, intervalo em que os eclipses regularmente ocorrem, ele devorava o Sol ou a Lua. Os nodos lunares estão sempre envolvidos nos eclipses solares e lunares. O Nodo Norte era chamado Cabeça do Dragão e o Nodo Sul, Cauda do Dragão. O fenômeno dos eclipses, quando ou o Sol ou a

Lua desaparece, era temido em muitas culturas. Era visto como um acontecimento antinatural; ocasionalmente o dragão tinha de ser aplacado, às vezes por meio de rituais e sacrifícios! Hoje já conhecemos as causas dos eclipses, e gostamos de vê-los. Os eclipses solares, que coincidem com certas Luas novas, são raríssimos e só podem ser vistos, a cada vez, de determinados pontos da Terra; por isso, é compreensível que certas pessoas, que tenham dinheiro, tempo e disposição, viajem só para vê-los. Os eclipses lunares não são tão dramáticos, mas mesmo assim vale a pena contemplá-los. Ocorrem na Lua cheia, aproximadamente a cada seis meses, e são visíveis à noite em largas faixas do globo terrestre. Se você ainda não vive de olho à espera desses eclipses, recomendo que o faça.

Os Nodos Lunares são os pontos onde o caminho do Sol – a eclíptica* – cruza o caminho da Lua. Uma vez que a órbita da Lua não é paralela à da Terra, mas sim inclinada a um ângulo de 5 graus, uma das intersecções entre as duas órbitas está sempre se deslocando para o norte e a outra, para o sul. O Nodo Norte e o Nodo Sul definem um eixo e estão sempre opostos um ao outro. A velocidade de movimento do eixo nodal varia um pouco por dia, de acordo com a intensidade da atração gravitacional; por isso, esse movimento é habitualmente descrito por meio de um valor médio, chamado de movimento médio. O movimento dos *Nodos Médios* é sempre retrógrado, ou seja, eles caminham "para trás" ao longo dos signos, levando cerca de 19 anos para completar um ciclo. O movimento retrógrado será discutido daqui a pouco.

O significado astrológico dos nodos lunares é o seguinte:

O Nodo Norte (☊) em determinado signo e casa no mapa representa o propósito mais profundo desta sua existência e é orientado para o futuro.

O Nodo Sul (☋), no signo e na casa opostos, representa o seu passado pessoal, as suas origens familiares e étnicas e as suas experiências anteriores. Também evidencia suas reações e modos de agir naturais, bem como seus padrões habituais de comportamento.

---

* Lembrete: a eclíptica é o caminho aparente que o Sol, visto da Terra, descreve ao longo do ano diante dos signos do zodíaco (ver página 46). Na realidade, ela é o caminho da órbita anual da Terra ao redor do Sol. Os nodos lunares já foram mencionados no Capítulo 2, página 56.

Os aspectos entre os planetas e os nodos também têm seu significado, mas não serão explicados aqui. Considera-se que, entre eles, os mais poderosos são as conjunções entre planetas e nodos ou as quadraturas entre um planeta e os dois nodos.

Os nodos não funcionam independentemente um do outro, mas trabalham juntos, como um eixo. O que afeta um nodo também afeta o outro, como no caso dos eixos Ascendente/Descendente e MC/IC. O modo como cada pessoa percebe o sentido geral do eixo nodal depende, em certa medida, de suas crenças. Para os que acreditam em vidas passadas e reencarnação, os nodos representam um padrão *kármico* de experiências e condutas de uma vida anterior (Nodo Sul), bem como o objetivo espiritual a ser alcançado nesta vida (Nodo Norte).* Para aqueles que estão menos inclinados a pensar em termos de vidas passadas, a posição do Nodo Norte indica os principais modos pelos quais o indivíduo pode crescer e aprender ao longo da vida, encontrando maneiras de neutralizar ou aceitar o passado. O Nodo Sul evidencia nossas primeiras experiências, cuja fonte muitas vezes é inconsciente ou está oculta abaixo da superfície da percepção.

O desafio – pois é assim que muitas vezes ele se apresenta – assinalado pela posição do eixo nodal é o de crescer e desenvolver-se como pessoa, levar a vida adiante e não se prender ao passado. Muitas vezes, é por meio dos relacionamentos e interações importantes que as posições nodais são ativadas. Na *sinastria*, uma técnica astrológica avançada usada para estudar as relações entre as pessoas, é frequente que os nodos de um dos dois mapas formem aspecto com os planetas pessoais ou sociais do outro mapa; às vezes isso acontece em ambos os mapas. É por esse motivo que esse eixo também é chamado de Caminho do Destino: parece haver uma relação entre as posições dos nossos nodos lunares e os relacionamentos com aquelas pessoas que são importantes na nossa vida. O Nodo Sul também representa a conduta habitual, a familiaridade e o

---

* A palavra "karma" é usada em certas religiões orientais para denotar um ciclo de causa e efeito. Aquilo que foi feito numa encarnação passada (Nodo Sul) deve ser desenvolvido ou modificado nesta vida (Nodo Norte).

conforto, os talentos latentes e, às vezes, a inércia; o Nodo Norte significa o autodesenvolvimento, a aquisição de novos conhecimentos e a satisfação que decorre das realizações conquistadas com muito esforço.

Diz a lenda que um astrólogo anônimo, mas muito conhecido, declarou certa vez: "Se eu tivesse apenas três minutos para falar com uma pessoa sobre seu mapa, falaria sobre os seus nodos" – o que indica quanto os nodos são importantes para certos astrólogos. Felizmente, em geral dispomos de muito mais de três minutos para interpretar os mapas, e o restante do mapa é igualmente cheio de significados. Vale lembrar que, por mais significativos que sejam, os nodos normalmente atuam como uma influência de fundo, cujas características se evidenciam no decorrer do tempo e muitas vezes só se revelam em retrospectiva. A maioria das pessoas não passa a vida inteira pensando sobre o seu objetivo mais profundo! Às vezes, todavia, ao conhecermos uma pessoa especial, interagirmos com um amigo ou um familiar, ou passarmos por outras experiências significativas, a influência dos nodos vem à tona e seus padrões se destacam.

Os nodos nos signos

As descrições a seguir são sumárias e sintetizam a essência dos significados, enfocando a finalidade ou o desafio de cada combinação nodal. Poderíamos nos estender muito mais, porém isso é o bastante para começar a dar uma ideia de como interpretar os nodos. Os nodos nos signos são uma parte essencial do caráter da pessoa. Os nodos nas casas mostram em quais áreas da vida o significado deles se ativa. Como no que se refere a outros fatores do mapa, os nodos devem ser vistos como uma parte da pessoa como um todo; pode haver outros fatores que compensem ou intensifiquem seu significado.

As combinações são apenas seis, mas o sentido do eixo é importante. Cada eixo nodal consiste num esforço para alcançar o Nodo Norte sem rejeitar o Nodo Sul. Ao longo da nossa vida há períodos em que reagimos instintivamente (NS) e outros em que a vida parece nos obrigar a fazer mudanças (NN). Para a maioria das pessoas, o Nodo Sul é mais evidente na juventude e, em geral, é relativamente inconsciente. À medida que amadurecemos, as interações com as outras pessoas ou os eventos dinâmicos da nossa vida nos oferecem oportunidades de aprender sobre o Nodo Norte. Isso nem sempre é fácil, mas às vezes é empolgante ou inspirador!

Eixo *Áries/Libra*:
- Valorizar os outros, abnegação *x* valorização do eu, desenvolvimento da autoconfiança.

Encontrar o equilíbrio entre adquirir uma noção mais clara de si mesmo como indivíduo e confiar nas próprias decisões; e tomar consciência da tendência de se identificar com os outros. (♈☊/♎☋)

Aprender a ceder e a doar aos outros o seu tempo, a sua energia e os seus cuidados; por outro lado, encarar de maneira mais equilibrada o seu ego forte e os desejos pessoais que o motivam. (♎☊/♈☋)

Eixo *Touro/Escorpião*:
- Valores pessoais, segurança interior, crises emocionais, energia controlada, aprender a deixar o passado para trás e seguir em frente.

Desenvolver um amor pela Terra e confiar que a abundância do universo lhe proporcionará segurança; encontrar o seu próprio sistema de valores; deixar de lado a raiva, o apego aos dramas emocionais e a dependência em relação aos outros. (♉☊/♏☋)

Adquirir independência e autodisciplina emocional e ativar a capacidade de transformação interior; amar as pessoas, os bens e os hábitos sem possessividade; manter a sintonia com o mundo físico. (♏☊/♉☋)

Eixo *Gêmeos/Sagitário*:
- Liberdade e compromisso, comunicação com os outros, reconhecimento dos limites da expansão.

Aprender a se concentrar, a se comunicar com clareza e a não assumir obrigações em demasia; tomar ciência de que você nem sempre concede aos outros a liberdade que reclama para si; respeitar os outros e aplicar em benefício deles a sua amplitude de visão. Refrear o seu espírito indômito em contextos de convívio social, aprender a honrar suas responsabilidades. (♊☊/♐☋)

Tem dificuldade para encontrar uma direção na vida durante a juventude, pois se interessa por muitas coisas e se distrai facilmente. Aprender que agitação e produtividade são coisas diferentes. Desenvolver uma filosofia flexível que envolva a aquisição de uma perspectiva maior. (♐☊/♊☋)

Eixo *Câncer/Capricórnio*:
- Deveres, responsabilidades e obrigações, família e carreira, proteção e controle, compreender o valor da privacidade e o valor da honestidade.

Aprender a amar e proteger a si mesmo bem como aos outros, e a captar as necessidades emocionais dos outros por meio dos relacionamentos íntimos com familiares e amigos; tomar ciência da sua tendência de impor diretrizes éticas e supervisionar todo mundo. (♋☊/♑☋)

Você tende a drenar a energia alheia com seus problemas emocionais e tem dificuldade para se livrar da dependência. Adquire maturidade emocional e respeito por si mesmo assumindo a responsabilidade por si mesmo e suas ações. (♑☊/♋☋)

Eixo *Leão/Aquário*:
- Orgulho, vontade, descoberta da própria singularidade, independência, humanitarismo, liderança.

Desenvolver a autoconfiança sem egoísmo; se você for além de seus instintos, possibilidades de liderança se abrirão. Fortes princípios de independência e justiça podem levá-lo a efetuar importantes mudanças na sociedade. (♌☊/♒☋)

É preciso aprender a equilibrar a tendência à dominação e o gosto pela companhia de gente importante, de um lado, e um ponto de vista humanitário em que você não seja o centro do universo, de outro. Se você começar a ouvir as opiniões dos outros e passar a integrar um grupo que trabalhe pelo benefício de todos, seu orgulho pessoal ficará em segundo plano. (♒☊/♌☋)

Eixo *Virgem/Peixes*:
- Compaixão, cura, discernimento, crítica, flexibilidade, ser vítima ou mártir.

Aprender a sentir compaixão sem se deixar sobrecarregar, a sentir empatia sem perder o discernimento. Adquirir a arte de aceitar os outros e conhecer os próprios limites. Para pôr os pés na terra, use técnicas práticas de cura e cuide do próprio corpo. (♍☊/♓☋)

É preciso desenvolver a flexibilidade e a capacidade de confiar na abundância da vida, em vez de se preocupar. Quando você se vê separado dos outros, o fluxo da vida se bloqueia; sua tarefa consiste em parar de julgar os outros ou, inversamente, de se fazer de vítima. (♓☊/♍☋)

Os nodos nas casas

Para personalizar ainda mais o eixo nodal, deve-se considerar seu posicionamento nas casas e os aspectos formados com os nodos. As casas indicam as situações e circunstâncias da vida nas quais os nodos vão se manifestar – quer interiormente, quer através de acontecimentos externos. O Nodo Norte nos encaminha rumo a novos conhecimentos e o Nodo Sul nos liga às experiências passadas. Cada combinação de casas sintetizada abaixo pode ser lida num sentido ou no outro, dependendo da posição dos dois nodos.

- **Casas 1-7/7-1** (as posições do Nodo Norte são dadas primeiro)
  - Eu *versus* você. Casamento, parcerias e relacionamentos íntimos com outras pessoas; buscar conhecer e preservar sua personalidade dentro de relacionamentos íntimos.

- Não sacrificar a si mesmo no desejo de ser querido, mas desenvolver a capacidade de liderar e cooperar com os outros. É provável que você tenha de solucionar antigos problemas com os seus pais por meio de seus relacionamentos íntimos.

■ **Casas 2-8/8-2**
- Jogos de poder, segredos ocultos e problemas de dependência financeira ou emocional em relação aos recursos ou valores de outras pessoas podem vir à tona, evocando a necessidade de você desenvolver seus próprios recursos e encontrar seus próprios valores.
- Predisposição a excessos e ao radicalismo nas esferas física, material ou emocional. A vida lhe dará oportunidades de exercer o autocontrole, e você provavelmente terá de fazer intenso uso da sua força de vontade.

■ **Casas 3-9/9-3**
- O acúmulo de amplos conhecimentos o fascina e você pode desenvolver o seu talento inato para o ensino, beneficiando a si mesmo e aos outros.
- A disseminação de informações é um dos seus pontos fortes, mas você tende a dispersar suas energias e a não cumprir suas promessas. O refinamento de suas habilidades de comunicação acrescentará profundidade aos seus entendimentos.

■ **Casas 4-10/10-4**
- O enfoque da sua vida consiste em atender às necessidades da sua família e aceitar suas origens sem deixar de buscar para si próprio uma direção específica na vida.
- Encontrar uma boa casa, onde você se sinta à vontade, é um passo importante para que você adquira mais maturidade emocional e construa uma carreira que o realize.

- **Casas 5-11/11-5**
  - Você sente o impulso de sair em busca do próprio destino e desenvolver sua criatividade. O envolvimento com grupos que tenham um objetivo em comum pode ser um aborrecimento, mas também um de seus pontos de apoio.
  - É importante que, além de sonhar e fazer planos para o futuro, você desenvolva a autodisciplina e se concentre no presente. Sua imaginação poderá sugerir novas ideias aos outros caso você a direcione para eles e não para si mesmo.

- **Casas 6-12/12-6**
  - Você precisa aprender a reconhecer que está sempre no lugar certo, independentemente de seu estado psicológico. É possível que você adquira uma capacidade de cura em razão de uma doença sua ou de algum familiar, mas essa capacidade terá de ser conscientemente desenvolvida.
  - Você sente que não é querido, e precisa reformular seus valores para combater esse sentimento. Deve desenvolver habilidades práticas e criativas e dar tanta importância às suas circunstâncias materiais quanto aos seus sonhos para adquirir uma noção do seu propósito de vida.

Os aspectos menores

Além dos cinco aspectos maiores (conjunção, oposição, trígono, quadratura e sextil) que você já conhece, apresento agora outros aspectos significativos usados com frequência na astrologia natal. São habitualmente chamados "menores", embora nem todos os astrólogos os definam como tais. Há quatro aspectos "menores" importantes:

Semiquadratura	∠
Sesquiquadratura	⚼
Semissextil	⚹
Quincunce	⚻

Alguns astrólogos consideram que a semiquadratura e a sesquiquadratura têm uma importância intermediária entre a dos aspectos maiores e a dos menores. É muito provável que você tenha algum desses aspectos no seu mapa. Consulte a tabela de aspectos. Pode ser que haja somente um deles – ou mesmo nenhum –, mas a maioria dos mapas tem pelo menos um dos quatro aspectos.

Aspecto	Divide o círculo em	Graus de separação	Símbolo	Orbe
Semiquadratura	oito	45°	∠	2°
Sesquiquadratura	oito	135°	⚼	2°
Semissextil	doze	30°	⚺	2°
Quincunce	doze	150°	⚻	2°

Desses quatro, talvez o menos importante seja o semissextil, embora ainda se deva considerá-lo um elemento do mapa. Em muitos casos, o semissextil respalda ou corrobora fatores mais importantes do mapa; raramente desempenha um papel principal. No entanto, se o planeta em exame não tiver nenhum outro aspecto, o semissextil poderá ajudar a integrar esse planeta no conjunto do mapa.

Tudo o que vale para dois planetas vale também para um planeta e um ângulo. Pelo fato de esses aspectos não serem maiores, seu orbe é muito pequeno. Isso é particularmente importante no que se refere à sesquiquadratura, de 135 graus entre os planetas, e ao quincunce, entre dois planetas distantes 150 graus um do outro. Se os orbes não fossem pequenos, esses aspectos praticamente coincidiriam um com o outro.

O mapa de Celeste contém alguns aspectos menores. Para vê-los, consulte o mapa e a tabela de aspectos. São os seguintes:

☉∠☽   Sol em semiquadratura com a Lua
☽∠Asc   Lua em semiquadratura com o Ascendente
☿⚺♃   Mercúrio em semissextil com Júpiter
♃⚻♄   Júpiter em quincunce com Saturno
♃⚻♅   Júpiter em quincunce com Urano

Não há sesquiquadraturas no mapa de Celeste.

Para dar uma ideia de como os aspectos menores podem se combinar, apresento mais à frente um ou dois exemplos de cada um deles. Saturno e Urano encontram-se numa conjunção exata o suficiente para que ambos estejam em quincunce com Júpiter. Isso significa que, na realidade, esses dois aspectos se fundem e se tornam um aspecto de três planetas: Júpiter em quincunce com Saturno em conjunção com Urano.

Todos os aspectos se baseiam na divisão do círculo do mapa por diversos números, como explicamos no Capítulo 6. A semiquadratura é metade de uma quadratura: é fácil perceber que ela divide o círculo em oito segmentos de 45 graus cada. No caso da sesquiquadratura, a divisão do círculo em oito é mais difícil de captar. Esse aspecto compreende uma quadratura e meia e divide o círculo em 3/8, sendo oito o denominador da fração.

Ambos os aspectos se inscrevem na série do número dois e têm uma relação muito próxima com a quadratura. Abaixo, darei algumas dicas para você encontrar esses aspectos no mapa sem muita dificuldade.

Um princípio similar é aplicado ao semissextil, que evidentemente divide o círculo em 12, uma vez que seu comprimento é equivalente ao de um signo (30°). O quincunce equivale a cinco signos e divide o círculo em 5/12. O fato de tratar-se de uma fração tão incomum, e no entanto estar associada ao número 12, tem algo a dizer sobre o significado desse aspecto.

Esses quatro aspectos, quando reduzidos a seus fatores primos, se baseiam em números que são múltiplos de dois ou três: 8 é 2 x 2 x 2 e 12 é 2 x 2 x 3. Quando lembramos que o número dois representa os desafios, é natural concluirmos que todos esses aspectos incorporam um elemento de dificuldade. Já o número três é um número de harmonia, o que suaviza em certa medida os efeitos do quincunce e do semissextil.

Semiquadratura e Sesquiquadratura: ∠, ⚻
- Tensão
- Dois planetas a 45° ou 135° de distância
- Orbe de 2°

Estes dois aspectos são aparentados com a quadratura, e ambos representam um esforço menos intenso para reconciliar as diferentes qualidades dos dois planetas, sejam quais forem, que formam o aspecto. Quando se formam com um orbe de 1 grau ou menos, eles às vezes assumem qualidades mais próximas das da quadratura. Não devem ser ignorados no estudo do equilíbrio geral do mapa.

Os símbolos

Olhe novamente os símbolos desses dois aspectos. O símbolo da semiquadratura é na verdade metade de um esquadro de 45 graus, embora esse mesmo símbolo, quando desenhado à mão, costume ter o aspecto de um meio esquadro de ângulo reto. O modo mais fácil de se encontrar uma semiquadratura é contar um signo e meio a partir de um dos dois corpos celestes envolvidos no aspecto. O planeta numa das extremidades do aspecto estará a 30° + 15° do planeta na outra extremidade, de modo que o aspecto perfaz um oitavo do círculo de 360 graus.

O símbolo da sesquiquadratura é um quadrado mais meio quadrado (90° + 45°), totalizando 135 graus. Às vezes, o meio mais fácil para se identificar esse aspecto consiste em perceber que os dois planetas estão separados entre si por um trígono mais meio signo (quatro signos = 120° + 15°).

■ Semiquadratura

A semiquadratura é sinal de tensão, resistência à mudança ou ausência de flexibilidade, dependendo dos planetas envolvidos. Muitas vezes, a obtenção de resultados demanda muito esforço. Apesar do trabalho duro, a pessoa sente dificuldade para sair do impasse em que se encontra, como se "algo" estivesse bloqueando o seu progresso. Esse aspecto nem sempre é totalmente consciente; pode ser que os obstáculos aparentes reflitam uma resistência interior à mudança, mesmo quando a pessoa percebe, com sua mente consciente, que a transformação seria positiva. A resistência pode decorrer do medo ou, no mínimo, da relutância a encarar um assunto.

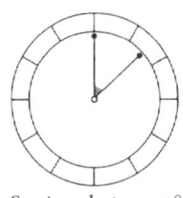

Semiquadratura: 45°

Entretanto, a natureza geral dos aspectos baseados no número dois é a de persistir até resolver o problema, mesmo em face de frustrações irritantes. A semiquadratura proporciona determinação para superar obstáculos, especialmente para quem sabe aonde quer chegar. Fornece uma energia extra para lidarmos com a vida cotidiana; com um pouco de perseverança, resultados tangíveis podem ser alcançados.

Exemplo do mapa de estudo (Celeste)
Sol em semiquadratura com a Lua ☉∠☽

Qualquer aspecto entre os luminares é importante, especialmente num caso como este, em que eles quase não formam aspectos com os outros planetas. Esta semiquadratura indica que a segurança emocional (Lua) de Celeste não se harmoniza com sua ideia de quem ela é, sua identidade (Sol). Aquilo que ela busca ou deseja (Sol) nem sempre é o que ela realmente precisa (Lua), e assim ela se vê em dúvida acerca do caminho a tomar. É muito provável que persevere na tentativa de resolver essa hesitação interior, que provavelmente surgiu na infância. Esse aspecto indica algum conflito entre os pais. Pode ser que ela tenha se esforçado para corresponder às diferentes expectativas do pai e da mãe, e ainda leve dentro de si esse conflito. É possível que, por meio de seus relacionamentos na idade adulta, ela encontre oportunidades de integrar esse conflito interior.

▪ Sesquiquadratura

Apesar de ter um nome um pouco mais comprido, a sesquiquadratura possui muitas afinidades com a semiquadratura. Há, porém, diferenças. Em lugar dos obstáculos ao progresso, esse aspecto às vezes cria situações em que tudo dá errado bem no momento em que parecia que ia se resolver. Tudo depende dos planetas que formam o aspecto. Em geral, as situações

Sesquiquadratura: 135°

denotadas por esse aspecto são relativamente pouco importantes, embora não se afigurem assim quando ocorrem! Naturalmente, o saldo final é que a pessoa se sente impotente, ressentida ou simplesmente chateada.

Parece que as sesquiquadraturas existem para testar a nossa paciência e nos ajudar a contextualizar os acontecimentos. Muitos de nós temos a tendência de reagir rápido demais quando a vida não toma o rumo que queremos. Se desenvolvermos as qualidades da paciência e da sobriedade diante das circunstâncias difíceis, bem como a qualidade de perseverança que normalmente caracteriza esse aspecto, chegaremos aos resultados almejados.

Um exemplo
Mercúrio em sesquiquadratura com Urano ☿ ⚻ ♅

Com esse aspecto, você considera muito importante que os outros compreendam o que pretende comunicar-lhes. No entanto, ao dar suas explicações, você tende a pular etapas de raciocínio. Provavelmente tem uma mente rápida (Mercúrio) e não é a pessoa mais paciente do mundo (Urano). Algumas de suas ideias são demasiado radicais ou violentas para certas pessoas, embora sirvam de inspiração para outras. Você deve fazer um esforço consciente para diminuir a velocidade da sua expressão. Isso vai melhorar a sua capacidade de se comunicar, embora as pessoas dotadas de atitude intelectual semelhante à sua sejam capazes de acompanhar os seus saltos mentais.

Semissextil e Quincunce: ⚺ ⚻

- Atrito, incompatibilidade
- Dois planetas a 30° ou 150° de distância
- Orbe de 2°

Esses aspectos ligam planetas que não têm em comum nem o elemento nem o modo. O semissextil se forma entre signos adjacentes, que normalmente são muito diferentes um do outro. No Capítulo 4, sobre os signos, faço uma breve comparação entre cada signo e o signo anterior. Do mesmo modo, o signo seguinte também é muito diferente.

Também é este o caso do quincunce, chamado às vezes de inconjunto, que liga signos que nada têm em comum um com o outro. Pense, por exemplo, na diferença entre Câncer e Aquário (água cardinal e ar fixo) ou entre Sagitário e Touro (fogo mutável e terra fixa). O quincunce se forma a uma distância de cinco signos, tomando-se o caminho mais curto ao longo do círculo.

▪ Semissextil

Este aspecto, mais ainda que a semiquadratura, é inconsciente para a maioria das pessoas. Seus efeitos são mais sutis que os da maioria dos outros aspectos; são mais internos. O semissextil se manifesta como uma leve irritação ou atrito entre os dois planetas, ou como interesses secundários – coisas nas quais você nunca prestou muita atenção, mas que seria capaz de levar adiante caso prestasse.

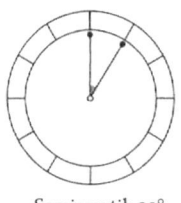

Semissextil: 30°

Estamos falando daquela habilidade que você nunca tem tempo para desenvolver, daquele vizinho com quem você não tem muito em comum – afora um ocasional "bom dia", você não tem nada a ver com ele. O semissextil assume todo o seu significado quando o mapa é avaliado integralmente; muitas vezes vem somar-se aos fatores astrológicos que formam os temas do mapa. Apresento a seguir dois exemplos, com e sem outros aspectos no mapa.

Mapa de estudo (Celeste)
Mercúrio em semissextil com Júpiter ☿ ⚺ ♃

Esse aspecto indica que Celeste talvez tenha a tendência subconsciente de enfeitar (Júpiter) seus processos de pensamento e suas palavras (Mercúrio), e que ela se expressa bem contando histórias ou fazendo poesia. Se ela tomasse mais consciência dessa capacidade natural, poderia talvez utilizá-la em sua vida profissional, visto que tanto Mercúrio quanto Júpiter formam aspectos com o MC e com muitos outros pontos do mapa.

O exemplo abaixo não é do mapa de estudo, mas de outro. Observe como funciona um semissextil entre dois planetas que não formam aspecto com nenhum outro planeta.

Exemplo
Marte em semissextil com Plutão ♂ ⚺ ♇

Uma vez que Marte não forma aspecto com nenhum outro planeta, esse semissextil adquire importância, conquanto seja um aspecto menor.

Plutão acrescenta peso e poder à energia intrépida de Marte, mas também oferece a possibilidade de controlar as atividades e direcionar essa energia de modo eficaz.

■ Quincunce

À primeira vista, este parece ser, de todos os aspectos menores, o mais difícil de integrar. O quincunce pode ser comparado a uma bola chutada com efeito, ou ao ato de atirar no alvo e errar, porque ele não estava onde você pensava. O quincunce provoca certo incômodo; você tenta juntar diferentes partes do seu ser que não se encaixam muito bem. Seu efeito não é dramático, mas irritante. Esse aspecto reflete áreas do nosso ser nas quais tendemos a dispersar nossa energia ou a agir de maneira aleatória ou ineficaz. Esses traços de caráter relativamente inofensivos nos deixam, às vezes, aborrecidos.

Quincunce: 150°

O problema desse aspecto é que os planetas envolvidos representam facetas da nossa vida muito diferentes entre si. Alguns exemplos podem lançar luz sobre essa questão. A natureza fogosa e pioneira de um planeta em Sagitário, por exemplo, tem de integrar-se de algum modo com a sólida praticidade de um planeta em Touro. Um planeta em Câncer, sensível e protetor, tem de assumir a frieza racional de um planeta em Aquário, e vice-versa. Não admira que o quincunce cause irritabilidade. Não obstante, quando nos adaptamos a essas exigências interiores díspares, adquirimos mais foco e eficiência.

Exemplo
Saturno em quincunce com o Ascendente ♄ ⚻ Asc

Você se sente incomodado quando conhece pessoas novas ou se vê em situações desconhecidas (Ascendente) e, mesmo que os sinais sejam favoráveis, tende a se manter discreto até desenvolver a autoconfiança (Saturno). A falta de autoconfiança o deixa vulnerável e faz com que você pareça tímido. Lá no fundo, você tem expectativas de rejeição que remontam a uma época recuada da sua vida. Para se tornar mais seguro e aumentar a crença em si próprio, use os relacionamentos com pessoas de confiança para perceber melhor o seu valor.

Movimento retrógrado: ℞

O mapa de Celeste tem quatro planetas retrógrados, assinalados pelo símbolo acima ao lado dos graus e minutos. Você já deve ter notado a presença desse símbolo, mas volte agora ao mapa dela e procure-o. Os três planetas exteriores (Urano, Netuno e Plutão) estão retrógrados, assim como Saturno. O símbolo ℞ também aparece ao lado de ambos os nodos lunares, que, como dissemos antes, estão sempre retrógrados e por isso não serão considerados aqui.

Qualquer planeta do mapa pode se encontrar em seu período de retrogradação, que se estende por lapsos variáveis de tempo de acordo com o planeta. Somente o Sol e a Lua não retrogradam. Na verdade, o movimento retrógrado é uma ilusão de óptica. Tanto os astrônomos quanto os astrólogos sabem disso. Os planetas, vistos da Terra, dão a impressão de deslocar-se "para trás" em suas órbitas por um certo período antes de retomar o movimento "direto". No entanto, a astrologia é uma linguagem simbólica e o movimento retrógrado também tem um sentido simbólico, como o Sol num signo.

Do ponto de vista heliocêntrico da realidade física, tanto os planetas quanto a Terra se deslocam sempre para a frente (isso é, "movimento direto"). Assumem a aparência de retrogradação somente quando a Terra é ultrapassada por um dos planetas inferiores (Mercúrio e Vênus), que se deslocam com maior velocidade, ou quando a própria Terra ultrapassa algum dos planetas superiores. O movimento retrógrado pode ser comparado com a ilusão de que um carro, ultrapassado por outro carro mais rápido, parece estar se deslocando para trás.

A razão pela qual o Sol jamais retrograda do nosso ponto de vista é que a sua órbita aparente ao nosso redor equivale, naturalmente, à nossa órbita ao redor dele. Estamos viajando pela mesma faixa de espaço: estamos na eclíptica. A Lua, vista da Terra, também não retrograda, pois ela é nosso satélite e está viajando conosco pela eclíptica.

No mapa, há três planetas especialmente significativos quando estão retrógrados: os planetas pessoais, ou seja, Mercúrio, Vênus e Marte. Mercúrio retrograda três vezes por ano por períodos de cerca de três semanas a cada vez; Vênus retrograda menos, somente uma vez a cada 18 meses, por cerca de seis semanas; e Marte retrograda menos ainda, cumprindo em média um único período de retrogradação, de dois meses e meio, a cada dois anos mais ou menos.

Júpiter e Saturno retrogradam durante cerca de quatro meses a cada ano, e Urano, Netuno e Plutão o fazem durante pouco menos de seis meses. A órbita de Quíron e sua passagem pelos signos são tão irregulares que seus períodos de retrogradação variam imensamente.

Os períodos de retrogradação de Júpiter e Saturno também são significativos, embora em menor medida, mas a retrogradação dos planetas exteriores e de Quíron não significa nada para o indivíduo, visto que esses planetas estão retrógrados nos mapas de todos os bebês nascidos durante um longo período. Nesse sentido, devemos considerar apenas o Saturno ℞ de Celeste. (Existe, todavia, uma escola de pensamento astrológico que sustenta que, se houver quatro ou mais planetas ℞ num mapa – incluindo os planetas exteriores –, é provável que a pessoa acabe por encontrar e trilhar um caminho singular, que a leva numa direção diferente daquela que é considerada a "norma" na sociedade da qual ela provém.)

No geral, os planetas retrógrados tendem a se manifestar mais no interior do que no exterior da pessoa. O desenvolvimento desses planetas na juventude se dá na forma de um estilo pessoal reflexivo, diferente e nada óbvio. É como se o indivíduo precisasse de tempo para assimilar os possíveis modos pelos quais possa dar o melhor uso a essas partes da sua personalidade. Para alguns, o sentido dos planetas retrógrados só se revela na idade adulta, ou mesmo quando alcançam certo nível de maturidade. É possível que talentos e habilidades latentes aflorem a certa altura da vida, em geral após algum aprofundamento da experiência.

Mercúrio ℞ mostra uma pessoa reflexiva, de pensamentos profundos, que tarda a revelar informações sobre si mesma. Por isso, é possível que essa pessoa se sinta incompreendida ou que suas capacidades não sejam devidamente reconhecidas. Muitas vezes, o sujeito tem acesso a uma compreensão intuitiva ou forma conceitos abstratos que lhe dão um ponto de vista bastante peculiar.

Vênus ℞ pode formar ligações profundas com pessoas pouco promissoras ao procurar descobrir o verdadeiro significado do amor. É possível que só encontre a realização pessoal numa relação íntima na segunda metade da vida. Seus valores tendem a ser altamente subjetivos, diferentes dos do mundo que o cerca. A pessoa é criativa de maneira discreta e original, chegando a surpreender até a si própria.

Marte ℞ tende a obrigar-se a ir em frente até ficar exausto. Tem dificuldade para relaxar, fato que pode resultar em doenças. A tranquilidade exterior mascara ressentimentos ocultos ou inconscientes, que afloram ocasionalmente. Não é fácil para a pessoa confrontar questões potencialmente desagradáveis. Este é um Marte contemplativo, que precisa estabelecer limites claros para si próprio a fim de administrar com mais habilidade sua energia física e sexual.

O significado de Júpiter e Saturno retrógrados acrescenta informações que devemos ter em mente ao avaliar esses dois planetas no quadro do mapa como um todo. Para melhor personalizar esse significado, deve-se considerar também o signo, os aspectos e principalmente a casa.

Júpiter ℞ gosta mais de investir seu tempo na formação e no aperfeiçoamento de uma abordagem pessoal à vida, por meio da exploração de crenças espirituais e filosóficas, do que de gozar de prazeres sensuais. As pessoas que têm Júpiter retrógrado são mais sérias que as que o têm direto, e podem tornar-se sábias conselheiras na maturidade.

Saturno ℞ procura aceitar as estruturas fixas da vida como o Saturno direto. No entanto, uma vez que a natureza da retrogradação faz com que o indivíduo tenda à introversão e à reflexão, este Saturno impõe mais regras para si mesmo. Na prática, isso significa que a pessoa talvez sofra de culpas reais ou imaginárias e seja excessivamente autocrítica. O que ela mais quer é adquirir autocontrole e encontrar dentro de si a fonte da própria segurança.

Com este capítulo, completamos o panorama de todos os pilares e elementos suplementares do mapa natal que você precisa conhecer a fim de interpretá-lo. No restante do livro vamos tratar de como juntar todas essas informações. É claro que o aprendizado continua, mas já não há novas técnicas a serem estudadas.

---- TAREFA ----

a. Examine o eixo dos nodos lunares no seu mapa. Veja em que medida ele corresponde à sua experiência de vida. Por acaso você é capaz de acrescentar mais detalhes às breves explicações dadas? (Lembre-se do processo de pensamento mágico!)

b. Examine seu próprio mapa para ver quais aspectos menores ele contém. Veja se você consegue entendê-los, mesmo que somente em grandes linhas.

c. Você tem planetas retrógrados, especialmente Mercúrio, Vênus ou Marte? Você se identifica com as descrições dadas acima?

d. Olhe o mapa de Robin e encontre seus aspectos menores. Descontados os aspectos com os nodos lunares, eles são cinco:

☉ ⊻ ♄
☽ ⊼ ♀
☿ ∠ ♄
♄ ⊼ ⚷
♆ ⚻ Asc

Tente interpretá-los.

Capítulo **13**

As Anotações e os Temas dos Mapas

o que se destaca?

É fascinante o processo de montar a interpretação de um mapa, de reunir os fatores que você considera mais importantes ou pertinentes e formar um conjunto que faça sentido e seja útil para o dono do mapa. Por mais complexo que um mapa pareça ser, ele poderá ser entendido se as suas partes forem avaliadas passo a passo, permitindo que a imagem daquela pessoa se forme aos poucos.

Para isso, muitas vezes temos de dar um "salto" a partir das palavras--chave mais básicas até chegarmos a ideias coerentes. Os métodos de formação de sentenças a partir de palavras-chave ou frases-chave, descritos nos Capítulos 8 e 9, também foram pensados para lhe ensinar a fazer isso. Método semelhante será aplicado à interpretação do mapa inteiro, usando as notas que serão sugeridas neste capítulo. A prática de interpretar vários mapas ajuda muito, assim como as conversas com outras pessoas interessadas, quer pela internet, quer pessoalmente, num clube de astrologia, se é que tal coisa existe na sua região. Se não existir, você pode fundar um, cujos membros ajudem uns aos outros no processo de aprendizado ou estudo.

Com base em minha experiência com professora, penso que, se você chegou até aqui, já adquiriu compreensão e conhecimento suficientes para ser capaz de fazer uma interpretação simples de um mapa natal.

Os métodos aqui sugeridos não são, é claro, os únicos aplicáveis, e outros autores e astrólogos têm sua própria maneira de fazer a interpretação. Gostaria que você procurasse o método que mais lhe convém, seguindo as sugestões e instruções abaixo e consultando as informações pertinentes nos capítulos anteriores.

Ao juntar as informações que constam no mapa de um indivíduo, você não precisa tentar integrar plenamente todos os traços contraditórios da personalidade dele. Uma vez que no caráter de toda pessoa há elementos incompatíveis que às vezes conflitam entre si, seria muito difícil fazer isso. A maioria de nós tem consciência dos nossos conflitos interiores; quando eles são discutidos com delicadeza numa sessão de interpretação astrológica, a sensação é reconfortante. Além disso, é importante não esquecer que cada pessoa tem habilidades naturais passíveis de aperfeiçoamento. A autoconsciência que advém do exame do mapa pode abrir portas e ajudar a pessoa a escolher caminhos.

Por tudo isso, é importante não se deixar abater pelas facetas aparentemente opostas, ou pelos traços difíceis, que se encontram dentro de uma única personalidade. Todos nós somos capazes de tratar certa situação de um determinado modo e, no entanto, nos comportarmos de outra maneira na mesma situação em outra ocasião. Por isso, as interpretações contrárias são cabíveis. A pessoa pode ser muito generosa numa situação, mas mesquinha em outra; pode ser equilibrada durante a maior parte do tempo, mas às vezes fica extremamente nervosa ou com raiva – e assim por diante. Essas condutas contraditórias parecem, às vezes, não condizer com o "caráter da pessoa". Esse tipo de incoerência pode ser evidenciado por determinados aspectos ou posicionamentos no mapa natal.

Neste capítulo, para explorarmos o processo de preparar a interpretação do mapa, tomaremos notas sobre o mapa de Celeste. Já chamamos a atenção para diversos elementos do mapa dela, mas somente para ilustrar pontos particulares e não para fazer interpretações, excetuadas as breves interpretações de partes do mapa dela nos Capítulos 5 e 12.

Sempre vale a pena tomar notas durante a preparação do mapa, pois a quantidade de informações a ser levada em conta é grande. Quando temos anotações que podemos consultar enquanto conversamos com a pessoa sobre o mapa dela, nossa tarefa se torna muito mais fácil.

É verdade que sua intuição e seus sentimentos também entrarão em ação, mas nada substitui a preparação prévia. Não tente jamais confiar somente em sua intuição!

Quando você já tiver algumas anotações, terá uma ideia muito mais clara da essência do mapa. A tarefa seguinte, e a mais importante, é encontrar os temas principais desse mapa. Se você acompanhar esse processo no mapa de estudo, saberá juntar esses fatores dispersos e resumir os temas em questão. Cada mapa tem um pequeno número de características proeminentes que são traços essenciais do caráter daquela pessoa. É incrível ver os temas surgirem a partir das informações reunidas. Também é incrível sentir que identificamos as questões principais a serem tratadas com aquela pessoa.

Antes de começar

Pare um pouco e procure esquecer tudo o que você já sabe sobre o mapa de Celeste. No Capítulo 2 sugerimos que você simplesmente olhasse para esse mapa desconhecido para ver o que nele se destacava para você. Isso foi antes de você começar a estudar astrologia, ou pelo menos antes de estudá-la a sério. O que se destaca agora – quer visualmente, quer em matéria de compreensão? Procure não fazer uma análise; simplesmente olhe e tome notas mentalmente. Talvez você se lembre dos pontos seguintes, tratados nos capítulos anteriores:

- Por acaso existem aglomerados de planetas que deem destaque a uma determinada casa ou signo?
- Os padrões de aspectos – provavelmente serão um dos temas do mapa.
- Alguma coisa chama sua atenção nas posições do Ascendente, do Sol e da Lua? Há algum planeta Ascendente?
- Acaso o número de aspectos é grande (na sua opinião)? Ou pequeno?
- Algo mais se destaca?
- Repare em como agora você é capaz de notar muito mais coisas do que na primeira vez em que olhou o mapa.

Agora que você já está familiarizado com o pensamento astrológico e o pensamento mágico, pode aplicar essa abordagem a qualquer mapa novo. Talvez se surpreenda ao perceber quantas ideias virão desse processo e quanto você já aprendeu com seus estudos.

Depois disso, o primeiro passo para conhecer o mapa como um todo é tomar notas seguindo a lista apresentada adiante. A propósito, será interessante comparar alguns pontos do mapa de Celeste com o de Robin, uma vez que esses dois mapas são mais ou menos opostos em matéria de distribuição planetária e equilíbrio dos elementos, modos e polaridades.

Essas notas lhe darão uma boa ideia geral sobre a pessoa antes de você estudar o mapa detalhadamente. Há algumas coisas que você deve ter em mente antes de fazer suas anotações:

- Ao contar os **elementos**, **modos** e **polaridades**, lembre-se de que só se deve usar os signos dos primeiros sete planetas – do Sol a Saturno –, mais os do Ascendente e do MC. Atribua um ponto a cada um, totalizando 9 **pontos** a serem distribuídos em cada um dos três sistemas (depois de distribuí-los, confira tudo para ter certeza de que não esqueceu nenhum).
- Você está em busca do equilíbrio pessoal do mapa. Não precisa analisar a posição de cada planeta quanto ao seu elemento, modo ou polaridade, a menos que queira! Resuma as ênfases mais importantes, sem esquecer de que aqueles lugares onde há um planeta isolado, ou onde não há planeta algum, também são significativos.
- De modo geral, os planetas mais importantes são os cinco planetas pessoais (Sol, Lua, Mercúrio, Vênus e Marte), seguidos por Júpiter e Saturno (em ordem de importância) e, por fim, pelos planetas exteriores e por Quíron. Os ângulos também personalizam o mapa.
- Combine o elemento mais forte com o modo mais forte para obter a "assinatura" geral do mapa (Capítulo 10). Às vezes acontece de haver dois planetas diferentes que funcionam ambos como assinaturas.
- Para avaliar a distribuição dos planetas nos hemisférios e quadrantes, use os **dez planetas** (mas não use Quíron, que não é um planeta – embora você deva tomar nota da posição dele). A simples

contagem dos planetas em suas posições é suficiente, totalizando **dez pontos** (Capítulo 10).
- Você vai constatar que algumas seções do mapa aparecem mais de uma vez. É o caso do regente dos três planetas que estão em Gêmeos no mapa de Celeste, regente que, evidentemente, é o mesmo: Mercúrio. É preciso tomar nota dele somente uma vez.
- Talvez você precise reler o livro para refrescar a memória sobre alguns assuntos. Isso é bom. Pouca gente consegue se lembrar de tudo quanto leu num estudo como este.
- Não transforme suas notas numa redação. Encare-as como breves auxílios à sua memória, a serem usados para montar a interpretação.
- O modelo para as anotações sobre o mapa está reproduzido no Apêndice III, para que você possa copiá-lo e usá-lo no futuro, caso ele lhe seja útil. Essas anotações talvez pareçam a princípio uma espécie de "fórmula" por meio da qual a imagem do significado do mapa se constrói gradativamente. É claro que todos os mapas são diferentes, mas em muitos deles você encontrará elementos semelhantes quando estiver tomando as notas que ligam as diferentes seções. Essas ligações são muito úteis para observar os temas que começam a se revelar, mesmo neste estágio inicial de síntese.
- Muitas vezes, os fatores que se repetem configuram temas. É o caso de dois ou mais planetas tradicionais (do Sol a Saturno) num único signo; de o regente desse signo estar em destaque por sua posição ou pelo número de seus aspectos; de a casa que ele rege conter planetas; ou outros fatores. Um exemplo tirado do mapa de Celeste pode esclarecer essa questão: há um *stellium* em Gêmeos, que é o signo que define a assinatura do mapa; o regente Mercúrio está domiciliado em seu próprio signo, com seis aspectos; as casas regidas por Mercúrio são a 3 (cúspide em Virgem) e a 12 (cúspide em Gêmeos). A casa 3 está desocupada, embora contenha o IC, e a casa 12 contém Mercúrio e outros planetas. Isso significa que um dos temas do mapa envolve Gêmeos, Mercúrio e a casa 12, com um toque de casa 3. Este é um exemplo de como se começa a montar o quebra-cabeça do mapa, e será desenvolvido daqui a

pouco. Existem, é claro, outros temas no mapa de estudo, tais como o *stellium* na casa 11.

Na Tarefa do Capítulo 10, sugeri que você contasse a pontuação de elementos, modos e polaridades e da distribuição planetária do mapa de Celeste, e anotasse tudo. Compare seus resultados com as notas referentes ao mapa dela, dadas abaixo.

Talvez você possa criar breves interpretações para alguns dos fatores do mapa antes de ler as interpretações propostas por mim. Isso é apenas por diversão ou para praticar. Você é quem sabe – talvez prefira simplesmente ir absorvendo as interpretações à medida que as lê, a fim de ver como elas foram construídas. Repare que as várias interpretações são, em sua maioria, bem curtas, pois são, afinal de contas, anotações. É preciso prática para deixá-las bem curtinhas!

Anotações sobre o mapa

1. **Equilíbrio de hemisférios e quadrantes**

2. **Equilíbrio de elementos/modos/polaridades**

3. **Ascendente – signo. Regente do mapa, signo e casa do regente**

4. Sol – signo, casa. Regente do Sol, signo e casa do regente

5. Lua – signo, casa. Regente da Lua, signo e casa do regente

6. MC – signo, casa. Regente do MC, signo e casa do regente

7. Planetas angulares

8. *Stellia* e padrões de aspectos

9. Nodos lunares – signos e casas

10. **Aspectos** – os mais exatos, **orbe de 1°, ou menos**

11. **Outros: por exemplo, planetas sem aspectos, características incomuns**

Anotações sobre o mapa de Celeste

1. **Hemisférios:**
   6 planetas acima do horizonte (o eixo Ascendente/Descendente).
   4 planetas abaixo = **ênfase no Hemisfério Sul**, que está acima do horizonte.
   5 planetas a leste, 5 planetas a oeste = sem ênfase.
   Todos os planetas pessoais acima do horizonte; Saturno e os exteriores abaixo.
   - *Centrada no mundo exterior e nas circunstâncias exteriores.*
   - *A vida interior também é importante, mas não tende a passar muito tempo digerindo as experiências.*

   Quadrantes: (Q).
   Q1 – nenhum planeta. Q2 – 4 planetas. Q3 – 1 planeta. Q4 – 5 planetas.
   O quadrante mais forte é o **Q4**, seguido pelo Q2.
   A ausência de planetas no Q1 sugere uma área em que ela terá muito a aprender.
   4 dos 5 planetas em Q4 são pessoais.
   O número de 4 planetas em Q2 é significativo, embora eles não sejam pessoais.

- *No geral tende a se envolver em causas sociais e a contribuir para ideias ou movimentos coletivos, mais amplos que a sua própria vida (Q4).*
- *A autoexpressão e a família são importantes (Q2).*
- *O desafio é conhecer a si mesma (Q1 vazio).*

2. **Elementos:**
   Fogo = 2 (Saturno + MC)
   Terra = 1 (Júpiter)
   Ar = 3 (Lua, Mercúrio, Vênus)
   Água = 3 (Sol, Marte + Ascendente)
   "Empate" entre **ar** e **água**, com 3 pontos cada.
   O **ar** é ligeiramente mais forte que a água, pois tem 3 planetas pessoais, ao passo que a água contém 2 planetas + 1 ângulo.
   A terra está fraca, com um único planeta isolado: Júpiter.
   - *Ar–água: são importantes as comunicações, relacionamentos de várias espécies, o aprendizado, a exploração de ideias que tenham forte apelo emocional e que envolvam seus sentimentos.*
   - *Ausência de terra: precisa aprender a ser prática e a ter os pés no chão.*

   Modos:
   Cardinal = 3 (Sol + Ascendente, MC)
   Fixo = 1 (Júpiter)
   Mutável = 5 (Lua, Mercúrio, Vênus, Marte, Saturno)
   O modo predominante é o **mutável**, com 5 planetas, 4 dos quais são pessoais.
   O modo fixo está debilitado, com um único planeta isolado: Júpiter. Veja que Júpiter aparece duas vezes. Este planeta está sob os refletores e é significativo.
   - *Mutável: capacidade de adaptação e flexibilidade. Pode ter dificuldade para terminar o que começou e sentir-se limitada pelos compromissos.*
   - *Júpiter se destaca pela "ausência": tende a superestimar as situações ou a assumir coisas demais para fazer.*

Polaridade:
Positiva = 4 + MC; negativa = 3 + Ascendente
- *Equilibrada – nada de muito significativo para a avaliação do mapa.*

Signo de assinatura:
O mapa é de **ar mutável** com forte presença de água. O signo de assinatura é, portanto, **Gêmeos**. O elemento terra e o modo fixo estão debilitados.

- *Mutável: adaptável, convive bem com a mudança. Ar dominante: provavelmente tem uma mente brilhante e ativa.*
- *Terra e fixo debilitados: pode ter dificuldade para assumir compromissos, viver com uma rotina regular e cuidar dos aspectos práticos da vida, como administrar o dinheiro ou estabelecer-se na carreira da sua predileção.*

Isso é interessante, pois mostra como o signo solar nem sempre é o signo mais forte. O mapa tem três planetas em Gêmeos e apenas o Sol em Câncer. Mais tarde abordaremos isso. Às vezes acontece de o signo de "assinatura" não ser tão evidente até que os pontos sejam somados, apesar de que, nesse caso, com três planetas em Gêmeos, era muito provável que este fosse de fato o signo mais forte.

3. **Ascendente:** Câncer.
    Regente do mapa: Lua em Gêmeos na casa 11.
    - *Câncer no Ascendente: sensível, calorosa e protetora. Não gosta de confrontações, mas sabe se defender (Câncer é cardinal).*
    - *Lua em Gêmeos rege o mapa: curiosa, gosta de usar a mente de muitas maneiras diferentes, consegue ser desapegada.*
    - *Lua na casa 11: sociável e amiga, gosta de estar na companhia de outras pessoas, quer ajudar os outros.*

4. **Sol:** Câncer, Ascendente na casa 12.
    Regente do Sol: Lua em Gêmeos na casa 11, como acima.
    - *Sol em Câncer na casa 12: amorosa e bondosa. Tem sensibilidade emocional e o desejo de ajudar os outros (a casa 12 é uma casa de*

água, e por isso a água está presente em dose dupla). Pode ser defensiva para proteger-se. Intuitiva, empática, comove-se facilmente.

5. **Lua:** em Gêmeos na 11.
   Regente da Lua: Mercúrio em Gêmeos na casa 12.
   - *O regente da Lua é Mercúrio em Gêmeos: mente inquieta, busca estimulação, gosta de histórias e procura pessoas interessantes com quem compartilhar ideias.*
   - *Mercúrio na casa 12: guarda segredos, precisa às vezes se afastar do mundo, imaginação ativa.*

6. **MC:** Áries na casa 9.
   Regente do MC: Marte em Peixes na casa 9.
   - *MC em Áries: procura obter o que quer, embora às vezes as decisões impulsivas a conduzam na direção errada.*
   - *MC na casa 9: quer dar alguma contribuição de valor ao mundo. Precisa estar ativa e explorar novos territórios.*
   - *O regente do MC é Marte em Peixes: tem dificuldade para afirmar-se, tende a conceder aos outros o benefício da dúvida. Por confiar excessivamente, pode decepcionar-se. Em razão da contradição entre Marte e o MC, pode ter explosões de raiva de tempos em tempos.*
   - *Marte na casa 9: sente-se atraída por lugares e povos estrangeiros. É importante encontrar suas próprias crenças sobre a vida.*

7. **Planetas angulares:** Sol em Câncer em conjunção com o Ascendente. Marte em conjunção com o MC. Nenhum planeta em conjunção com o IC e o Descendente.
   - *Sol no Ascendente: forte carisma, todos percebem a sua presença. Tem bom coração, é franca e honesta. Opiniões fortes, pode entrar em choque com as autoridades.*
   - *Marte em conjunção com o MC: aspecto dissociado, indica contradições; alterna a autoafirmação e a passividade.*
   - *Marte em Peixes: pode ter dificuldade para encontrar seu caminho.*

- *MC em Áries: está disposta a lutar para mudar o mundo de algum modo, embora possa levar algum tempo para encontrar a melhor maneira. Toma decisões impulsivas, especialmente quanto à carreira (MC em Áries), mas às vezes se arrepende delas (Marte em Peixes em conjunção com o MC).*

8. **Stellia**: 3. Um num signo e numa casa – Gêmeos, casa 11; duas outras casas – casa 12, casa 6.
   - Stellium *em Gêmeos: a estimulação mental, a comunicação e o contato com pessoas são muito importantes.*
   - Stellium *na casa 11: visões grandiosas, faz planos com antecedência, gosta de interações em grupo.*
   - Stellium *na casa 12: a busca de suas crenças pessoais é importante. Às vezes a vida é pesada demais e a obriga a fugir ou retirar-se. Tem compaixão pelos sofredores. [Não é tão forte quanto os outros* stellia, *visto que um dos "planetas" é Quíron; mas deve ser levado em conta.]*
   - Stellium *na 6: quer mostrar-se útil e atender às necessidades dos outros, mas tem dificuldade para criar rotinas a fim de sentir que tem o controle sobre os acontecimentos.*

   Padrões de aspectos: Planetas e ângulos envolvidos na Quadratura em T: Quíron, Mercúrio, MC, Marte, Urano, Saturno.

   Cardinal/mutável. Casas onde caem os planetas: 12, 9, 6. Duas posições são dissociadas – Mercúrio/Quíron e MC/Marte.

   Esta quadratura em T domina o mapa e constitui um dos temas. Será analisada mais adiante.

9. **Nodos lunares**: Nodo Norte em Peixes na casa 8. Nodo Sul em Virgem na casa 2.
   - *Peixes-Virgem: deve aprender a seguir o fluxo da vida sem demasiadas preocupações e críticas. Deve desenvolver algum tipo de capacidade de cura.*
   - *8-2: precisa aprender a se virar sozinha, o que exige força de vontade.*

10. **Aspectos mais exatos** (1º **ou menos**) = 11.

    Muitos desses aspectos exatos fazem parte da Quadratura em T, o que torna esse padrão muito poderoso. Os aspectos **maiores** exatos são:

    - Mercúrio em quadratura com Marte ☿□♂
    - Mercúrio em oposição a Saturno ☿☍♄
    - Mercúrio em oposição a Urano ☿☍♅
    - Marte em sextil com Júpiter ♂⚹♃
    - Marte em quadratura com Saturno ♂□♄
    - Marte em quadratura com Urano ♂□♅
    - Saturno em conjunção com Urano ♄☌♅
    - Quíron em quadratura com o MC ⚷□MC

    Somente um desses aspectos – Marte em sextil com Júpiter – não faz parte da Quadratura em T. Os aspectos **menores** exatos são:

    - Mercúrio em semissextil com Júpiter ☿⚺♃
    - Júpiter em quincunce com Saturno ♃⚻♄
    - Júpiter em quincunce com Urano ♃⚻♅

    Os comentários sobre esta lista serão feitos abaixo, pois o número de aspectos exatos é muito grande para serem todos examinados nesta seção.

11. **Outros**: planetas sem aspectos.

    O Sol, Vênus e Netuno não formam aspectos maiores com nenhum outro planeta. No caso de Netuno, ele só forma aspectos com Plutão e Quíron, que, no que diz respeito a esta lista, não contam. Se você quiser recapitular a questão dos planetas sem aspectos, volte a consultar o Capítulo 10.

    - *Sol sem aspectos: sente-se dissociada de si mesma em seu interior e questiona a própria identidade. Em certos períodos, busca obsessivamente conhecer seu verdadeiro ser e a sua missão na vida, a fim de ganhar autoconfiança.*
    - *Vênus sem aspectos: os relacionamentos pessoais são questão importantíssima; muitas vezes compreende a si mesma por meio da relação com os outros. Quer encontrar seu próprio conjunto de valores.*

- *Netuno sem aspectos: uma vez que Netuno é um planeta coletivo, este dado não tem muitas consequências pessoais. Ela sente que as diferentes sociedades precisam aprender umas com as outras. É provável que, a certa altura da vida, acabe se envolvendo com filantropia e causas humanitárias.*

Juntando tudo

O mapa de Celeste é incomum por ter muitos aspectos exatos. A maioria dos mapas tem menos, e alguns não têm nenhum aspecto exato. Também é incomum por conter um grande número de aspectos dissociados (10), pois tem muitos planetas nos primeiros e últimos graus de seus respectivos signos. Mais ainda: é raro o mapa que tem três planetas sem aspectos, dois dos quais são planetas pessoais. Por todos esses motivos, este mapa é fascinante.

São evidentes os indícios das habilidades comunicativas de Celeste; do desenvolvimento de sua mente e de sua predisposição a aprender coisas novas; de sua sensibilidade emocional e natureza protetora e compassiva; da busca de uma espiritualidade pessoal, que exige que ela passe algum tempo sozinha.

Um tema: mente viva e brilhante, adora aprender e desenvolver seus conhecimentos, ler, comunicar-se. Gosta de estar na companhia de outras pessoas, precisa de estimulação mental (Gêmeos nas casas 11 e 12). É imaginativa, mas precisa de períodos de silêncio para sonhar ou refletir (*stellium* na casa 12).

Um **segundo tema**, que na realidade está intimamente ligado ao primeiro, é o seguinte: a sensibilidade emocional e uma natureza protetora, que facilmente se comove e sente compaixão pelos outros. (Sol na casa 12 em conjunção com o Ascendente Câncer; a Lua regendo tanto o Sol quanto o mapa como um todo em Gêmeos na casa 11; Marte em Peixes.)

Vemos, portanto, que o Sol, os signos de Câncer e Gêmeos e os regentes desses dois signos, ou seja, Lua e Mercúrio, bem como a casa 12, estão todos intimamente ligados entre si. Em razão dos elos que se estabelecem entre Câncer e Gêmeos por meio das casas e das regências, os dois temas se tornam um só:

Ela pensa com os sentimentos, busca conexões com as outras pessoas que estimulem suas emoções.

Já é um começo, embora a Quadratura em T e os outros aspectos quase exatos do mapa ainda tenham de ser levados em conta. Repare que, à medida que forem surgindo os temas do mapa, eles serão caracterizados por mais de um significador, às vezes por vários. Para começar, procure as combinações de significadores que apontem todos na mesma direção, por mais que sejam em grande número.

Uma vez que os temas de um mapa pretendem resumir os traços mais importantes do caráter, quanto menos temas houver, melhor – procure não formular mais que seis temas no total. Aqueles que parecerem ser os principais poderão ser selecionados e combinados mais tarde. Por exemplo: a possibilidade de combinar suas ideias iniciais sobre dois ou três temas poderá evidenciar-se em razão dos elos entre os significadores. Como demos a entender acima, os temas um e dois são na verdade um único – e refletem a personalidade de Celeste e o seu modo natural de ver a vida.

Próximos passos

A partir daqui, tome notas na ordem que lhe parecer mais apropriada.
Algumas opções:

1. Enfoque elementos dominantes, como o Sol, a Lua e o Ascendente juntamente com os planetas que os regem, antes de passar para o restante dos planetas.
2. Vá diretamente aos aspectos e faça breves interpretações sintetizadas em itens.
3. Escolha aqueles lugares do mapa onde parece haver uma ênfase, como os três *stellia* do mapa de estudo.
4. Há mais uma opção: escolha um dos fatores importantes que você observou na simples olhada preliminar, antes de tomar notas, e comece a partir dele.

Não sei o que lhe chamou mais a atenção, mas, para mim, o que mais me impressionou neste mapa foi a Quadratura em T, da qual vou tratar agora.

Análise da Quadratura em T

Esse padrão de aspectos domina todo o mapa e engloba boa parte dos aspectos exatos e também dos dissociados. Já sugerimos anteriormente que para interpretar os mapas complexos de maneira correta, o melhor é decompor a informação em partes mais manejáveis. O mesmo se aplica a esta Quadratura em T. Em cada um dos três pontos há a conjunção de dois planetas ou de um planeta e um ângulo, e são essas conjunções que vou examinar primeiro. Na verdade, são elas que compõem a Quadratura em T, conformando as quadraturas e a oposição entre os planetas conjuntos. Embora a conjunção seja uma fusão de dois planetas ou de um planeta e um ângulo, nem sempre é fácil conviver com um aspecto desses, especialmente quando a própria conjunção forma aspectos difíceis ou quando os dois planetas envolvidos são naturalmente opostos um ao outro, caso de Saturno e Urano.

Não se assuste com a longa lista de aspectos exatos dada acima. Seis desses aspectos envolvem a conjunção quase exata entre Saturno e Urano. Os cinco planetas envolvidos (contando-se Quíron como um planeta, para simplificar as coisas) e mais o MC estão todos em aspectos muito próximos uns com os outros, mesmo que nem todos eles sejam exatos pela definição dada nas anotações sobre o mapa. Muitas vezes os padrões de aspectos unem os planetas pelas associações entre eles, e não somente pelos orbes.

Por isso, proponho não interpretar esta Quadratura em T a partir de seus aspectos individuais. Se eu o fizesse, acabaria tendo nas mãos uma longa lista de interpretações separadas a serem unidas num segundo momento. Essa síntese poderia levar horas! Em vez disso, vou usar palavras-chave ou frases para resumir as partes da Quadratura em T e depois examinar a configuração como um todo. Vez por outra vou acrescentar outros fatores para respaldar as afirmações, de modo que você possa entender como englobar outras partes do mapa que pareçam pertinentes.

- **Avaliando os elementos que fazem parte do padrão:**

Os planetas, os signos e as casas envolvidos nesta Quadratura em T cardinal/mutável são: Mercúrio e Quíron (Gêmeos, Câncer na 12), Marte e o MC (Peixes, Áries na 9), Urano e Saturno (Sagitário na 6). Vou mencionar outros fatores caso pareçam importantes.

Saturno em conjunção com Urano em Sagitário na 6: ♄☌♅♐6
- Tem dificuldade, às vezes, para integrar aquilo que é tradicional e seguro com o que é radical ou arriscado; busca uma estrutura (Saturno), mas quer ser livre de todas as restrições (Urano).
- Essas diferentes necessidades criam uma tensão interior que afeta as crenças (Sagitário), a vida de trabalho, a saúde, o bem-estar, os ritmos e as rotinas (casa 6).

Mercúrio em Gêmeos em conjunção com Quíron em Câncer na 12: ☿♊☌⚷♋12
- Busca uma comunicação significativa com a família e com as outras pessoas (Gêmeos/Câncer).
- Muito imaginativa, gosta de fugir da realidade e pode ser criativa. Precisa regularmente passar um tempo sozinha para recuperar as energias (casa 12).
- Precisa desenvolver a crença em si mesma (Mercúrio em conjunção com Quíron).

Marte em Peixes em conjunção com o MC em Áries na 9: ♂♓☌MC♈
- Sonhadora, compassiva e idealista, com inspirações visionárias. Tem dificuldade para afirmar a si mesma. É sensível e tende a ter sentimentos de culpa, talvez originalmente relacionados à mãe. (O aspecto como um todo, especialmente a conjunção entre Marte e o MC, sugerem a influência da mãe.)
- Seus objetivos não estão claros, os períodos de incapacidade de ver a sua direção na vida causam ansiedade (Marte em Peixes em conjunção dissociada com o MC).

- Trabalho: às vezes toma decisões impulsivas das quais mais tarde se arrepende. Leva um tempo para processar as experiências. É inquieta e busca o próprio caminho (MC em Áries na 9, Mercúrio na 12).

Marte em conjunção com o MC na 9 em quadratura com Mercúrio e Quíron na 12: ♂︎☌MC □ ☿ ♊︎☌⚷
- Tem dificuldade para expressar a raiva, tende a contê-la. Às vezes explode e depois se arrepende. Isso pode acontecer também diante de figuras de autoridade. Questiona o que pode fazer para ser ela mesma sem ferir os outros. (Os significadores que dão respaldo para essa interpretação são o Sol sem aspectos e o Q1 vazio.)

Marte e MC em quadratura com Saturno e Urano: ♂︎☌MC □ ♄☌♅
- Tem medo de agir a fim de mudar as situações e, no entanto, se entedia facilmente e precisa de estimulação. Por isso, corre o risco de ser muito radical e não pensar suficientemente antes de agir (aspecto inteiro).
- Aborda o trabalho de maneira instável, pode trabalhar em algumas profissões que não a satisfazem enquanto procura esclarecer o que realmente busca (aspecto inteiro + terra fraca).

Mercúrio e Quíron em oposição a Saturno e Urano: ☿☌⚷☍♄☌♅
- Ideias claras e originais, sabe que é capaz de contribuir para a sociedade e melhorar o mundo (também um Q4 bem movimentado). Mente arguta ajuda a vencer os períodos de predomínio da dúvida e da insegurança (aspecto inteiro, Mercúrio em Gêmeos é um planeta dominante, + Q4).

■ **Essência da Quadratura em T e ideias sobre como lidar com ela**
As interpretações seguintes são essencialmente sobre a Quadratura em T, embora eu tenha, em certas partes, incluído outros elementos do mapa (como fiz antes) a fim de mostrar como combinar os diversos fatores.

- Aprender a separar a sua própria vontade dos desejos e expectativas alheios – quer os dos seus pais, quer os da sociedade onde ela

cresceu (na Itália). Tem potencial para desenvolver seu Marte em conjunção com o MC pela prática da autoafirmação e a exploração da origem dos sentimentos de culpa (Marte em Peixes).
- A estimulação mental é produzida por discussões significativas e pode ajudar a clarear seus pensamentos (Mercúrio e Quíron opostos a Saturno e Urano, Gêmeos forte, assinatura mutável). Sua irmã mais velha talvez lhe dê apoio e encorajamento (Virgem na cúspide da 3, regente Mercúrio, IC na 3 – as comunicações no começo da vida são muito influentes, especialmente com a irmã).
- Saturno gosta da rotina e Urano procura a mudança. A busca de situações profissionais ou pessoais nas quais ambas as coisas sejam possíveis, especialmente se ela tiver contato direto com pessoas a quem possa ajudar ou aconselhar, pode ser um caminho para superar as contradições interiores (Quadratura em T + *stellium* em Gêmeos, Sol em Câncer e Lua regente do mapa – quer proteger os outros ou atender às suas necessidades).
- Os cuidados com a saúde e o bem-estar, especialmente por meio de alguma atividade regular e disciplinada, como o *yoga* ou algum tipo de meditação, podem dar ritmo à sua vida e permitir-lhe passar um tempo sozinha e em silêncio (uma necessidade para o eixo casa 12/ casa 6).

Esta Quadratura em T não é fácil, mas mostra que Celeste – com o tempo, a maturidade e o incremento de seu autoconhecimento – tem um imenso potencial para se desenvolver e deixar uma marca tangível no mundo em que habita e junto às pessoas com quem convive (Q4 forte). Pensamentos ágeis (casas 11 e 12 contendo planetas pessoais em Gêmeos), sensibilidade e compaixão (Sol + Ascendente Câncer, Marte em Peixes).

Embora não seja nem possível nem útil tomar notas sobre o mapa inteiro no espaço que aqui dispomos, alguns outros temas provavelmente se evidenciarão caso interpretemos os planetas nos signos e nas casas onde se encontram. À medida que for lendo, veja se lhe ocorrem ideias sobre temas reiterados que decorrem de diversos significadores que, embora diferentes, podem ser combinados.

Os planetas nos signos e nas casas

Como você já sabe, os mapas natais variam muito de pessoa para pessoa. Talvez seu mapa tenha alguma semelhança com o de Celeste ou o de Robin, ou talvez tenha posições planetárias completamente diferentes. No restante deste capítulo nos ocuparemos de um dos fundamentos da interpretação do mapa de Celeste: uma interpretação concisa da posição de cada um de seus planetas – e alguns aspectos importantes que ainda não foram examinados. Abaixo, em frases bem curtas, damos as interpretações do posicionamento de todos os planetas, do Sol a Saturno, por signo e casa. É claro que você pode ver como estas interpretações foram feitas – use, para tanto, os Guias de Referência Rápida.

As casas em que se encontram os planetas exteriores dos quais ainda não falamos – Plutão e Netuno –, vêm ao caso sobretudo quando considerarmos os aspectos entre esses planetas e os planetas pessoais. Alguns aspectos, regências e outros pontos não serão mencionados neste capítulo por motivo de espaço, o que não significa que não influenciem o mapa. A esta altura é mais importante tentar selecionar os elementos fundamentais do que examinar cada mínimo fator – de qualquer modo, os fatores secundários frequentemente servem de respaldo para os primários. Como já examinamos o Sol em Câncer na casa 12 e também já mencionamos Vênus sem aspectos, vou acrescentar aqui apenas duas frases sobre o Sol.

- **Sol: sem aspectos**
  - A confusão quanto à própria identidade pode tornar Celeste defensiva. É provável que se sinta motivada a buscar uma noção mais clara de quem ela mesma é (também, Q1 vazio).

- **Lua em Gêmeos na casa 11 (☽ ♊ 11)**

- **Vênus em Gêmeos na casa 11, sem aspectos (♀ ♊ 11)**

Uma vez que ambos os planetas pessoais "femininos" estão em Gêmeos na casa 11, combinei os significados dos dois. É claro que eles não estão

conjuntos, mas forma-se uma ligação entre ambos pelo fato de estarem no mesmo signo e na mesma casa:
- Precisa se comunicar e sentir-se compreendida; é amistosa e agradável. Seus amigos fazem parte de grupos que partilham os mesmos ideais.
- Sente-se atraída pela inteligência; valoriza (Vênus) e cultiva (Lua) o estudo, o aprendizado e discussões com pessoas inteligentes. Os relacionamentos configuram uma área crucial de aprendizado (Vênus sem aspectos).
- Quer que seus familiares sejam seus amigos sempre que possível (especialmente a irmã).
- Tem talento para fazer *networking* e para estabelecer vínculos entre as pessoas, especialmente em questões comunitárias maiores ou quando se envolve numa causa.

- **Mercúrio em Gêmeos na casa 12 (☿ ♊12)**
    - Pensa rápido. Encontra maneiras de melhorar os serviços.
    - A construção de elos com os outros pode ser uma fonte de cura.
    - Tem sonhos imaginativos de fuga – pode gostar de jogos de RPG ou do teatro.
    - Tem o potencial para aprender a acalmar sua mente agitada.
    - É curiosa; talvez seja uma entusiasta da leitura.

Nota: Mercúrio está fortalecido por estar no próprio signo, embora o fato de situar-se na casa 12 possa torná-lo às vezes difícil de acessar. Por outro lado, esse posicionamento indica uma mente brilhante e versátil.

- **Marte em Peixes na casa 9 (♂♓9)**
    - É uma guerreira numa demanda espiritual.
    - Defende suas crenças ou ideais.
    - Tem dificuldade para defender a si mesma, pode ser enganada pelos outros.

- **Júpiter em Touro na casa 11 (♃♉11) único posicionamento em terra e em signo fixo, por isso é importante**
  - Os importantes períodos de crescimento ou aprendizado são absorvidos lenta mas cabalmente.
  - Desenvolve objetivos humanitários por meio de explorações amplas.

- **Saturno em Sagitário na casa 6 (♄♐6)**
  - Um exame estruturado das opções disponíveis a ajuda a ser mais eficiente no trabalho.
  - Compensa o seu interesse pela filosofia ou pela religião com uma forte atenção à realidade e aos detalhes.
  - Leva a sério a responsabilidade de atender às necessidades alheias.

- **Urano em Sagitário na casa 6 (♅♐6)**
  - Sente-se atraída por estilos e métodos de trabalho incomuns e inovadores.
  - Passa por cima dos detalhes e se impacienta com tarefas que exigem perseverança.
  - É tensa e se beneficia de atividades que a acalmem, como o *yoga* ou prática semelhante.

- **Netuno em Capricórnio na casa 6 (♆♑6)**
  - Tem compaixão pelos que sofrem e se sente atraída pelas atividades de cura ou pelo serviço aos outros (também: oposto a Quíron).
  - Pode preferir os outros a si mesma e prejudicar-se com isso; precisa fortalecer-se contra os sentimentos de mediocridade e uma autoimagem negativa.
  - É sensível à atmosfera, à alimentação, a remédios e a coisas semelhantes.

Com três planetas muito diferentes na casa 6 do seu mapa, é possível que Celeste tome atitudes contraditórias em relação aos assuntos concernentes à casa 6 – por exemplo, sua rotina de trabalho e as pessoas com quem trabalha. É provável que tenha dificuldade para desenvolver rotinas que a agradem, e em diferentes momentos da vida vai experimentar diferentes abordagens, desde não ter rotina alguma até estabelecer horários rígidos para os menores assuntos da vida cotidiana. Às vezes se preocupa com questões como a dieta, os exercícios físicos e outras atividades ligadas à saúde.

- **Plutão em Escorpião na casa 4 (♇♏4)**
  - Sofreu a influência profunda do ambiente doméstico na infância, da educação que recebeu e das atitudes dos pais, especialmente do pai.
  - Pode ser que, na idade adulta, dedique algum tempo a explorar as experiências da infância.
  - Precisa alimentar a autoconfiança e o amor-próprio a fim de deixar para trás as influências do passado.

- **Quíron em Câncer na casa 12 (⚷♋12)**
  - Pode ter uma capacidade inata de curar.
  - Tem a capacidade de desenvolver suas faculdades intuitivas e ajudar os outros.
  - Tem forte sensibilidade e uma atitude de proteção; porém, é importante que as aplique não só aos outros, mas também a si mesma.

Outros aspectos e fatores importantes

- **Júpiter isolado e seus aspectos**

Sendo o único planeta em signo de terra e em signo fixo, Júpiter será importante para Celeste, especialmente pelo fato de seus dois aspectos principais serem positivos e harmoniosos, ajudando a compensar a tensão da Quadratura em T.

- Sente-se fortemente atraída por ideias grandiosas, pelas viagens e pelo crescimento pessoal. Atribui uma importância suprema a encontrar seu objetivo de vida. Provavelmente pensa muito nesse assunto e volta e meia toma consciência de que está buscando alguma coisa significativa.

■ **Lua em conjunção com Júpiter** ☽☌♃

Este aspecto é dissociado e seu orbe é grande, mas é digno de nota por ser o único aspecto que a Lua forma com outro planeta.

- Relacionamento positivo e carinhoso com a família, especialmente com a mãe. Outras amigas mulheres serão importantes em sua vida.
- Sente-se capaz de conversar sobre assuntos importantes com a mãe. Às vezes, sente-se assoberbada pela energia da mãe (uma vez que Júpiter intensifica tudo aquilo que toca dentro do mapa).
- É generosa e tolerante, sabe aproveitar a vida e tende a ser popular.

■ **Marte em conjunção com o MC em sextil com Júpiter** ♂☌MC⚹♃

- Tem a capacidade natural de interagir com os outros em diferentes tipos de situações em grupo.
- É possível que sua escolha final de carreira tenha a ver com a área social; é possível também que, em seu trabalho, ela se envolva com pessoas de diferentes culturas.

■ **Júpiter em quincunce com Saturno em conjunção com Urano** ♃⚻♄☌♅

Incluo este aspecto menor pelo fato de ser exato, o que o evidenciará na vida de Celeste.

- Tende a buscar a orientação de autoridades (como os superiores no trabalho, por exemplo), pois não confia que irá tomar as decisões corretas sozinha; não obstante, não gosta das contribuições delas, que impõem restrições à sua liberdade (aspecto frustrante, pois a pessoa tem a sensação de que não consegue vencer, não importa o que faça).

O que se destaca?

Os temas do mapa de Celeste que se ressaltam dessas notas são alguns fatores que se repetem, diversos aglomerados de planetas. Há uma ênfase em *mutável, ar, água, Gêmeos, Câncer, Mercúrio, Lua, assuntos ligados às casas 6, 11, 12*. A Quadratura em T também se impõe, uma vez que, descontada uma oposição fraca entre Netuno e Quíron, nenhum outro aspecto planetário está diretamente envolvido com esse padrão.

TEMAS

1. **Os sentimentos e os pensamentos se entremeiam, a comunicação com os outros é importante:** *ar/água, Câncer/Gêmeos 11/12 + Lua/Mercúrio como regentes do Sol, da Lua e do Ascendente + Plutão 4.* Cabeça *versus* coração, sentimentos *versus* pensamento racional, pensa com os sentimentos. É capaz de se conectar com os outros tanto emocional quanto mentalmente, é curiosa, valoriza o poder da palavra. Tem uma imaginação bem desenvolvida, se comove facilmente, mas é capaz de ter certo distanciamento. A influência da família e das origens é forte. A presença de um objetivo pessoal lhe dá determinação, embora às vezes tenha problemas práticos (*ausência de terra, Marte em Peixes*).

2. **Busca de identidade e de um objetivo na vida:** *Sol sem aspectos, Q1 vazio – busca a própria identidade. Uma difícil Quadratura em T, com Saturno e Urano em oposição a Mercúrio e Quíron.* Sugere problemas de comunicação na relação com o pai. Precisa encontrar sua "própria voz", muito embora a comunicação seja um elemento bastante forte da sua constituição (*stellium em Gêmeos*).

3. **É compassiva, quer deixar sua marca no mundo, é idealista, deseja inovar na sociedade, mas tem medo de se destacar:** *Quadratura em T; stellia nas casas 11 e 12, muitos planetas pessoais em Q4, mapa de ar e água, eixo nodal Peixes-Virgem.* Seu objetivo ideal seria o de trabalhar com amigos/colegas numa causa comum para mudar a sociedade de algum modo. Tudo depende de quanto ela conseguirá integrar Saturno e Urano no decorrer do tempo – num vai e vem entre o velho e o novo, o comprovado e o radical. Pode conseguir associar as tradições já estabelecidas, que utilizam a experiência e os métodos do passado, com ideias inovadoras que permitam desenvolver e estabelecer seu próprio caminho e seus próprios objetivos.

4. **Relacionamentos pessoais:** *Vênus sem aspectos em Gêmeos na 11, regente Mercúrio na 12 + Capricórnio Descendente + 7 desocupada. Vênus na casa regida por ele – Touro na cúspide. Libra na cúspide da 4, Plutão na 4, eixo nodal 8-2, terra fraca.* A ênfase está em aprender sobre si mesma e em separar-se da influência familiar por meio de larga variedade de relacionamentos e experiências sexuais de diversos tipos (*eixo nodal 8-2, Escorpião na cúspide da 5, Aquário na cúspide da 8*). Sente-se atraída pela inteligência e pela maturidade.
5. **Trabalho, serviço, saúde, rotinas:** *casa 6 – Quadratura em T, stellium, cúspide em Sagitário, regente é Júpiter em Touro, único planeta em signo de terra. Júpiter na 11 em quincunce com Saturno e Urano na 6.* Altamente independente, é capaz de bater em retirada subitamente caso uma situação pareça exigir demais dela e/ou restringi-la. As pessoas precisam respeitar sua necessidade de ser livre, mas ela também quer fazer parte de um grupo. Tem dificuldade para estabelecer rotinas, que, porém, ajudam-na a permanecer com os pés no chão.
6. **Amizades:** *Gêmeos/Câncer, Marte em sextil com Júpiter (exato); Lua em conjunção com Júpiter; Mercúrio em semissextil com Júpiter; Marte em trígono com o Ascendente (fraco).* Sua atitude positiva a torna querida de muitos. Busca o melhor em cada situação. É de fácil convivência. Preocupa-se com as pessoas e o demonstra sem fazer alarde. O otimismo lhe dá sorte. Pessoas que não ajudariam a outrem concordam em ajudá-la. Tem um relacionamento caloroso com a mãe.

Resumindo as Notas

No capítulo seguinte, explico de que modo esta coletânea de notas e observações pode ser usada para formar uma imagem coerente do mapa de estudo. Embora o caráter de cada pessoa seja multifacetado e, portanto, sua constituição astrológica (manifestada no mapa natal) também o seja, é possível identificar as facetas principais do eu essencial de cada indivíduo, por mais complexo (ou enganosamente simples) que pareça ser o seu mapa natal.

Isto não diminui em nada a profundidade e a riqueza de cada pessoa. À medida que crescemos e mudamos, vamos encontrando novos níveis em que os símbolos astrológicos podem se manifestar. Ao longo dos ciclos mutáveis dos planetas, surgem oportunidades para integrarmos as partes isoladas do mapa, oportunidades essas que dependem tanto das nossas circunstâncias quanto do nosso livre-arbítrio em diferentes momentos da vida. Darei uma breve explicação disso no último capítulo.

Sugerindo os "títulos" de cada tema acima, antecipei um pouco sobre o conteúdo do Capítulo 14, onde a questão será abordada em maiores detalhes. Como já mencionado, não é nem possível nem viável incluir todos os fatores astrológicos na análise de um mapa. Não obstante, com prática e paciência, a maioria dos temas importantes acaba se revelando.

Capítulo 14

Sintetizando

como interpretar o mapa como um todo

O mapa de Celeste

O estágio em que nos encontramos agora é o de como chegar à interpretação de um mapa inteiro. No estágio de anotações reunimos muitas informações sobre o nosso mapa de estudo. À primeira vista, a tarefa de juntá-las de modo coerente, ou mesmo a de simplesmente saber como estruturá-las de forma a fazerem sentido, parece complexa. Você talvez já tenha tentado fazer a leitura de um mapa natal para algum conhecido, ou talvez o faça no futuro simplesmente para ter essa experiência – mesmo que decida continuar estudando unicamente o seu próprio mapa. Diante de páginas e páginas de anotações, talvez você se pergunte por onde começar...

Neste capítulo, portanto, o que faremos é examinar diversas maneiras de juntar os filamentos separados que constituem o mapa. Meu objetivo principal é ajudar você a fazer isso, dando-lhe sugestões acerca de como abordar todo o processo. Uma vez que você tenha algumas diretrizes, na verdade ele não é tão difícil – o segredo está em, no começo, manter a simplicidade e não ser demasiado ambicioso. Se você já encontrou alguns dos temas principais, como aqueles que identificamos no mapa de estudo, está a meio caminho de compreender a essência do mapa; poderá então preencher os detalhes. A bem da clareza, as interpretações estão escritas aqui na terceira pessoa, ou seja, usando o pronome "ela".

Este capítulo não consiste numa interpretação completa do mapa de Celeste; em vez disso, vai conduzir você ao longo das diversas etapas, dividindo a interpretação em seções. Num livro que pretende ensinar você a trabalhar sozinho, uma interpretação completa fornecida pelo autor não o ajudaria muito a aprender. O processo de juntar as anotações e os pensamentos para chegar à interpretação de um mapa pode ser abordado agrupando-se as combinações de fatores em áreas da vida. Refiro-me a áreas como as seguintes:

- caráter, ponto de vista pessoal
- família de origem, cônjuge e filhos
- vida doméstica
- trabalho ou carreira
- relacionamentos amorosos
- amizades, conexões com os outros
- interesses e talentos
- finanças e atitude em relação ao dinheiro
- espiritualidade e religião/filosofia

ou quaisquer outras classificações que você considere importantes para o indivíduo em questão. Talvez para tanto seja necessário tomar mais notas, que o ajudem a perceber quais partes do mapa se enquadram em cada seção. Nem todas as seções se aplicam a todos os indivíduos, e é claro que você pode selecioná-las. Se quiser fazer esse exercício com os mapas de amigos ou familiares, é possível que surjam outras classificações específicas para os diversos indivíduos. Elas poderão ajudá-lo a ampliar os seus pontos de vista.

O importante é que você saiba exatamente de quais partes do mapa está obtendo suas informações. Com isso, você garante que esteja trabalhando astrologicamente, não a partir do conhecimento que você já tem daquela pessoa! Esta é uma das desvantagens de se fazer o mapa de um conhecido. Por outro lado, é possível que você já conheça determinadas facetas da vida de um amigo e queira fazer a experiência de identificá-las astrologicamente – fazendo, assim, uma "astrologia reversa" na qual os traços de caráter ou os passatempos da pessoa são encontrados em seu mapa. Também é um excelente processo de aprendizado!

Para simplificar, coloquei entre parênteses os significadores que usei para fazer minhas afirmações.

Escolhendo as seções

É uma boa ideia, para começar, dar uma olhada geral no mapa. De que tipo de pessoa estamos falando? Um extrovertido ou um introvertido? Parece ter uma identidade forte e se relaciona francamente com o mundo ao redor? Ou é uma pessoa mais recolhida, silenciosa ou reservada? E por aí vai. De início, vale a pena considerar as características básicas da pessoa e seu modo de ver a vida. Dê a essa seção o título de "personalidade", "ponto de vista pessoal", "caráter essencial" ou algum outro.

Se você não sabe direito como fazer isso, pense em como descreveria a si mesmo. Faça este pequeno exercício: imagine que está indo para uma entrevista de emprego. É claro que, se você almeja aquela vaga, vai procurar apresentar-se sob a luz mais favorável possível. Ao chegar, pedem-lhe que, antes de conversar com o seu possível futuro patrão, você faça uma descrição honesta de si mesma, incluindo nela aquelas áreas em que acha que pode melhorar. O que você diria sobre o tipo de pessoa que pensa ser?

As seções posteriores deste capítulo podem servir de diretriz para que você separe as diferentes partes do mapa, mas está claro que a vida da imensa maioria das pessoas vai incluir as áreas da vida doméstica, do trabalho e dos relacionamentos. A inclusão de áreas como finanças, espiritualidade ou interesses depende da pessoa, daquilo que ela quer saber e, naturalmente, daquilo que mais se destaca no mapa.

Fazendo perguntas

É você quem decide se vai ou não fazer perguntas a seu "cliente" antes de falar com ele sobre o mapa. Uma vez que suas primeiras interpretações provavelmente dirão respeito a pessoas que você conhece, e talvez conheça bem, é provável que já tenha informações sobre a vida delas. Pode ser que demore um pouco para que você se sinta à vontade para interpretar o mapa de um desconhecido, cuja vida você ignora quase totalmente – e é claro que nem todos os leitores chegarão a fazer isso. No entanto, o próprio mapa pode nos dar uma infinidade de ideias, de modo que, com o mapa nas mãos, nunca estamos completamente perdidos.

Mas suponhamos que você queira interpretar o mapa de alguém que não seja nem um amigo nem um familiar. Na minha opinião você pode pedir a essa pessoa algumas informações básicas, sem esquecer que alguns dirão que você está "trapaceando". (Quem vai a uma consulta astrológica com esse grau de expectativa deve atribuir um poder quase milagroso à astrologia...!) O importante é lembrar que você jamais conhecerá todas as circunstâncias concretas da vida da pessoa, e que o objetivo principal da astrologia natal é aumentar o conhecimento que ela tem dela mesma. Um astrólogo não é um guru ou um paranormal, nem mesmo um conselheiro. Sem dúvida alguns astrólogos também são dotados de certos poderes paranormais – embora tal capacidade esteja longe de substituir um conhecimento astrológico sólido. Para bem entender a prática da astrologia, veja a si mesmo como um intérprete do significado do mapa, alguém que guia a si mesmo e aos outros. Se é isso que você é, me parece adequado que você faça algumas perguntas à pessoa antes de começar, para poder contextualizar a experiência dela.

Por essas razões, dou-lhe agora algumas informações sobre Celeste.

Ela nasceu numa família italiana de classe média e tem uma única irmã, mais velha que ela. Veio à Inglaterra ainda com pouca idade para estudar antropologia e comunicações na universidade, e já terminou os cursos. Está agora procurando emprego, e sua irmã também está na Inglaterra neste momento.

Essas informações são mínimas, mas já contextualizam a vida dessa jovem. O mapa não nos diz se a pessoa tem ou não tem irmãos e onde ela está morando agora, por exemplo, de modo que essas informações podem ser bastante úteis.

Ao percorrer as diferentes seções do mapa de Celeste e ligá-las às suas experiências interiores e exteriores, agrupei aqueles fatores que têm alguma semelhança entre si. É claro que também usei as anotações e os temas. No processo de preparação da interpretação, lembre-se de que você não tem o dever de falar sobre o mapa inteiro numa única seção, e talvez prefira concentrar-se numa única área da vida daquela pessoa – os relacionamentos, por exemplo. E é claro que você sempre pode acrescentar observações que não estavam incluídas em suas anotações originais. Faça algumas experiências e deixe as ideias fluírem; elas têm muito a lhe ensinar.

A personalidade geral de Celeste

As anotações para o mapa são particularmente importantes quando consideramos os **traços de personalidade** e o **modo básico de ver a vida** da pessoa:

- A primeira impressão sobre Celeste é que ela é uma pessoa calorosa, carinhosa e sensível, amistosa e de fácil convívio. Suas emoções e sua mente estão interligadas e ela provavelmente "pensa" por imagens, além de ter uma imaginação bem desenvolvida (*Sol em Câncer, Ascendente em Câncer, Lua regente do mapa em Gêmeos na 11, stellium em Gêmeos*).

Lembre-se de que se você estiver falando sobre o mapa de alguém que não estuda astrologia, a pessoa provavelmente não entenderá afirmações como "o regente do seu mapa é a Lua, que está na casa 11 e em Gêmeos". O melhor é falar sobre o **significado** de cada coisa, em vez de pontilhar a conversa com referências astrológicas! Você pode, por exemplo, expandir um pouco as breves considerações acima guardando para si mesmo os significadores que respaldam suas afirmações.

O mapa mostra que Celeste é uma pessoa sensível, intuitiva e carinhosa (*Sol em Câncer, Ascendente Câncer*). Tende a ser sociável e talvez seja faladora e curiosa (*o regente do Sol e do mapa é a Lua em Gêmeos na 11*). Gosta muito de encontrar os amigos e conversar com eles, quer em sua casa, quer na deles (*Lua na 11. A Lua é onde nos sentimos confortáveis*) – ou na rua (*Gêmeos e Touro na 11*). Gosta de cuidar das pessoas, talvez goste de cozinhar para elas e será uma excelente anfitriã em sua própria casa (*Sol em Câncer, Lua como regente*). O mais importante para Celeste é ter pessoas em sua vida com quem ela possa estabelecer relações profundas, contar histórias e conversar sobre assuntos significativos, tanto mental quanto emocionalmente (stellium *em Gêmeos, Lua em conjunção com Júpiter na 11, Mercúrio em Gêmeos na 12*).

Frequentemente, Celeste não consegue perceber direito quem ela mesma é – embora talvez tenha um jeito próprio de descrever essa experiência –, e dedicará tempo e energia a encontrar o seu propósito na vida (*Sol sem aspectos*).

Vida doméstica

Levando em conta que a casa naturalmente ligada aos parágrafos acima (ou seja, a casa 4) contém o planeta Plutão, esse tema pode ser expandido: é provável que a vida doméstica de Celeste seja particularmente importante para ela – tanto o lugar onde mora quanto o tipo de casa –, o que pode conduzir a uma discussão sobre a sua criação e a sua vida familiar na infância. *Plutão na casa* 4 sugere que a família talvez guarde alguns segredos ou que certas informações sobre o passado tenham sido esquecidas; a certa altura da vida, é possível que esses assuntos venham a fasciná-la. A mesma formação indica que o relacionamento dela com o pai (a casa 4 evidencia o modo como ela via o pai na infância), embora próximo (*Libra na cúspide da 4, regente Vênus*), pode ter sido marcado às vezes por tentativas subconscientes de manipulação. Há outros indícios de que às vezes ela não se sentia aceita por ele, e de que talvez tenha mudado o próprio comportamento para agradá-lo quando criança. A tarefa de encontrar a sua própria voz na fase adulta provavelmente deriva dessas experiências de infância (*Sol sem aspectos, Saturno com aspectos difíceis somente, Marte enfraquecido em Peixes*. Um lembrete: o Sol e Saturno, bem como Marte em certa medida, são indicadores do relacionamento da pessoa com o pai – além de terem sentidos mais pessoais).

Nota: É preciso ter muito cuidado ao falar com a pessoa sobre o seu relacionamento com os pais, pois essa área é delicada para alguns. Por outro lado, pode ser muito útil discutir esse aspecto da vida.

Além disso, a irmã mais velha de Celeste foi muito importante para ela na infância e ofereceu-lhe orientação e aceitação (*IC em Libra na 3*). O fato de a irmã ter vindo morar perto dela no país para onde emigrou provavelmente não só a lembra de casa, como também a conforta. A possibilidade de falar a língua materna também é um prazer (*Vênus regente do IC, Lua em Gêmeos*). O lar e o passado de Celeste sempre serão os fundamentos da sua vida.

Relacionamentos

O mapa de Celeste traz diversas indicações de que seus relacionamentos íntimos são muito importantes, além de ser uma área em que ela poderá aprender muitas coisas no decorrer de sua vida. É claro que isso se aplica a muita gente; porém, no caso de Celeste, o processo de crescer e descobrir-se por meio das amizades e relacionamentos é um tema forte no mapa (*Vênus sem aspectos em Gêmeos na 11 em quadratura com o eixo nodal, regente Mercúrio na 12, mapa mutável de ar-água, casa 11 movimentada, 7 desocupada*). Uma nota: um planeta – no caso, Vênus – em conjunção com um dos nodos ou em *quadratura* com ambos é indício de que a área por ele representada é importante na vida da pessoa.

O caminho dela é marcado por um grande número de experiências variadas (*Gêmeos forte*). A fim de encontrar seus próprios valores (*Vênus*) no que se refere aos relacionamentos pessoais, é possível que ela tenha de compatibilizar suas atitudes em relação aos compromissos e à liberdade (*Saturno em conjunção com Urano numa Quadratura em T*). Em determinados períodos, é possível que ela queira apenas estabelecer-se num relacionamento monogâmico com um parceiro maduro (*Capricórnio no Descendente*). No entanto, se esse relacionamento estagnar ou ela não for capaz de desenvolver um grau suficiente de comunicação mental com o parceiro, é possível que ela simplesmente faça as malas e vá embora – ou que, inversamente, o parceiro a abandone (*mapa de assinatura mutável, Júpiter em quincunce com Saturno-Urano, a Quadratura em T com seu tema de tensão*). Além disso, é provável que em certos períodos da sua vida ela permaneça livre e independente.

Modo de abordar a vida

O tema da dicotomia entre os compromissos e a liberdade pessoal afeta, às vezes, a maior parte da vida de Celeste (*Quadratura em T dominante, casas 6, 9, 12*). Ele se aplica não só aos relacionamentos, mas também ao seu processo de tomada de decisões, seu trabalho, sua carreira, sua relação com o corpo, as rotinas e ritmos e os serviços que ela presta aos outros. Ela sente os atrativos do passado, das tradições, das origens familiares e do desejo de segurança, que têm o efeito de torná-la cautelosa e prática (*terra fraca, Saturno com aspectos exclusivamente difíceis numa Quadratura em T, Marte em quadratura com Saturno*); e, ao mesmo tempo, sente-se atraída pelo novo, por ideias extravagantes, pela inovação, pela liberdade e pela possibilidade de definir seus próprios caminhos e objetivos, às vezes de modo francamente radical, até explosivo (*Urano na Quadratura em T, Mercúrio em quadratura com Marte*).

A tensão resultante pode ter o efeito de energizá-la. As situações de sua vida pessoal e profissional refletirão esse dilema interior, mas também lhe oferecerão soluções. O ideal seria encontrar uma solução em que ela fosse ao mesmo tempo livre para exercer sua independência e capaz de aproveitar tudo o que as suas experiências passadas já comprovaram. A Quadratura em T é sempre um desafio; em geral, as descobertas que ela proporciona, sobre nós mesmos e sobre a vida, se tornam partes maduras de nosso ser.

Felizmente, o astrólogo não tem a obrigação de tentar encontrar soluções para os dilemas em que as pessoas se veem; por outro lado, deve ter discussões esclarecedoras com o cliente. É importante deixar que as pessoas escolham o próprio caminho em vez de deixar que a compaixão nos leve a fazer sugestões desnecessárias.

Trabalho

Este ponto talvez seja difícil para Celeste, pois ela não tem certeza do que procura, especialmente na juventude (*Marte em Peixes em conjunção dissociada com o MC em Áries na 9, terra fraca*). Mas ela escolheu fazer faculdade de Antropologia – estudar as culturas de outros povos –

e Comunicações. Na verdade, ambas têm a ver com a comunicação. As movimentadas *casas 11 e 12* do seu mapa, mais a própria *Quadratura em T*, são fortes indícios de que ela tem vontade de ser útil aos outros, especialmente em razão de sua natureza compassiva (*duplo Câncer – ou seja, Ascendente e Sol, Lua regente do mapa, casa 12*). Sua crença de que as sociedades podem aprender umas com as outras (*Marte na 9, Júpiter na 11*) poderão traduzir-se, com o tempo, numa carreira em que ela consiga deixar uma marca tangível no mundo maior. Enquanto isso, ela talvez se envolva num movimento humanitário ou numa causa que vise aliviar o sofrimento humano (*casas 11 e 12, Netuno na 6 em oposição a Quíron*).

Com sua forte necessidade de independência, ela talvez prefira experimentar diferentes tipos de trabalho – desde que eles envolvam o contato direto com outras pessoas, pois ela é, em tudo e por tudo, uma "pessoa social" (*ar dominante, aspectos com Júpiter, casa 11*).

Amizades, talentos e perspectivas

Um dos maiores talentos mostrados pelo mapa é a capacidade natural de Celeste de se relacionar com as pessoas. Ela aborda a vida de maneira positiva, apesar das dificuldades com que se depara, e as pessoas sentem-se atraídas por ela. Dá a impressão de ser "sortuda", mas isso decorre, pelo menos em parte, de sua atitude positiva e de sua capacidade de ver sempre o melhor nas pessoas e nas situações. Não é difícil gostar dela, pois parece sempre tranquila, aberta e carinhosa. Demonstra seu carinho sem fazer muito alarde (*Gêmeos/Câncer, Lua em conjunção com Júpiter, Marte em sextil com Júpiter, Marte em trígono com o Ascendente, Mercúrio em semissextil com Júpiter*).

Seu relacionamento com a mãe (*Lua em conjunção com Júpiter em Touro na 11*) é, provavelmente, muito positivo. É caloroso e as duas se sentem dispostas a ouvir e compreender uma à outra. Celeste provavelmente sente que, de seus pais, é a mãe quem a compreende melhor. O modo diferente como ela vê cada um dos pais é demonstrado pelo *Sol em semiquadratura com a Lua*. Assim como a sua mãe sempre se dispôs a ajudá-la e deixar que ela fosse ela mesma, assim também Celeste faz com as pessoas que entram na sua vida. Essas pessoas, por sua vez, se dispõem a ajudá-la sempre que preciso (*Marte em sextil com Júpiter*).

Gêmeos forte implica uma mente brilhante e ativa, curiosa e inventiva (*também Saturno em conjunção com Urano, Quadratura em T*), que busca sempre curar os outros, ouvindo-os e entendendo-os. É possível que ela tenha uma capacidade inata de cura, que poderá ser desenvolvida a certa altura da vida (*casa 12, Mercúrio em conjunção com Quíron, Marte em Peixes*).

No decorrer da vida, Celeste vai passar por muitos altos e baixos e colherá sucessos e fracassos, como todos nós. O modo positivo como ela lida com tudo isso provavelmente a levará a avançar bastante em seu caminho.

Como você vê, esta não é uma interpretação completa. Mas espero que ela tenha sido suficiente para dar uma ideia de como abordar essa tarefa. Talvez seja útil examinarmos também aquilo que não incluímos nesta interpretação.

Capítulo 15

Continuando a Jornada

para onde seguir

Escrever este livro foi uma grande aventura para mim. Espero que você tenha gostado de lê-lo e que tenha adquirido uma sólida formação referente às ideias que a astrologia tem a oferecer. Mesmo que já tivesse algum conhecimento prévio do assunto, imagino que *Astrologia sem Segredos* tenha podido oferecer pelo menos algumas joias de informação que você ainda não conhecia.

O aprendizado e mesmo a simples reflexão sobre a astrologia são muito compensadores, pois nos dão profundas percepções sobre o mundo. Uma das razões pelas quais escrevi foi a de disponibilizar a você informações sobre como aprender astrologia, onde quer que você more. Minha paixão é disseminar informação para aqueles que querem descobrir coisas novas, e faço isso especialmente por meio de aulas e cursos de astrologia. Nesse sentido, ter escrito um manual introdutório, que apresenta o processo astrológico etapa por etapa, foi muito satisfatório para mim no nível pessoal.

Chegar ao fim de um curso de estudos bastante intensivo – embora também compreensível, espero – é uma realização por si só. Pare um pouco e parabenize-se pelos conhecimentos que adquiriu ao longo do caminho. A astrologia é um tema que continuará nos ensinando durante toda a nossa vida; basta estarmos abertos para isso. Se você continuar aprendendo, seja de que forma for, seu conhecimento astrológico continuará ampliando-se e crescendo naturalmente. Além disso, você desenvolverá a autoconfiança. Os outros perceberão esse fato e, se você estiver disposto, lhe darão oportunidades de oferecer-lhes orientação astrológica.

Há muitos outros fatores do mapa natal que eu poderia ter incluído neste livro. Mas tive de impor-me um limite. Os fatores incluídos foram cuidadosamente escolhidos para que você tivesse suficientes conhecimentos introdutórios, mas não se afogasse num mar de informação – a quantidade contida nas páginas deste livro já é mais do que suficiente!

Pode ser que, a certa altura, você tenha vontade de consultar um astrólogo para que ele interprete o seu mapa. A perspectiva de outra pessoa pode ser muito útil quando estamos aprendendo as técnicas. Algumas das escolas e organizações astrológicas, em inglês, informadas no apêndice têm listas de consultores profissionais, e a maioria poderá recomendar um astrólogo qualificado perto de onde você mora. Alternativamente, você poderá fazer uma consulta por Skype, caso em que a sua localização geográfica não tem importância.

Como continuar seus estudos

Você tem a opção de continuar a estudar depois de terminar de ler este livro. Ele pode ser encarado como um trampolim para toda uma vida de estudos. Quer este tema lhe interesse apenas pessoalmente, quer você ache que poderá desenvolvê-lo até chegar a um nível profissional, apresentei no Apêndice II uma breve bibliografia e uma lista de escolas de astrologia, cursos *on-line*, *sites* e organizações. De fato, a quantidade de bons astrólogos existentes "por aí" é muito grande, e minha intenção é indicar-lhe algumas direções positivas.

Dependendo de onde você mora, talvez tenha notado um aumento pronunciado do interesse pela astrologia. Em certas regiões do mundo, há de fato um número respeitável de praticantes ou estudiosos dessa arte. Se você reside em algum lugar onde não conhece outros que partilham o seu interesse, neste mundo digital e cada vez menor é fácil fazer contatos, trocar ideias e tirar dúvidas pela internet.

Se você pretende usar a astrologia simplesmente para conhecer melhor a si mesmo ou à sua família, a observação de seus próprios padrões essenciais de comportamento por meio do mapa natal vai ajudá-lo a compreender-se melhor, a fim de que você tenha mais possibilidade de operar mudanças positivas na sua vida se assim quiser.

Para progredir, talvez você queira aprender outras técnicas astrológicas, como as técnicas de previsão e a astrologia dos relacionamentos. Embora as posições dos planetas e de outros fatores em seu mapa natal não mudem, uma vez que a sua data de nascimento não muda, os significados desses arquétipos são tão amplos e profundos que eles podem se manifestar em muitos níveis diferentes. Ponto importantíssimo das técnicas de previsão usadas pelos astrólogos é que elas podem mostrar em qual ciclo planetário você está. Como mencionamos no final do Capítulo 13, em diferentes períodos de nossa vida partes diferentes do nosso ser são postas em evidência pelos planetas que, deslocando-se, formam aspectos com o nosso mapa – chamados *trânsitos*, *progressões* ou *direções*, que são todos métodos de previsão. Eles nos proporcionam oportunidades de crescimento, integração ou descoberta – embora as experiências de vida que nos tragam essas coisas sejam às vezes felizes, às vezes difíceis!

Agora que terminou este curso fundamental, você talvez já se sinta disposto, ou preparado, para dar o próximo passo e aprender sobre os períodos de tempo – através da astrologia, você pode examinar um determinado período do passado, além de poder olhar para o futuro a fim de ver os tipos de experiências que estão aparecendo no horizonte para você ou para seus amigos e familiares. As *previsões* são baseadas no mapa natal. A astrologia dos relacionamentos – chamada *sinastria* – também é baseada no mapa natal, e pode ser estudada a fim de compreender a natureza e até a finalidade de qualquer tipo de relacionamento na vida de uma pessoa.

Como você vê, são muitas as possibilidades. A astrologia tem ainda outros ramos. Um deles é a *astrologia eletiva*, a escolha do melhor momento astrológico para um evento – qualquer evento, desde um casamento até a inauguração de uma empresa comercial. A *astrologia horária* é uma técnica tradicional para responder perguntas – calcula-se o mapa para o instante em que a pergunta foi feita e aplicam-se regras especiais para respondê-la. A *retificação*, mencionada no início do livro, é um método para determinar o horário de nascimento de uma pessoa; e a *astrologia mundana* é a astrologia dos países, organizações e empreendimentos. Os países também têm mapas natais que se revelam à medida que eles crescem e se desenvolvem. Esses mapas, assim como os das pessoas, também podem ser estudados por meio de técnicas de previsão.

Estes são apenas alguns dos modos pelos quais a astrologia pode ser usada.

O que quer que você deseje fazer com o conhecimento que já adquiriu, desejo-lhe tudo de bom na sua jornada.

Apêndice 1

Guias de Referência Rápida

Estes guias se referem aos Capítulos 3 a 6 e aos aspectos menores, Capítulo 12

Os Planetas — Capítulo 3

- **Os planetas pessoais**

Sol ☉ Noção de identidade, a individualidade; força vital, vitalidade e energia, aquilo que o anima; consciência, vivacidade; propósito de vida; experiência do pai.

Lua ☽ Vida emocional interior, memórias, noção de lar ou de segurança; respostas instintivas ou atitudes subconscientes; necessidade de segurança emocional, capacidade de adaptação, capacidade de cuidar e proteger; influência familiar e a influência de experiências emocionais passadas.

Mercúrio ☿ Processos de pensamento, mentalidade, forma de comunicação e aprendizado; conhecer outras pessoas e criar laços com elas, conexões; movimentar-se, transportes.

Vênus ♀ Necessidade de amor e relacionamento, de harmonia e equilíbrio; valores pessoais, incluindo a atitude em relação ao dinheiro; auto-expressão criativa; noção de beleza; como você atrai os outros; o que o deixa feliz; relacionar-se com os outros; dar e receber amor, valores pessoais, autoexpressão, apreciação.

Marte ♂ Instinto de sobrevivência e consciência corporal; desejos ou sexualidade; energia física; força de vontade, coragem; autoafirmação, raiva; competitividade, disposição para lutar e defender, mordacidade, vai direto ao ponto; ações impulsivas.

■ Os planetas sociais

Júpiter ♃ Capacidade de crescimento e expansão, confiança, fé, felicidade e senso de propósito; oportunismo e "sorte"; adotar o ponto de vista maior; a busca por conhecimento e por significado na vida.

Saturno ♄ "O Grande Professor"; medos ocultos que nos limitam, mas que, superados, trazem recompensas; realidade material e a consciência desta; senso de responsabilidade; autoridade, estrutura, disciplina, limites; os desafios e lições podem trazer a alegria da realização, de chegar ao alto da montanha.

■ Os planetas geracionais/exteriores

Urano ♅ Mudanças radicais, romper barreiras, rebelião, revolução; argúcia e inventividade; independência, despertar, originalidade, *insight*; inesperado, distanciamento, frieza, racionalidade, objetividade.

Netuno ♆ Dissolução de limites, união, inexistência do ego; imaginação, fantasias românticas, paranormalidade; escapismo, confusão, traição; compaixão, amor incondicional e universal; espiritualidade, deus, o inconsciente coletivo.

Plutão ♇ Colapso e transformação, término e inovação; compulsão, uso ou abuso de poder e de controle, obsessões; o poder da sexualidade, intensidade, morte e renascimento – simbólicos ou literais; problemas esquecidos ou secretos vindo à tona, purificação profunda.

Quíron ⚷ O estrangeiro e o diferente; o curandeiro ferido da alma e do corpo; o sábio guia ou professor; encontrar seu próprio caminho.

Os Signos do Zodíaco — Capítulo 4

As estações do ano mencionadas a seguir se aplicam ao Hemisfério Norte e se invertem no Hemisfério Sul. Referem-se aos períodos do ano em que o Sol está em cada signo. Observe quanto cada signo é diferente do anterior e do posterior.

Áries ♈ Rápido e ativo; entusiástico e aventureiro; quer ser o primeiro e não pode perder nada; impaciente e decisivo; ação impulsiva sem reflexão, falta-lhe diplomacia; caloroso.

Imagem: o carneiro. Início da primavera (outono no Hemisfério Sul). Regido por Marte.

Touro ♉ É lento e detesta ser apressado; normalmente, é calmo, estável e paciente; sensual, leal e bondoso; pode ser teimoso; realista, organizado financeira e materialmente.

Imagem: o touro. Meados da primavera (outono no Hemisfério Sul). Regido por Vênus.

Gêmeos ♊ Pensa rápido, mentalmente ativo e brilhante; adora palavras e comunicações; flexível e adaptável; curioso, de mente aberta; racional, pode ser distante; impaciente com os mais lentos; pode ser leviano.

Imagem: os gêmeos. Fim da primavera (outono no Hemisfério Sul). Regido por Mercúrio.

Câncer ♋ Sensível, caloroso e carinhoso; sente a influência da família, da mãe, do passado, das raízes; boa memória e intuição; pode ter variações de humor; carente ou recolhido; protege e defende; valoriza a segurança emocional.

Imagem: o caranguejo. Começo do verão (inverno no Hemisfério Sul). Regido pela Lua

Leão ♌ É dramático e adora estar no centro; age com autoconfiança mesmo quando não se sente assim; generoso, romântico, brincalhão; orgulhoso, pode ser egoísta ou arrogante; representa tanto a inocência infantil quanto a liderança madura.

Imagem: o leão. Meados do verão (inverno no Hemisfério Sul). Regido pelo Sol.

Virgem ♍ Discriminativo e analítico; prestativo, benigno, vontade de servir; pés no chão, organizado e eficiente; observador, não perde nenhum detalhe; pode ser muito crítico com os outros ou consigo mesmo; perfeccionista; tímido, evita o palco; consciente de sua saúde.

Imagem: a virgem com uma espiga de trigo. Fim do verão (inverno no Hemisfério Sul). Regido por Mercúrio.

Libra ♎ Adora a harmonia, a beleza, a paz e o equilíbrio; pode ser uma pessoa desapegada; pessoa justa e generosa; não gosta de solidão nem de conflitos; tem dificuldade para tomar decisões claras; aprecia a beleza, amigável.

Imagem: a balança. Começo do outono (primavera no Hemisfério Sul). Regido por Vênus.

Escorpião ♏ Sentimentos profundos, apaixonados e intensos; consciência sexual; guarda segredos, sente-se atraído por coisas ocultas; intuitivo; tem dificuldade para perdoar ou esquecer; vontade forte, emoções violentas; é leal, fiel aos compromissos.

Imagem: o escorpião. Meados do outono (primavera no Hemisfério Sul). Regido por Plutão (moderno) e Marte (tradicional).

Sagitário ♐ Busca o sentido da vida nas viagens, filosofia, estudos; imaginativo e visionário; não se compromete com facilidade, ama a liberdade; mente aberta, incansável, corre riscos.

Imagem: um centauro com arco e flecha. Fim do outono (primavera no Hemisfério Sul). Regido por Júpiter.

Capricórnio ♑ Ambicioso, busca a realização; versátil; conservador, gosta de seguir – ou criar – normas; responsável, é capaz de liderar os outros; pode ser rígido, tem dificuldade para relaxar; dono de um senso de humor naturalmente satírico.

Imagem: a cabra montesa. Começo do inverno (verão no Hemisfério Sul). Regido por Saturno.

Aquário ♒ Bastante independente, pode ser rebelde; senso social apurado, gosta de melhorar as situações; opiniões fortes, pode ser até verbalmente agressivo; inventivo, gosta de planejar o futuro; racional, desapegado, objetivo.

Imagem: o aguadeiro. Meados do inverno (verão no Hemisfério Sul). Regido por Urano (moderno) e Saturno (tradicional).

Peixes ♓ Muito sensível e compassivo, emociona-se com facilidade; intuitivo, pode ter capacidades paranormais; pode ser enganado; tendência ao escapismo, busca um ideal; romântico, artístico; sábio e inspirador, busca a espiritualidade; precisa de limites claros.

Imagem: dois peixes nadando em direções opostas. Fim do inverno (verão no Hemisfério Sul). Regido por Netuno (moderno) e Júpiter (tradicional).

As Casas e os Ângulos – Capítulo 5

Ascendente (Asc)
Descreve a essência da aparência física; pode indicar como foi o nascimento; como você se expressa, como o mundo o percebe à primeira vista; mostra o seu modo de abordar situações novas; sua *persona*, a porta da sua casa.

Descendente (Dsc) – oposto ao Ascendente O tipo de pessoa pelo qual você se sente atraído; seu modo de se relacionar com os outros; indica como você dá e recebe amor.

Meio do Céu (MC)
Sua "face pública", como você se apresenta em situações públicas; direção e aspirações; carreira, interesses e ambições profissionais; percepção da mãe.

IC – oposto ao MC
Influência das origens familiares, percepção do pai; necessidades de segurança emocional; suas profundezas ocultas.

Casa 1: Como você encara o mundo e percebe a sua situação dentro dele; circunstâncias do nascimento, modo de encarar os novos ciclos na sua vida; sua aparência física, sua *persona*.

Casa 2: Bens materiais, atitude quanto ao papel do dinheiro na vida; experiências que passam um senso de valor; desejo e noção de segurança material; recursos pessoais, incluindo os talentos e as experiências que aprecia; a relação com o corpo físico; apegos às coisas e às pessoas.

Casa 3: Como você se comunica com os outros, seu modo de pensar; sua experiência de escola e de aprendizado na infância; irmãos, vizinhos e pessoas que você encontra regularmente, como lojistas locais; viagens curtas, relacionamento com seu ambiente local.

Casa 4: História familiar, ambiente do lar na infância; experiência do genitor "ausente", geralmente o pai; onde você se sente "em casa", onde pode tratar de assuntos particulares; seus relacionamentos íntimos, de apoio.

Casa 5: Como você se diverte – ou seja, casos amorosos, lugares de entretenimento, atividades prazerosas; filhos; autoexpressão, a sua criatividade pessoal; crença em si mesmo, confiança.

Casa 6: Servir aos outros, ambiente de trabalho, sua atitude em relação ao trabalho e aos colegas; rotinas, deveres, atividades regulares; atenção aos detalhes, discriminação, discernimento, pensamento crítico, perfeccionismo; saúde e cura; pequenos animais; artesanato, *hobbies*.

Casa 7: Relacionamentos pessoais, parcerias e sociedades, casamento; como você dá e recebe amor; aprender sobre si mesmo por meio dos outros; o que o atrai nas outras pessoas; inimigos declarados, adversários.

Casa 8: Experiência de transformação através de conexões emocionais profundas, psicologia; poder, controle, sexualidade ou morte; problemas não solucionados, purificação e renovação; segredos e assuntos ocultos, ocultismo; dinheiro e recursos compartilhados, como heranças e finanças; *insights* profundos.

Casa 9: Busca do sentido da vida ou de expansão do conhecimento por meio de religiões e filosofias, líderes espirituais, locais de culto; viagens longas; estudo, instituições de ensino superior; publicação e disseminação de ideias; assuntos jurídicos, tribunais.

Casa 10: Tipo de trabalho, ocupação, direção da vida ou carreira; experiência do genitor com quem teve mais contato, normalmente a mãe; modo de abordar as conquistas e as ambições; *status* social, imagem pública, reputação; atitude diante das autoridades, da lei ou da polícia; responsabilidades.

Casa 11: Envolvimento em grupos, ideias ou causas comuns; círculo de amigos; interesse pelo mundo maior, preocupações políticas, humanitárias ou sociais; desejos, objetivos; planejamento do futuro, rebelião, revolução, mudança radical.

Casa 12: Busca de integridade, sacrifício ou serviço compassivo; espiritualidade; prisões, hospitais, instituições, locais de retiro e reclusão; escapismo por meio de drogas, álcool, fantasias, doenças, saúde mental, criminalidade; confusão, vícios, ilusões; inimigos ocultos; busca de paz e cura interior.

Os Aspectos Maiores – Capítulo 6

Orbe é o nome dado à variação aceitável de graus em relação ao aspecto exato.
Conjunção, oposição, quadratura, trígono: orbe de 8 graus.
Sextil: orbe de 4 graus.

Os planetas formam aspectos com outros planetas e também com os ângulos. Os ângulos usados são o **Ascendente** e o **MC**. Pode haver mais de dois planetas, ou de um planeta e um ângulo, envolvidos em qualquer aspecto.

Aspectos dissociados: formam-se entre planetas que estão dentro do orbe permitido para aquele aspecto, mas, pelo fato de um planeta estar no final de um signo, e o outro, no começo de outro signo, os signos nos quais eles se encontram não formam naturalmente o aspecto de que se trata. Pode ter um efeito ligeiramente mais fraco.

Conjunção: dois planetas lado a lado no mesmo signo. **Unidade.**
Os planetas agem como se fossem um, os sentidos de ambos se fundem. A conjunção é o aspecto mais poderoso no mapa natal.

Oposição: dois planetas, um de frente para o outro, em signos opostos. **Dualidade.**

Sensação de estar dividido em dois, tentando unir as duas partes; projeta essa sensação em seus relacionamentos; a falta de coordenação ou a incapacidade de solucionar seus conflitos dá a impressão de uma divisão no caráter.

Nota: o Ascendente e o Descendente, o MC e o IC e os nodos lunares norte e sul formam oposições naturais, que não são consideradas aspectos.

Trígono: dois planetas a quatro signos de distância (120 graus), no mesmo elemento. **Fluxo, harmonia.**

Harmonia, facilidade de expressão, bom fluxo de energia, talentos e habilidades naturais. O excesso de trígonos pode levar à preguiça ou achar que as coisas boas vêm de graça.

Quadratura: dois planetas a três signos de distância (90 graus), no mesmo modo. **Desafio.**

Conflitos internos, tensão, resistência, defensividade. Falta de realismo, exageros; busca de resultados; as quadraturas nos forçam a crescer, a aprender e a encontrar nossas forças interiores.

Sextil: dois planetas a dois signos de distância (60 graus), em signos compatíveis. **Recompensa dos esforços.**

Bom fluxo de energia, aprecia desafios; um certo esforço é necessário para alcançar o máximo do seu potencial; aspecto harmonioso com um quê de dinamismo; indica onde se pode alcançar conquistas efetivas.

Os Aspectos Menores – Capítulo 12

Todos os orbes são de 2 graus.

Semiquadratura: ∠ planetas a 45 graus de distância, ou seja, meia quadratura (um signo e meio). **Luta.**

Resistência à mudança, determinação, persistência, clareza quanto ao próprio propósito, leve atrito, estímulo à obtenção de resultados concretos.

Sesquiquadratura: ⚼ planetas a 135 graus de distância, ou seja, uma quadratura e meia (quatro signos e meio). **Tensão.**

Reage desproporcionalmente às situações, aborrece-se com facilidade, tem seus esforços frustrados, dificuldade de autocontrole; estímulo ao cultivo da paciência.

Semissextil: ⚹ planetas a 30 graus de distância (um signo). **Atrito.**

Signos adjacentes incompatíveis, atrito, inércia; "interesses secundários" que permanecem adormecidos, mas poderiam ser desenvolvidos por meio do esforço consciente.

Quincunce: ⚻ planetas a 150 graus de distância (cinco signos). **Incompatibilidade.**

Ausência de conexão natural por elemento ou por modo; tendência de dispersar as energias, desorganização; problemas renitentes, questões de fundo; estímulo a aprender a se organizar e a ter mais discernimento.

Apêndice 11

Recursos

Apresento a seguir uma breve lista de organizações ou escolas de astrologia em países de língua inglesa. Não se trata de uma lista abrangente, mas nos endereços de internet mencionados será possível obter mais informações, caso necessário. Há também escolas e organizações de astrologia em países não anglófonos. Elas seriam numerosas demais para serem listadas aqui, mas podem ser facilmente encontradas por meio de uma busca na internet.

Escolas e organizações de astrologia no Reino Unido

Astrological Association of Great Britain – associação geral
www.astrologicalassociation.com

Astrological Lodge of London – aulas semanais em Londres
www.astrolodge.co.uk

astrologycollege.com – escola *on-line*
astrologycollege.com

Faculty of Astrological Studies – aulas presenciais e a distância
www.astrology.org.uk

London School of Astrology – aulas em Londres
www.londonschoolofastrology.co.uk

Mayo School – escola *on-line*
www.mayoastrology.com

MA in Cultural Astronomy and Astrology
www.trinitysaintdavid.ac.uk/en/Sophia

Livrarias de astrologia no Reino Unido

Todas essas livrarias também oferecem serviços *on-line* de remessa postal.

Midheaven Books
www.midheavenbooks.com

The Astrology Shop
www.londonastrology.com

Wessex Astrologer
www.wessexastrologer.com

Escolas e organizações de astrologia nos demais países de língua inglesa

- **EUA**

American Federation of Astrologers (AFA)
www.astrologers.com

International Society for Astrological Research (ISAR)
isarastrology.com

National Council for Geocosmic Research (NCGR)
www.geocosmic.org

- **Austrália**

Astrosynthesis – escola *on-line*, Melbourne
www.astrosynthesis.com.au

Federation of Australian Astrologers
www.faainc.org.au

- **Nova Zelândia**

Astrology Foundation
astrologyfoundation.org.nz

Wellington Astrology Centre
www.wac.org.nz/WAC/Home.html

- **Canadá**

Canadian Association for Astrological Education (CAAE)
www.thecaae.com

- **África do Sul**

The Astrology Society of South Africa
www.astrologysociety.org.za

Cape Astrology Association
www.caa.org.za

Leituras recomendadas

Dos numerosos livros de astrologia disponíveis no mercado, escolhi apenas alguns: ou livros para principiantes que seguem uma abordagem diferente da de *Astrologia sem Segredos*, ou livros mais avançados e que penso poderem ser úteis para você expandir seus conhecimentos. Não incluo aqui livros sobre previsões ou temas astrológicos especializados. Incluo também alguns livros de referência. A maioria dos autores citados também escreveu outros livros.

- **Principiantes**

Gillet, Roy. *The Secret Language of Astrology*. Watkins Publishing, Londres, 2011.

Greene, Liz. *Astrology for Lovers*, originalmente publicado por Samuel Weiser, Maine, EUA, 1989.

■ **Livros mais avançados**

Tompkins, Sue. *The Contemporary Astrologer's Handbook:* Flare Publications, Londres, 2006.

Martin, Clare. *Mapping the Psyche*. CPA Press, Londres, 2005.

Hand, Robert. *Horoscope Symbols*, originalmente publicado por Para Research, Inc., Massachusetts, 1981.

Clifford, Frank C. *Getting to the Heart of Your Chart*. Flare Publications, Londres, 2012.

■ **Livros de referência**

História da astrologia

Este é o livro mais amplo sobre o assunto, em dois volumes. Foi escrito num estilo fácil e interessante.

Campion, Nicholas. *The Dawn of Astrology Volume I: The Ancient and Classical Worlds*. Continuum Books, Londres & Nova York, 2008.

Campion, Nicholas. *A History of Western Astrology Volume II: The Medieval and Modern Worlds*. Continuum Books, Londres & Nova York, 2009.

Efemérides (tabelas de posições planetárias)

Michelson, Neil. *The American Ephemeris for the 20th Century*, originalmente publicada em 1980, ACS Publications, Califórnia, EUA.

Michelson, Neil. *The American Ephemeris for the 21st Century (2000-2050)*, originalmente publicado em 1996, ACS Publications, Califórnia, EUA.

W. Foulsham Ltd. *Raphael's Astronomical Ephemeris*. Berkshire, Reino Unido. Trata-se de uma pequena efeméride, válida por um ano e publicada anualmente.

■ **Site recomendado**

Astro-databank – uma lista ampla de dados de nascimento de celebridades www.astro.com/astro-databank

Apêndice **III**

Anotações sobre o Mapa

1. Equilíbrio de hemisférios e quadrantes

2. Equilíbrio de elementos/modos/polaridades

3. Ascendente – signo. Regente do mapa, signo e casa do regente

4. Sol – signo, casa. Regente do Sol, signo e casa do regente

5. Lua – signo, casa. Regente da Lua, signo e casa do regente

6. MC – signo, casa. Regente do MC, signo e casa do regente

7. Planetas angulares

8. *Stellia* e padrões de aspectos

9. Nodos lunares – signos e casas

10. Aspectos – os mais exatos, orbe de 1º ou menos

11. Outros: por exemplo, planetas sem aspectos, características incomuns

Glossário

Ápice: o ponto culminante de um padrão de aspectos como, por exemplo, uma Quadratura em T. No caso da Quadratura em T, é o ponto onde se unem as duas quadraturas; para o Grande Trígono Menor é o ponto onde os dois sextis se encontram. O ápice do padrão de aspectos não se encontra necessariamente no alto do mapa; pode estar em qualquer posição.

Ascendente: o grau do signo do zodíaco que está nascendo no horizonte leste no dia, hora e local de nascimento da pessoa. É também a cúspide da casa 1. O **Descendente** é o grau do signo do zodíaco diretamente oposto, e a cúspide da casa 7. Juntos, eles formam um eixo.

Aspecto: a relação angular entre dois planetas ou entre um planeta e um ângulo. Em outras palavras, é uma distância determinada entre eles, medida em graus. Ver também **planeta sem aspectos**.

Aspectos dissociados: ocorrem quando um planeta cai no fim de um signo, e outro planeta (ou ângulo) com o qual ele forma aspecto cai no início de um signo normalmente incompatível com o primeiro. O aspecto se forma entre dois signos que, de outro modo (caso não fossem ocupados por planetas que formam aspecto entre si), não formariam aspecto algum. Isso se aplica a qualquer aspecto. Diz-se que o aspecto dissociado não é tão forte quanto o aspecto "natural".

Casa: as casas são formadas pela rotação da Terra em torno do seu próprio eixo. Há 12 casas no mapa, contadas no sentido anti-horário a partir do Ascendente. As casas mostram as áreas da vida nas quais as energias dos planetas nos signos se manifestam.

Corregente: o regente moderno e o regente tradicional de um signo.

Cúspide: a "linha divisória" entre dois signos do zodíaco ou duas casas.

Descendente: o grau do signo do zodíaco que se encontra na cúspide da casa 7, ou seja, que está sumindo no horizonte oeste. Opõe-se diretamente ao **Ascendente**, que é a cúspide da casa 1. O Ascendente e o Descendente formam um eixo.

Desocupada: refere-se, em geral, à casa que não contém nenhum planeta.

Dispositor: o regente do signo em que determinado planeta se encontra no mapa. O **dispositor final** é o último planeta numa sequência de regências que a ele conduzem. Nem todos os mapas têm um dispositor final.

Eclíptica: o caminho anual aparente do Sol visto da Terra. Na realidade, é o caminho percorrido pela Terra e por todos os planetas em suas órbitas ao redor do Sol. A eclíptica contém os 12 signos do zodíaco.

Efeméride: livro que contém tabelas das posições dos planetas em cada ano ou por períodos de até 100 anos.

Geocêntrico, sistema: concepção do Sistema Solar que tem a Terra no centro. É a imagem do cosmos usada no desenho do mapa natal.

Heliocêntrico, sistema: concepção do Sistema Solar que tem o Sol no centro. Corresponde à realidade do Sistema Solar.

Hemisfério: uma metade da roda do mapa, dividida quer no eixo norte/sul, quer no leste/oeste.

IC: *Imum coeli* (latim). Significa "fundo do céu". É o ponto diametralmente oposto ao **MC**, no mesmo grau do signo oposto ao signo do MC. O MC e o IC formam um eixo.

MC: *Medium coeli* (latim) ou Meio do Céu – o ponto culminante em que a longitude do local de nascimento cruza a eclíptica, expresso na forma de um grau de um signo do zodíaco. O **IC** é o ponto oposto, no mesmo grau do signo oposto. O MC e o IC formam um eixo.

Nodos lunares: os pontos (ao norte e ao sul) onde se cruzam os caminhos do Sol e da Lua vistos da Terra. Nodo Norte = direção, objetivo. Nodo Sul = experiências passadas, origens, familiaridade. Os nodos formam um eixo (o eixo nodal).

Orbe: nos aspectos – é o nome dado à variação aceitável de graus em relação ao aspecto exato entre dois planetas ou entre um planeta em um ângulo. *Aspectos maiores* – conjunção, oposição, trígono, quadratura: 8 graus. Sextil: 4 graus. *Aspectos menores* – semiquadratura, sesquiquadratura, semissextil, quincunce: 2 graus para todos.

Padrão de aspectos: agrupamentos de pelo menos três planetas que fazem aspectos uns com os outros e formam uma determinada figura. O *stellium* é uma exceção.

Planeta angular: um planeta posicionado a 8 graus ou menos de um dos quatro ângulos do mapa.

Planeta ascendente: um planeta em conjunção com o Ascendente; ele também será, naturalmente, **angular**.

Planeta sem aspectos: qualquer planeta que não forme aspectos maiores com pelo menos um outro planeta.

Planetas inferiores: os planetas cujas órbitas ao redor do Sol se encontram dentro da nossa – Mercúrio e Vênus.

Planetas modernos (exteriores): Urano, Netuno, Plutão e Quíron.

Planetas superiores: aqueles cujas órbitas ao redor do Sol são maiores que a da Terra – de Marte a Plutão.

Planetas tradicionais: os planetas do Sistema Solar visíveis a olho nu desde a superfície terrestre, conhecidos antes da invenção do telescópio. São listados segundo a ordem convencional de suas órbitas: Sol, Lua, Mercúrio, Vênus, Marte, Júpiter, Saturno.

Planetoide: termo usado para designar um corpo celeste a meio caminho entre um planeta e um asteroide. Quíron é considerado um planetoide.

Ponderação: a pesagem dos diferentes fatores do mapa para determinar quais são mais importantes e quais são menos.

Quadrante: um quarto da roda do mapa. Um tipo de **sistema de casa** no qual as cúspides das casas 10 e 4 coincidem com o MCX e o IC respectivamente, como Placidus ou Koch.

Regente do mapa: o(s) planeta(s) que rege(m) o signo ascendente.

Retrógrado: todos os planetas, com exceção do Sol e da Lua, têm períodos de retrogradação, quando o planeta em questão parece deslocar-se temporariamente para trás em sua órbita antes de retomar o movimento direto, tudo isso visto da Terra. Os planetas retrógrados, especialmente quando são pessoais (Mercúrio, Vênus, Marte), parecem ter o efeito de retardar os acontecimentos.

Significador: qualquer fator do mapa usado para ilustrar um ponto de interpretação.

Sistema de casas: há várias maneiras de calcular a posição das cúspides das casas, o que significa que há vários sistemas de casas usados na astrologia. Este livro usa o sistema de Casas Iguais. Ver **Quadrante**.

Stellium: três ou mais planetas no mesmo signo ou na mesma casa. Não necessariamente precisam estar em aspecto uns com os outros.

Referências e Agradecimentos

Referências e materiais de consulta:

- **Capítulo 1 – Da Babilônia à Modernidade**

Whitfield, Peter. *Astrology: A History*. British Library, Londres, 2001.

Campion, Nicholas. *The Dawn of Astrology Volume I: The Ancient and Classical Worlds*. Continuum Books, Londres & Nova York, 2008.

_____. *A History of Western Astrology Volume II: The Medieval and Modern World*. Continuum Books, Londres & Nova York, 2009.

Farebrother, Sue Merlyn. *Unpublished Study Notes from History of Astrology Module, MA Cultural Astronomy and Astrology*. Bath Spa University, 2005.

McIntosh, Christopher. *The Astrologers and their Creed*: Hutchinson, Londres, 1969.

A referência aos zanadroandrenos de Madagascar, na página 25, foi tirada de *Towards an anthropology in life: the astrological architecture of Zanadroandena Land in West Bezanozano, Madagascar*. Christel Mattheeuws, tese de Ph.D., Universidade de Aberdeen, 2008.

■ **Capítulo 2 – Os Pilares e os Círculos Rotativos**

Agradeço a **Suzi Harvey** pela permissão de uso do diagrama constante em *Principles of Astrology*: Charles e Suzi Harvey, Thorsons, Londres, 1999 (p. 21), como base da figura da página 64 deste livro.

Quero manifestar minha grande gratidão e reconhecimento às seguintes pessoas:

Por ter me dado a centelha inicial e por seu encorajamento e suas ideias: Andrew Wille.

Aos colegas astrólogos, pela ajuda e pelo apoio: Patrick Curry, Barry Street, Nicholas Campion.

Pelo apoio e pelos conselhos: minhas editoras na Rider – Sue Lascelles e Helen Pisano.

Pela ajuda inestimável com o design e pelas sugestões referentes a alguns diagramas e mapas: Claire Chandler, Andrew Morton, Chris Mitchell, Alison Wren.

Para meus amigos e familiares, por terem lido os capítulos, feito comentários e sugestões e me apoiado durante todo o processo: Alison Wren, Veronica Dodds, Helen Seiroda, Davin Jeayes, Adam Jeayes e Kristen Farebrother. Agradeço especialmente a Gert de Kreij pelo apoio inabalável, por ter acreditado em mim, pelas infindáveis xícaras de chá e por ter preparado tantos jantares.

Agradeço também a Alan Sewell pela disposição de me ouvir, pelo trabalho não oficial de edição, pela paciência, por ter ficado no meu pé (às vezes até tarde da noite) e por ter feito as ilustrações.

■ **Muito obrigada à minha fornecedora de software astrológico:**

Astrolabe: Solar Fire – http://alabe.com. Todos os mapas astrológicos neste livro foram gerados com o Solar Fire.

■ **Outro fornecedor de software astrológico consultado:**

Astrograph: Time Passages – http://astrograph.com/index.php

Impresso por :

gráfica e editora
Tel.:11 2769-9056